省级示范性高等职业院校课程改革教材

Luji Shigong Jishu
路基施工技术

主　编　齐秀廷　丁烈梅
副主编　何雄刚　姚永春
主　审　钟建民

人民交通出版社股份有限公司
China Communications Press Co.,Ltd.

内 容 提 要

本书是省级示范校高等职业院校课程改革教材。全书设置 5 个学习项目,按照识读路基施工设计图、路基施工、路基施工质量检验评定、路基施工计量和编制路基施工方案的顺序设置学习任务,将施工企业典型的工作任务转换成学习项目。按照项目的设计思路,设计教学过程,采用模拟或仿真的方式在教学过程中再现企业的生产过程,以使教学过程与企业的生产过程相衔接,实现课程设计项目化。

本书可作为高职高专院校道路桥梁工程技术专业、工程测量技术专业和市政工程技术专业等交通土建类专业的教材,也可作为继续教育和职业培训教材,并可供从事道路桥梁工程技术、工程测量、市政工程技术的人员参考。

图书在版编目(CIP)数据

路基施工技术 / 齐秀廷,丁烈梅主编. —北京:
人民交通出版社股份有限公司,2017.2
ISBN 978-7-114-12960-5

Ⅰ.①路… Ⅱ.①齐…②丁… Ⅲ.①公路路基—工程施工 Ⅳ.①U416.104

中国版本图书馆 CIP 数据核字(2016)第 085348 号

书　　名:	路基施工技术
著 作 者:	齐秀廷　丁烈梅
责任编辑:	崔　建　李学会
出版发行:	人民交通出版社股份有限公司
地　　址:	(100011)北京市朝阳区安定门外外馆斜街 3 号
网　　址:	http://www.ccpress.com.cn
销售电话:	(010)59757973
总 经 销:	人民交通出版社股份有限公司发行部
经　　销:	各地新华书店
印　　刷:	北京印匠彩色印刷有限公司
开　　本:	787×1092　1/16
印　　张:	15.5
字　　数:	348 千
版　　次:	2017 年 2 月　第 1 版
印　　次:	2021 年 7 月　第 3 次印刷
书　　号:	ISBN 978-7-114-12960-5
定　　价:	29.00 元

(有印刷、装订质量问题的图书由本公司负责调换)

前 言

"路基施工技术"以公路路基施工过程项目实施为导向,突出学生路基施工能力培养,以学生为主体,以路基的分项工程为载体,以实训为手段,构造路基施工知识、技能和能力。使其课程标准与路基施工员、计量员和资料整理员岗位的岗位工作能力及路基路面高级工的职业资格相衔接,教学内容与路基施工工作内容相衔接,教学过程与路基施工生产过程相衔接,考核评价体系与职业资格认证体系相衔接。充分体现高等职业教育的特点。

本书具有以下优点:

(1)在课程理念上突出了以学生为本的价值观,关注了学生的全面、自主、有个性的和谐发展和终身发展。

(2)在课程目标上致力于打好基础,促进发展。

(3)在课程内容上更加强调基础性、实用性。

(4)在程评价上主张建立多元化的评价指标,多样性的评价方式,既关注结果,又重视过程的评价体系。

(5)改变课程过于注重知识传授的倾向,强调形成积极主动的学习态度,使获得基础知识与基本技能的过程同时成为学会学习和形成正确价值观的过程。

全书共设置5个学习项目,分别是路堤填筑施工、路堑开挖施工、路基防护施工、路基排水施工和特殊路基施工。按照识读路基施工设计图、路基施工、路基施工质量检验评定、路基施工计量和编制路基施工方案的顺序设置学习任务,将施工企业典型的工作任务转换成学习项目。

本书编委会由山西交通职业技术学院教师与山西路桥集团企业专家组成,成员包括山西交通职业技术学院齐秀廷、丁烈梅、何雄刚、张璐军等,山西路桥集团姚永春、郭子强等。本书编写过程中课题组成员付出了辛勤劳动,在此一并表示感谢。

由于时间仓促,书中错误和不足在所难免,恳请提出宝贵意见,将不胜感激。

编 者
2016年1月

目　　录

认知公路路基 …………………………………………………………………… 1
项目一　路堤填筑施工 ……………………………………………………… 11
　　任务一　识读路堤填筑施工图 …………………………………………… 13
　　任务二　路基施工复测 …………………………………………………… 23
　　任务三　路基填料选择 …………………………………………………… 30
　　任务四　土质路堤填筑 …………………………………………………… 33
　　任务五　石质路堤填筑 …………………………………………………… 45
　　任务六　路堤填筑试验段铺筑 …………………………………………… 49
　　任务七　路堤填筑工程质量检验评定 …………………………………… 51
　　任务八　路堤填筑计量 …………………………………………………… 59
　　任务九　编制路堤填筑施工方案 ………………………………………… 65
项目二　路堑开挖施工 ……………………………………………………… 69
　　任务一　识读路堑开挖施工图 …………………………………………… 71
　　任务二　路基边坡稳定性设计 …………………………………………… 76
　　任务三　土质路堑施工 …………………………………………………… 91
　　任务四　石质路堑爆破施工 ……………………………………………… 95
　　任务五　路堑开挖工程质量检验评定 …………………………………… 100
　　任务六　路堑开挖计量 …………………………………………………… 103
　　任务七　编制路堑开挖工程施工方案 …………………………………… 106
项目三　路基防护施工 ……………………………………………………… 109
　　任务一　识读路基防护施工图 …………………………………………… 111
　　任务二　路基挡土墙设计 ………………………………………………… 128
　　任务三　路基坡面防护施工 ……………………………………………… 141
　　任务四　路基挡土墙施工 ………………………………………………… 150
　　任务五　路基防护工程质量检验评定 …………………………………… 157
　　任务六　路基防护工程计量 ……………………………………………… 163
　　任务七　编制路基防护工程施工方案 …………………………………… 166
项目四　路基排水施工 ……………………………………………………… 169
　　任务一　识读路基排水施工图 …………………………………………… 171
　　任务二　地表排水施工 …………………………………………………… 184
　　任务三　地下排水施工 …………………………………………………… 188
　　任务四　路基排水工程质量检验评定 …………………………………… 190
　　任务五　路基排水工程计量 ……………………………………………… 194

任务六　编制路基排水工程施工方案 …………………………………… 196
项目五　特殊路基施工 …………………………………………………………… 199
　　任务一　识读特殊路基施工图 …………………………………………… 201
　　任务二　特殊路基施工 …………………………………………………… 211
　　任务三　特殊路基工程质量检验评定 …………………………………… 219
　　任务四　特殊路基施工工程计量 ………………………………………… 223
　　任务五　编制特殊路基工程施工方案 …………………………………… 240
参考文献 …………………………………………………………………………… 242

认知公路路基

学习目标

◆ 知识目标

1. 掌握公路的主要组成部分；
2. 理解公路对路基的基本要求；
3. 掌握路基分类与基本构造；
4. 掌握路基附属设施的设置要求；
5. 掌握路基强度指标；
6. 掌握路基工程项目划分。

一、公路基本组成

公路是暴露于自然界中的线形构造物。公路的基本组成包括路基、路面、桥梁、涵洞、隧道、防护与加固工程、排水设施、山区特殊构造物等。此外，为保证汽车行驶的安全、畅通和舒适，还需要有各种附属工程，如公路标志、路用房屋、加油站及绿化栽植等。其中，路基路面直接承受行驶车辆的作用，是公路工程的重要组成部分，而路基又是路面的基础，因此，路基的质量直接影响着路面工程的使用质量，并关系到公路的安全性和耐久性。

路基是按照路线位置和一定技术要求修筑的带状构造物。路基是路面的基础，承受由路面传递下来的行车荷载，并承受各种自然因素的作用。路面是用各种筑路材料铺筑在公路路基上供汽车行驶的结构层，直接承受和传递车轮荷载，承受磨耗，经受自然气候和各种自然灾害的侵蚀和影响。

路床是路面的基础，是指路面结构层以下0.80m或1.20m范围内的路基部分，分为上路床及下路床两层。上路床厚度一般为0.3m，下路床厚度在轻、中等及重交通荷载等级公路一般为0.5m,特重、极重交通荷载等级公路一般为0.9m。

路肩是指位于行车道外缘至路基边缘,具有一定宽度和横坡度的带状结构部分(包括硬路肩与土路肩)。用以保持行车道的功能和供临时停车使用,并作为路面的横向支承。

路基边坡是指为保证路基稳定,在路基两侧做成的具有一定坡度的坡面。为了防止水流对边坡的冲刷,在坡面上所做的各种铺砌和栽植的总称称为护坡。为防止路基填土或山坡土体坍塌而修筑的承受土体侧压力的墙式构造物称为挡土墙。它是路基加固工程的一种结构形式。

路基排水设施是指为保持路基稳定和强度而修建的地表和地下排水措施,包括边沟、截水沟、排水沟、急流槽、跌水、蒸发池、暗沟、渗沟、渗井等。

桥涵是指公路跨越水域、沟谷和其他障碍物时修建的构造物。公路隧道通常是指建造在山岭、江河、海峡和城市地面下,供车辆通过的工程构造物。公路交通工程及沿线设施是保证公路功能、保障安全行驶的配套设施,是现代公路的重要标志。

二、公路对路基的基本要求

公路路基应满足下列基本要求:

1. 符合规范要求

路基横断面形式及尺寸应符合《公路工程技术标准》(JTG B01—2014)(以下简称《标准》)的有关规定。

2. 具有足够的整体稳定性

路基的整体稳定性是指路基整体在车辆及自然因素作用下,产生不允许的变形和破坏。路基是直接在地面上填筑或挖去一部分地面修筑而成。路基修筑后,改变了原地面的天然平衡状态。因此,为防止路基结构在行车荷载及自然因素作用下发生不允许的变形和破坏,必须因地制宜地采取一定的措施来保证路基整体结构的稳定性。

3. 具有足够的强度

路基的强度是指在行车荷载作用下,路基抵抗变形与破坏的能力。行车荷载及路基路面的自重对路基下层和地基产生一定的压力,这些压力可使路基产生一定的变形,当其超过某一限度时,将导致自身的损坏并直接损坏路面的使用品质。为保证路基在外力作用下,不致产生超过容许范围的变形,要求路基应具有足够的强度。

4. 具有足够的水温稳定性

路基的水温稳定性是指路基在水和温度的作用下保持其强度的能力,包括水稳定性和温度稳定性。路基在地面水和地下水作用下,其强度将会显著降低。特别是季节性冰冻地区,由于水温状况的变化,路基将发生周期性冻融作用,形成冻胀和翻浆,使路基强度急剧下降。

三、路基分类与构造

(一) 路基类型

为了满足行车的要求,路线有些部分高出地面,需要填筑;有些部分低于原地面,需要开挖。因此,路基横断面形状各不相同。典型的路基横断面有路堤、路堑、填挖结合及零填零挖4种类型。

1. 路堤

高于原地面的填方路基称为路堤。路堤在结构上分为上路堤和下路堤,上路堤是指路床以下0.7m厚度范围内的填方部分;下路堤是指上路堤以下的填方部分。图0-1为填方路基横断面的基本形式。

按路堤填土高度划分如下:路基填土高度小于路基工作区深度的路堤属低路堤;填土高度大于路基工作区深度且小于20m的路堤为一般路堤;路基填土边坡高度大于20m的路堤属高路堤。按其所处的条件及加固类型的不同,还有沿河路堤、陡坡护脚路堤及挖渠填筑路堤等,如图0-1所示。

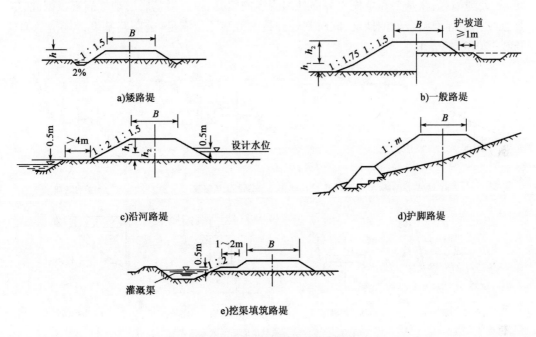

图0-1 填方路堤横断面的基本形式

2. 路堑

低于原地面的挖方路基称为路堑。图0-2为挖方路基的基本形式。

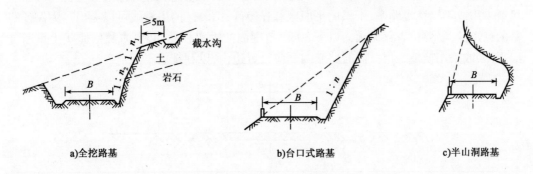

图0-2 挖方路基横断面的基本形式

最典型的路堑为全挖断面,路基两侧均需设置边沟。在陡峭山坡上可挖成台口式路基,即在山坡上,以山体自然坡面为下边坡,其他部分由全部开挖形成。三、四级公路在整体坚硬的岩石坡面上,为减少石方工程,有时可采用半山洞路基,但要确保安全可靠,不得滥用。

3. 填挖结合路基

在一个断面内,部分为路堤,部分为路堑的路基称为填挖结合路基。陡坡上的半填半挖结合路基,可根据地形、地质条件,采用护肩、砌石或挡土墙;当山坡高陡或稳定性差,不宜多挖时,可采用桥梁或悬出路台等构造物。图0-3为填挖结合路基横断面的基本形式。这种类型的路基断面工程量最小,是路基横断面设计时应当首先考虑的一种断面形式。若处理得当,路基稳定可靠,这种形式是比较经济的。但由于开挖部分路基为原状土,而填方部分为扰动土,往往这两部分密实程度不相同。另外,填方部分与山坡结合不够稳定,若处理不当,路基会在填挖交界面处出现纵向裂缝、填方沿基底滑动等病害。因此,应加强填挖交界面结合处的处理,同时其处理技术方案还应满足《公路路基设计规范》(JTG D30—2015)的要求。

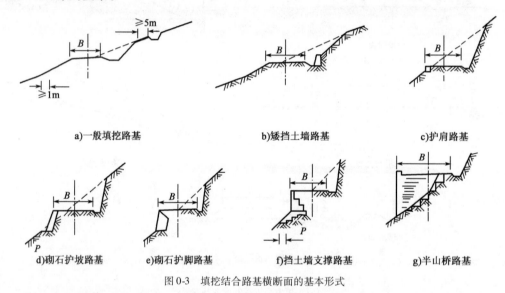

图0-3 填挖结合路基横断面的基本形式

4. 零填零挖路基

零填零挖的基本横断面形式如图0-4所示。这种路基虽然节省土石方,但对排水非常不利,且原状土密实程度往往不能满足要求,容易发生水淹、雪埋、沉陷等病害,因此,应尽量少用或不用该类路基,干旱的平原区和丘陵区、山岭区的山脊线可以考虑。为保证路基的稳定性,需要检查路床顶面以下30cm范围内的密实程度,必要时翻松原状土重新分层碾压,或采用换填土层。同时路基两侧应设置边沟,以利排水。

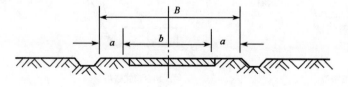

图0-4 零填零挖路基横断面的基本形式
B-路基宽度;b-路面宽度;a-路肩宽度

(二)路基基本构造

路基由宽度、高度和边坡坡度等构成。路基宽度取决于公路技术等级;路基高度取决于路线的纵坡设计及地形;路基边坡坡度取决于土质、地质构造、水文条件及边坡高度,并由边坡稳定性和横断面经济性等因素比较确定。下面分别叙述其确定方法。

1.路基宽度

路基宽度是在一个横断面上两路肩外缘之间的宽度。各级公路路基宽度为车道宽度与路肩宽度之和,当设有中间带、加(减)速车道、爬坡车道、紧急停车带、错车道等时,应计入这些部分的宽度。其相应宽度值的大小详见《标准》中路线设计部分。各级公路路基标准横断面如图0-5所示。

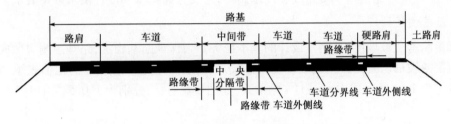

a)高速公路、一级公路

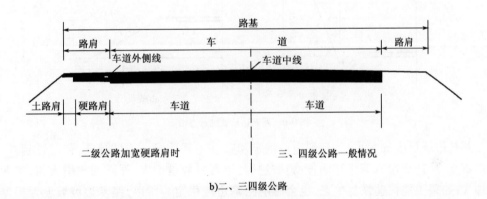

b)二、三四级公路

图0-5 路基标准横断面图

高速公路、一级公路的路基横断面分为整体式和分离式两类。整体式断面包括车道、中间带(中央分隔带及左侧路缘带)、路肩(硬路肩及土路肩)以及紧急停车带、爬坡车道、加(减)速车道等;分离式断面包括车道、路肩(硬路肩及土路肩)以及紧急停车带、爬坡车道、加(减)速车道等。

二、三、四级公路的路基横断面包括车道、路肩以及错车道等。二级公路位于中、小城市城乡接合部、混合交通量大的连接线路段,实行快、慢车道分开行驶时,可根据当地经验设置车道或加宽右侧硬路肩。

各级公路路基宽度应符合《标准》中规定的宽度值。

2.路基高度

路基高度与路基强度和稳定性有关,也与工程量的大小密切相关。所以它既是路线纵断面设计的重点,也是路基设计的重点。

路基高度是路基设计高程和中桩地面高程的差值。路堤为填筑高度,路堑为开挖深度。一般公路路基设计高程指路肩外缘的设计高程,而高速公路和一级公路路基设计高程指中央分隔带外侧边缘的设计高程。此外,由于除平原区外,路基自然横纵面多为倾斜面,所以路基宽度范围内,两侧的高差有较大差别。而路基两侧边坡高度是指填方坡脚或挖方坡顶与路基边缘的相对高差。这一高差通常称为边坡高度。当地面横坡度较大时,该边坡高度将严重影响路基的稳定,所以在路基设计时应引起重视。

路基高度是在路线纵断面设计时,综合考虑路线纵坡要求、路基稳定性和工程经济等因素后确定的。从路基的强度和稳定性要求出发,路基上部土层应处于干燥或中湿状态,并满足最小填土高度的要求。在满足上述条件的情况下,尽量满足"浅挖、低填、缓边坡"的要求。对于高路堤和深路堑,由于土石方数量大,占地多,施工困难,边坡稳定性差,行车不利,应尽量避免使用。矮路堤和浸水路堤,还要考虑排水和设计洪水频率要求。

3. 路基边坡坡度

确定路基边坡坡度,是路基设计的基本任务。为保证路基稳定,路基两侧应做成具有一定坡度的坡面。公路路基边坡坡度,可用边坡高度 H 和边坡宽度 b 的比值表示。习惯将高度定为1,一般写成 $1:m$ 或 $1:n$ 的形式。如图0-6所示,分别为 $1:0.5$ 及 $1:1.5$。

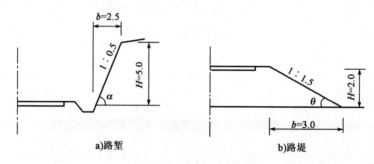

图0-6 路基边坡坡度示意图

路基边坡坡度的大小,关系到边坡稳定和路基工程数量。边坡越陡,稳定性越差,若处理不当,易造成塌方等路基病害;边坡过缓,土石方数量增大,裸露面积增大,自然影响面加大,如果不能快速恢复生态,也会影响路基边坡稳定。所以,路基边坡坡度要根据实际情况,综合考虑路基边坡稳定、国家及地方环保政策、工程造价等因素合理确定。

路基边坡坡度的大小,主要取决于地质、土壤与水文等自然因素。一般路基的边坡坡度可根据多年工程实践经验和设计规范推荐的数值采用。

(三) 路基附属设施

为保证路基稳定和行车的安全畅通,除应认真做好路基结构及必要的排水、防护与加固等主体工程外,根据《标准》,路基设计应重视排水设施与防护设施的设计,取土、弃土应进行专门设计,防止水土流失、堵塞河道和诱发路基病害,所以还应同时合理设置取土坑、弃土堆、护坡道、碎落台、堆料坪、错车道及护栏等。

1. 取土坑与弃土堆

路基土石方的挖填平衡,是公路路线设计的基本原则之一,但往往难以做到完全平衡。土石方数量经过合理调配后,不可避免地在全线还会出现借方和弃方(又称废方)。

路基土石方的借或弃，首先要合理选择地点，即确定取土坑或弃土堆的位置。选点时要兼顾土质、数量、用地及运输条件等因素，还必须结合沿线区域规划，因地制宜，综合考虑，维护自然平衡，防止水土流失，做到借之有利、弃之无害。借、弃所形成的取土坑或弃土堆，要求尽量结合当地地形，力争得以充分利用，并注意外形规整，弃堆稳固。对高等级公路或位于城郊附近的干线公路，尤其应注意。

平坦地区，如果用土量较少，可以沿路两侧设置取土坑，与路基排水和农田灌溉相结合。路旁取土坑(图0-7)深度约1.0m或稍大一些，宽度依用土数量和用地允许而定。为防止坑内积水危害路基，当堤顶与坑底高差不足2.0m时，在路基坡脚与坑之间需要设宽度不小于1.0m的护坡平台，坑底设纵横排水坡及相应设施。

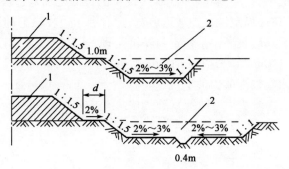

图0-7 路旁取土坑
1-路堤；2-取土坑

河水淹没地段的桥头引道近旁一般不设取土坑，如设取土坑要距河流中水位边界10m以外，并与导治结构物位置相适应。此类取土坑要求水流畅通，不得长期积水危及路基或构造物的稳定。

路基开挖的废方，应尽量加以利用，如用以加宽路基或加固路堤，填补坑洞或路旁洼地，也可兼顾农田水利或基建等所需，不得任意倾倒，做到变废为用，弃而不乱，并采取必要的防护措施。

废方一般选择路旁低洼地，就近弃堆。当地面横坡缓于1:5时，弃土堆可以设在路堑两侧，地面较陡时，宜设在路基下方。沿河路基爆破后的废石方，往往难以远运，条件许可时可以部分占用河道，但要注意河道压缩后，不致壅水危及上游路基及附近农田等。路旁弃土堆横断面如图0-8所示，要求堆顶整平，顶面具有适当的横坡，并设置排水沟，宽度d与地面土质有关，最小3.0m，最大可按路堑深度H加5.0m，即$d \geq H + 5.0\text{m}$。弃土堆表面应进行绿化设计，以使其尽快恢复生态。

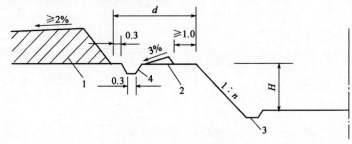

图0-8 弃土堆横断面图
1-弃土堆；2-三角平台；3-边沟；4-截水沟；d-弃土堆内侧坡脚与路堑坡顶的距离；H-路堑高度

积砂或积雪地区的弃土堆,宜有利于防砂防雪,可设在迎风面一侧,并且有足够的距离。

2. 护坡道与碎落台

在岩石破碎、土质较差或土夹石地段开挖路堑,在雨水作用下,路堑边坡经常发生碎落塌方,容易堵塞边沟或阻碍交通。因此,可在边沟外侧或路堑边坡中间设置碎落台,如图 0-9a)所示,供风化碎落土石块积聚,养护时再作定期清除。设置碎落台也提高了边坡的稳定性,兼有护坡道和视距台(弯道)的作用。碎落台宽度一般为 1.0~1.5m。

护坡道是设置在路堤坡脚,如取土坑与坡脚之间,或高路堤边坡中部的变坡处,纵向做成的有一定宽度的平台,如图 0-9b)所示。设置的目的是加宽边坡横向距离,减少边坡平均坡度,增加边坡整体稳定性。护坡道愈宽,愈有利于边坡稳定,但工程量也随之增加。护坡道宽度至少为 1.0m,兼顾路基稳定与经济合理,通常护坡道宽度 d 视边坡高度 h 而定,$h \geq 3.0m$ 时,$d = 1.0m$;$h = 3 \sim 6m$ 时,$d = 2.0m$;$h = 6 \sim 12m$ 时,$d = 2 \sim 4m$。浸水路基的护坡道可设在浸水线以上的边坡上。

a)路堑   b)路堤

图 0-9　碎落台与护坡道

3. 堆料坪与错车道

二级以下公路,路面养护所用集料,可以就近选择路旁合适地点堆置备用。也可以在路肩外侧设置堆料坪,其面积可结合地形与材料数量而定,一般每隔 50~100m 设置一个,其长度为 5.0~8.0m,宽 2.0m 左右,如图 0-10 所示。

《标准》规定,四级公路采用 4.5m 路基时,应设置错车道。设置错车道的道路的路基宽度不得小于 6.5m,通常应每隔 200~500m 设置错车道一处。按规定错车道的长度不得短于 30m,两端各有长为 10m 的出入过渡段,中间 10m 供停车用,如图 0-11 所示。错车道是单车道路基的一个组成部分,应与路基同时设计与施工。

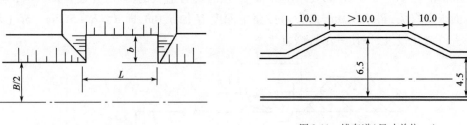

图 0-10　堆料坪示
b-堆料坪宽度;L-堆料坪长度;B-路基宽

图 0-11　错车道(尺寸单位:m)

4. 护栏

护栏是公路附属的安全设施。不封闭的各级公路,当路堤高度大于或等于 4m,以及急弯、陡峻山坡、桥头引道等危险路段应设置护栏。设置护栏路段的路基,一侧应加宽

0.5m,以保持设置护栏后的路肩宽度。护栏分墙式和柱式两种。重力式挡土墙、砌石、填石路基应该采用墙式护栏,其他情况可以设置柱式护栏。

四、路基强度指标

路基强度是指路基土在外力和重力作用下抵抗相对滑动位移和竖向垂直位移变形的能力。根据路基土的力学模型以及土体破坏的原因不同,将表征路基土的强度指标分为路基土的承载能力指标和抗剪强度指标。

(一)路基土的承载能力

路基土的承载能力是指路基土在一定的应力级位下抵抗变形的能力。用于表征路基土承载力的参数指标有回弹模量和加州承载比(CBR)等。

1. 路基土的回弹模量

土基回弹模量表示土基在弹性变形阶段内,在垂直荷载作用下,抵抗竖向变形的能力,用 E_0 表示。标准状态下土基回弹模量的确定方法有室内试验法、查表法和填料CBR换算法三种。

2. CBR(California Bearing Ratio)值

CBR值(加州承载比)是早年由美国加利福尼亚州提出的一种评定土基及其他路面材料承载能力的指标。承载能力以材料抵抗局部荷载压入变形的能力表征,并以高质量的标准碎石为标准,它们的相对比值即为CBR值。

我国现行的沥青路面设计规范和水泥混凝土路面设计规范均采用路基回弹模量作为路基路面设计的参数指标,而国外多采用CBR指标。我国《公路路基设计规范》(JTG D30—2015)和《公路路基施工技术规范》(JTG F10—2006)中列入了CBR指标,作为路基填料选择的依据。

(二)土的抗剪强度指标

土的抗剪强度指土体抵抗剪切破坏的能力。土的抗剪强度对分析土坡稳定以及挡土墙后土压力计算具有十分重要的意义。

五、路基工程项目划分

根据公路工程建设任务、施工管理和质量检验评定的需要,应在施工准备阶段将公路工程建设项目,划分为单位工程、分部工程和分项工程。施工单位、工程监理单位和建设单位应按相同的工程项目划分进行工程质量的监控和管理。

单位工程指的是在建设项目中,根据签订的合同,具有独立施工条件的工程,如公路工程中的路基工程、路面工程、桥梁工程、互通立交工程、隧道工程、环保工程、机电工程等。分部工程指的是在单位工程中,按结构部位、路段长度及施工特点或施工任务划分为若干个分部工程。分项工程指的是在分部工程中,按不同的施工方法、材料、工序及路段长度等划分为若干个分项工程。

路基单位工程中分部工程及分项工程的划分见表0-1。

路基单位工程中分部工程及分项工程的划分　　　　　0-1

单位工程	分部工程	分项工程
路基工程（每10km或每标段）	路基土石方工程*（1~3km路段）	土方路基*，石方路基*，软土地基*，土工合成材料处治层*等
	排水工程（1~3km路段）	管节预制，管道基础及管节安装*，检查（雨水）井砌筑*，土沟，浆砌排水沟*，盲沟，跌水，急流槽*，水簸箕，排水泵站等
	小桥及符合小桥标准的通道*，人行天桥，渡槽（每座）	基础及下部构造*，上部构造预制、安装或浇筑*，桥面*，栏杆，人行道等
	涵洞、通道（1~3km路段）	基础及下部构造*，主要构件预制、安装或浇筑*，填土，总体等
	砌筑防护工程（1~3km路段）	挡土墙*，墙背填土，抗滑桩*，锚喷防护*，锥、护坡，导流工程，石笼防护等
	大型挡土墙*，组合式挡土墙*（每处）	基础*，墙身*，墙背填土，构件预制*，构件安装*，筋带，锚杆，拉杆，总体*等

注：1. 表内标注*号者为主要工程，评分时给以2的权值；不带*号者为一般工程，权值为1。
　　2. 按路段长度划分的分部工程，高速公路、一级公路宜取低值，二级及二级以下公路可取高值。

项目一　路堤填筑施工

项目描述

在公路建设中,路堤填筑工程数量很大,在某些重点路段,路堤填筑工程往往是公路施工质量与进度的关键。学习该项目,旨在使学生领会设计意图、明确工程内容,并在掌握工程特点的基础上,通过正确选择合适的路基填料,能合理进行试验段铺筑,按照《公路工程技术标准》(JTG B01—2014)、《公路路基施工技术规范》(JTG F10—2006)和《公路工程质量检验评定标准 第一册 土建工程》(JTG F80/1—2004)的相关规定,进行路堤填筑施工,培养学生路基施工的职业能力。

本项目包括识读路堤填筑施工图、路基施工复测、路基填料选择、土质路堤填筑、石质路堤填筑、路堤填筑试验段铺筑、路堤填筑工程质量检验评定、路堤填筑计量、编制路堤填筑施工方案共9个任务。

任务一　识读路堤填筑施工图

任务描述

设计图纸是组织施工的依据,熟悉、复核施工图纸是领会设计意图、明确工程内容、掌握工程特点的重要环节。施工单位在接到施工图设计文件后,应组织有关技术人员对施工图设计文件进行复核,充分领会设计意图。完成本任务,使学生具备识读工程图的能力,能完成复核路堤填筑施工图表,复核工程量的工作,并能正确填写图纸复核表。

学习目标

◆知识目标
1. 掌握道路平面图、道路纵断面图、路堤填筑横断面图的作用及组成;
2. 掌握直曲表、路基设计表、逐桩坐标表的作用及组成。

◆技能目标
1. 会识读道路平面图、道路纵断面图、路堤填筑横断面图;
2. 会识读直曲表、逐桩坐标表、路基设计表;
3. 会发现路堤填筑施工图表中存在的一般性问题。

◆能力目标
1. 能复核路堤填筑施工图表;
2. 能复核工程量,并正确填写图纸复核表。

一、公路施工图复核

(一)公路施工图设计的组成

第一篇　总体设计
第二篇　路线
第三篇　路基、路面
第四篇　桥梁、涵洞
第五篇　隧道
第六篇　路线交叉
第七篇　交通工程及沿线设施
第八篇　环境保护与景观设计
第九篇　其他工程
第十篇　筑路材料

第十一篇　施工组织计划
第十二篇　施工图预算

(二)公路施工图复核制度

每项工程开工前各工点技术人员在技术负责人的组织下,进行图纸复核,将复核结果分单位工程写出书面汇报,格式由负责人统一印发,交负责人复核,项目总工程师作最后审核,资料存档备查。图纸复核包括内业复核和现场核对。

1. 内业复核

1)技术参数

(1)审查施工图纸的张数、编号与图纸目录是否相符。

(2)审查施工图纸、施工图说明、设计总说明是否齐全,规定是否明确,三者有无矛盾。

(3)复核平、纵断面所注里程、高程与各分项工程标注是否相符。

(4)复核工程各部位的尺寸、高程、线形及所用材料标准是否正确。

2)工程数量复核

工程数量复核时,技术人员将各单位工程图纸设计数量按照设计尺寸计算复核(土石方依据测量做出的实际地面线进行计算),依据设计图纸细目分项整理,并将复核结果按统一格式分单位工程写出书面汇报,技术负责人复核后,交总工程师最后审核,资料存档备查。

2. 现场核对

现场核对主要是对照图纸查看及核对现场原地面、构造物原地面、工程地质、征地拆迁、临时工程、构造物设置的位置、规模、数量等情况。

路基工程现场核对的主要内容有:地基处理方案是否合理,地基加固措施是否需要增加或减少,支挡类型及设置是否合理,特殊土路基采取措施情况,取弃土场的设置是否合理,土石方调配是否合理,对原有水系及道路的破坏恢复措施是否合理,是否需要以桥代路,是否需要以隧代路,地质补勘工作情况等。

二、熟悉公路工程施工图

(一)熟悉"平面设计图"

图 1-1 是××公路平面设计图,对该图分析如下:
(1)从图上可了解该段公路所处的地形条件、地物和地貌等。
(2)从图上可知直线曲线组合、曲线元素图上位置、百米桩、交点、导线点图上位置、构造物图上位置、加宽渐变方式及加宽具体位置及设置等。
(3)从图中曲线要素表可知曲线参数、交点桩号、主点里程、短链和长链等。
(4)从图上可以了解到主线路与交叉的关系以及支线线形。

(二)熟悉"路线纵断面图"

图 1-2 是××公路路线纵断面图,对该图分析如下:

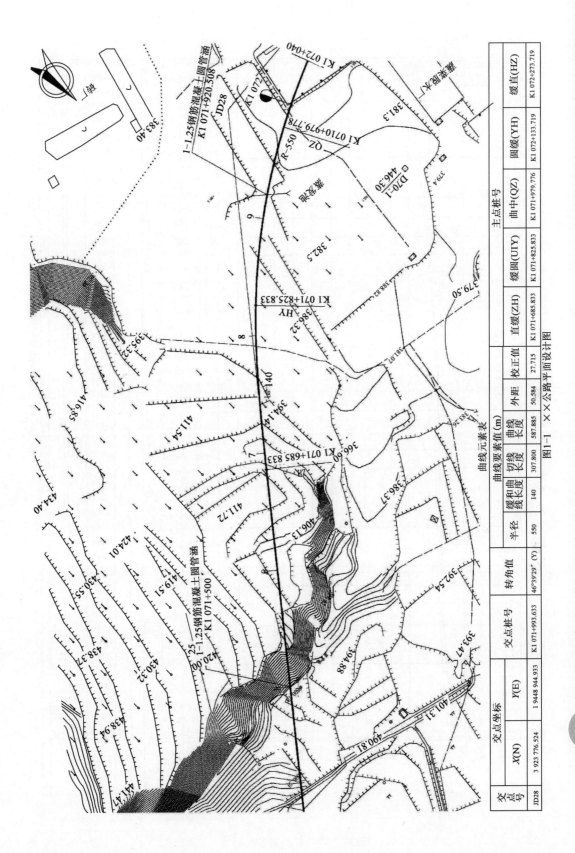

图1-1 ××公路平面设计图

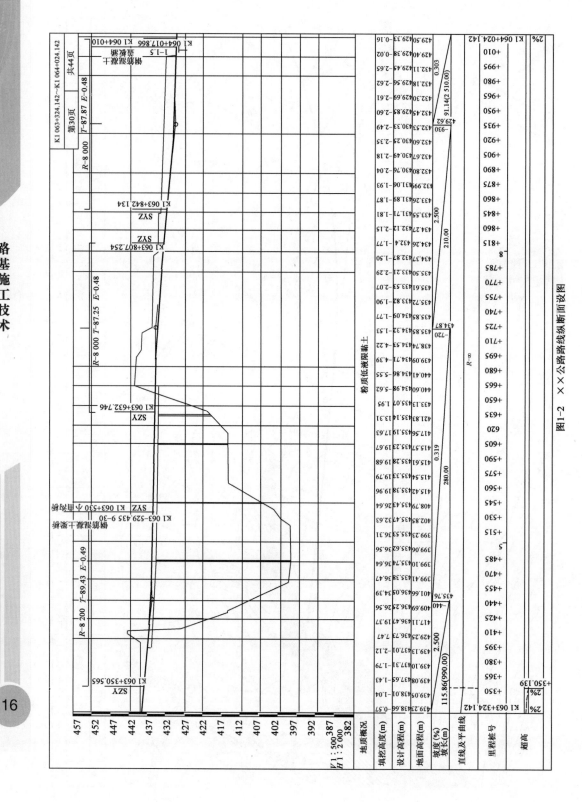

图1-2 ××公路路线纵断面设计图

(1)从图上可知路线设计中线纵向高低起伏情况以及中线纵向原地形高低起伏情况。

(2)从图上可知路线中线里程桩号及相应的地面高程、设计高程、填挖高度、地质概况、直线及平曲线、超高方式、超高段起终点桩号、曲线半径、缓和曲线长度、左右角。

(3)从图上可知竖曲线线形及要素。

(4)从图上可知路线中线纵坡、变坡点里程桩号及高程,超高方式图及超高的计算。

(5)从图上可知路线沿线构造物、涵洞里程桩号。

(三)熟悉"路基横断面图"

图 1-3 是××公路路基横断面图,对该图分析如下:

(1)从图上可知路基填方情况。

(2)从图上可知路基两侧原地形的高低情况。

(3)从图上可知中桩填方高度、边桩填方高度。

(4)从图上可知超高情况。

(5)从图上可确定中桩至坡脚的距离、边坡、填方面积等。

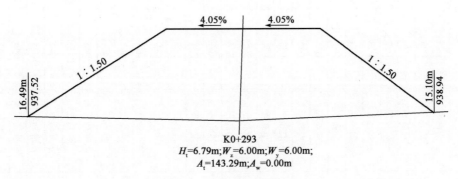

图 1-3　××公路路基横断面图

(四)熟悉"控制测量表"

表 1-1 是××公路控制测量表,对该表分析如下:

(1)从表中明确该项目的坐标系统。

(2)从表中确定施工标段内导线点的点名、平面坐标、高程。

(五)熟悉"直线曲线转角表"

表 1-2 是××公路直线曲线转角表,对该表分析如下:

(1)从表中明确交点编号、交点里程桩号、交点间距、交点边方位角、转角及交点坐标。

(2)从表中区分直线段、曲线段,直线起点、终点里程桩号和坐标,曲线起终点里程桩号和坐标,曲线要素(半径、切线长、曲线长、外距等)。

(3)从表中确定缓和曲线起点、终点里程桩号及坐标。

(六)熟悉"逐桩坐标表"

表 1-3 是××公路逐桩坐标表,对该表分析如下:

××公路控制测量表

表1-1

点名	X(m)	Y(m)	H(m)	备注	点名	X(m)	Y(m)	H(m)	备注
D01	3 947 243.810	19 463 203.868	414.396	三角高程	D24	3 939 194.337	19 455 970.568	444.091	水准高程
D02	3 946 977.717	1 9463 083.566	421.851	三角高程	D25	3 938 983.902	19 455 726.922	442.023	水准高程
D03	3 946 545.582	19 462 617.000	427.153	三角高程	D26	3 938 562.358	19 455 368.516	439.359	三角高程
D04	3 946 351.384	19 462 467.888	431.916	三角高程	D27	3 938 161.37	19 454 992.44	438.072	三角高程
D05	3 946 267.237	19 462 134.663	452.484	三角高程	D28	3 937 850.927	19 454 728.65	438.77	三角高程
D06	3 945 875.819	19 461 716.646	441.806	三角高程	D29	3 937 671.966	19 454 404.18	431.89	三角高程
D07	3 945 453.187	19 461 496.800	457.036	水准高程	D30	3 937 586.231	19 453 857.21	424.372	三角高程
D08	3 944 739.291	19 461 139.131	448.736	水准高程	D31	3 937 502.852	19 453 587.18	424.301	三角高程
D09	3 944 570.495	19 460 499.724	457.339	三角高程	D32	3 937 474.776	19 453 413.15	424.888	水准高程
D10	3 944 412.317	19 460 132.976	459.629	三角高程	D33	3 937 304.464	19 453 077.81	425.473	水准高程
D11	3 944 264.161	19 459 972.575	464.800	三角高程	D34	3 937 052.824	19 452 827.69	417.423	三角高程
D12	3 944 088.076	19 459 844.014	459.601	水准高程	D35	3 936 768.488	19 452 500.86	419.432	水准高程
D13	3 943 713.908	19 459 663.168	463.724	三角高程	D36	3 936 583.75	19 452 326.2	423.311	水准高程
D13-1	3 943 456.300	19 459 520.475	453.469	水准高程	D37	3 936 402.608	19 455 404.04	424.773	水准高程
D14	3 943 210.293	19 459 188.487	450.369	水准高程	D38	3 936 105.088	19 451 796.18	435.022	三角高程
D15	3 942 476.338	19 458 682.315	441.819	三角高程	D39	3 935 909.331	19 451 557.76	447.947	水准高程
D15-1	3 942 148.616	19 458 444.170	440.339	水准高程	D40	3 935 737.033	19 451 416.71	457.889	三角高程
D16	3 941 819.959	19 458 197.284	443.533	三角高程	D41	3 935 401.103	19 451 248.82	455.704	水准高程
D17	3 941 673.018	19 458 085.168	446.885	水准高程	D42	3 935 132.161	19 450 965.3	148.681	水准高程
D18	3 941 407.105	19 457 747.568	449.841	三角高程	D42-1	3 934 865.08	19 450 718.94	461.563	三角高程
D19	3 941 140.480	19 457 249.949	439.423	水准高程	D43	3 934 649.356	19 450 534.7	467.371	水准高程
D19-1	3 941 141.248	19 457 247.928	439.162	水准高程	D43-1	3 934 369.236	19 450 355.97	470.944	三角高程
D20	3 940 875.509	19 457 131.418	449.832	三角高程	D44	3 933 988.637	19 450 429.35	470.384	水准高程
D21	3 940 309.800	19 456 785.542	447.943	水准高程	D45	3 933 792.889	19 450 074.69	469.78	水准高程
D22	3 939 765.564	19 456 548.724	445.42	三角高程	D46	3 933 534.074	19 449 996.88	469.250	三角高程
D22-1	3 939 670.450	19 456 485.679	445.038	水准高程	D47	3 932 996.752	19 459 840.87	478.252	用角高程
D23	3 939 474.364	19 456 243.067	444.105	水准高程	D48	3 932 148.435	19 449 787.19	473.626	水准高程

××公路直线曲线及转角表

表 1-2

交点号	交点坐标 N(X)	交点坐标 E(Y)	交点桩号	转角值	半径	缓和曲线长度	缓和曲线参数	曲线要素值(m) 切线长度	曲线长度	外距	校正值	第一缓和曲线起点	第一缓和曲线终点或圆曲线起点	曲线主点桩号 曲线中点	第二缓和曲线起点或圆曲线终点	第二缓和曲线终点	直线段长(m)	直线长度及方向 交点间距(m)	计算方位角	备注
1	2	3	4	5	6	7	8	9	10	11	12	13	14	15	16	17	18	19	20	21
JD0	3 938 518.914	19 455 320.56	K1 052+800																	
JD14	3 937 744.804	19 454 631.62	K1 053+836.284	35°43′11.8″(Y)	1 000	300	547.72	473.32	923.43	54.57	23.20	K1 053+362.969	K1 053+662.969	K1 053+824.685	K1 053+986.400	K1 054+286.400	562.97	1 036.28	221°40′06″	
JD15	3 937 433.567	19 453 240.56	K1 055+238.533	29°46′19.9″(Z)	950	200	435.89	352.96	693.64	34.81	12.27	K1 054+885.575	K1 055+085.575	K1 055+232.396	K1 055+379.216	K1 055+579.216	599.17	1425.45	257°23′17.8″	
JD16	3 936 240.681	19 451 933.45	K1 056+995.870	37°22′18.4″(Y)	701.027	150	324.28	312.52	607.25	40.42	17.78	K1 056+683.354	K1 056+833.354	K1 056+986.980	K1 057+140.606	K1 057+290.606	1 104.14	1 769.61	227°36′57.9″	
JD17	3 936 170.811	19 451 136.77	K1 057+777.823	65°21′25.6″(Y)	650	139	300.58	487.22	880.45	123.71	93.98	K1 057+290.606	K1 057+429.606	K1 057+730.833	K1 058+032.059	K1 058+171.059	0.00	799.73	264°59′16.3″	短链:24.142m;K1 058+175.851
JD18	3 934 738.731	19 450 625.97	K1 059+228.438	17°36′13.4″(Y)	1 100	80	296.65	213.64	424.37	13.86	2.91	K1 059+014.798	K1 059+094.798	K1 059+226.981	K1 059+359.164	K1 059+439.164	819.60	1 520.45	199°37′50.7″	
JD19	3 934 030.636	19 450 081.29	K1 060+118.870	32°27′04.9″(Z)	1 460.90	100.000	382.218	477.000	881.68	61.40	23.30	K1 059+641.870	K1 059+741.870	K1 060+132.710	K1 060+523.550		202.71	893.35	217°34′04.1″	
JD20	3 933 295.797	19 450 017.65	K1 060+833.163	34°59′13.6″(Z)	980	100.000	313.050	309.613 358.260	648.43	47.75	19.45			K1 060+797.764	K1 060+523.550	K1 061+071.978	0.00	737.59	184°56′59.2″	
JD21	3 932 349.335	19 450 564.92	K1 061+907.010	24°59′58.4″(Z)	700	150	324.04	230.45	455.43	18.37	5.48	K1 061+676.558	K1 061+826.558	K1 061+904.272	K1 061+981.985	K1 062+131.985	504.58	1 093.29	149°57′45.6″	
JD22	3 931 731.661	19 451 448.25	K1 062+979.406	37°49′22.8″(Y)	1 010.5	100	317.88	396.34	767.07	58.09	25.60	K1 062+583.071	K1 062+683.071	K1 062+966.605	K1 063+250.139	K1 063+350.139	451.09	1 077.87	124°57′47.2″	
JD23	3 930 471.765	19 451 838.59	K1 064+222.780	22°09′32.1″(Y)	900	80	268.33	216.29	428.07	17.40	4.52	K1 064+056.487	K1 064+136.487	K1 064+270.523	K1 064+404.558	K1 064+484.558	706.35	1 318.98	162°47′10.1″	
JD24	3 929 292.777	19 451 736.58	K1 065+451.658	7°09′31″	5 500			344.04	687.18	10.75	0.90			K1 065+451.211	K1 065+794.799		623.06	1 183.39	184°56′42.2″	
JD26	3 924 965.879	19 450 808.69	K1 069+876.036	59°03′58.6″(Y)	1 631.65	140	477.94	994.67	1 822.07	244.23	167.27	K1 068+881.369	K1 069+021.369	K1 069+792.402	K1 070+563.436	K1 070+703.436	3 086.57	4 425.27	192°06′13.2″	
JD27	3 924 543.536	19 449 570.19	K1 071+017.295	31°59′00″(Z)	850	140	344.96	313.86	614.48	35.22	13.24	K1 070+703.436	K1 070+843.436	K1 071+010.677	K1 071+177.918	K1 071+317.918	0.00	1 308.53	251°10′11.8″	
JD28	3 923 776.524	19 448 944.93	K1 071+993.633	46°39′29″(Y)	550	140	277.49	307.80	587.89	50.58	27.72	K1 071+685.833	K1 071+825.833	K1 071+979.776	K1 072+133.719	K1 072+273.719	367.92	989.57	219°11′11.8″	短链:26.129m;K1 072+373.87
JD30	3 923 695.044	19 447 823.41	K1 073+116.528	42°56′18.2″(Z)	890	155	371.42	427.95	821.98	67.57	33.92	K1 072+688.577	K1 072+843.577	K1 073+099.568	K1 073+355.558	K1 073+510.558	388.73	1124.48	265°50′40.9″	

×× 公路逐桩坐标表

表1-3

桩号	坐标 N(X)	坐标 E(Y)	桩号	坐标 N(X)	坐标 E(Y)	桩号	坐标 N(X)	坐标 E(Y)
K1 072+200	3 923 763.627	19 448 737.33	K1 072+668.300	3 923 727.523	19 448 270.46	K1 073+070.500	3 923 646.264	19 447 879.04
K1 072+213.500	3 923 761.94	19 448 723.94	K1 072+675.200	3 923 727.023	1 9448 263.58	K1 073+084	3 923 640.733	19 447 866.72
K1 072+226	3 923 760.534	19 448 711.52	K1 072+682.300	3 923 726.508	19 448 256.49	K1 073+105	3 923 631.759	19 447 847.74
K1 072+229	3 923 760.216	19 448 708.53	K1 072+690.400	3 923 725.921	19 448 248.42	K1 073+130	3 923 620.496	19 447 825.42
K1 072+236.200	3 923 759.483	19 448 701.37	K1 072+695	3 923 725.588	19 448 243.83	K1 073+159	3 923 606.651	19 447 799.94
K1 072+239.300	3 923 759.179	19 448 698.28	K1 072+733.500	3 923 722.689	19 448 205.44	K1 073+161.300	3 923 605.518	19 447 797.94
K1 072+260	3 923 757.308	19 448 677.67	K1 072+742.500	3 923 721.957	19 448 196.47	K1 073+190	3 923 590.943	19 447 773.22
K1 072+290.600	3 923 754.902	19 448 647.16	K1 072+760.300	3 923 720.412	19 448 178.73	K1 073+221	3 923 574.313	19 447 747.06
K1 072+291.700	3 923 754.82	19 448 646.07	K1 072+773.500	3 923 719.162	19 448 165.59	K1 073+222	3 923 573.761	19 447 746.22
K1 072+321.200	3 923 752.674	19 448 616.65	K1 072+782.500	3 923 718.25	19 448 156.64	K1 073+237.300	3 923 565.206	19 447 733.54
K1 072+324.400	3 923 752.442	19 448 613.45	K1 072+790.600	3 923 717.382	19 448 148.59	K1 073+239	3 923 564.242	19 447 732.14
K1 072+341.700	3 923 751.188	19 448 596.2	K1 072+799	3 923 716.431	19 448 140.24	K1 073+269.200	3 923 546.674	19 447 707.57
K1 072+352	3 923 750.442	19 448 585.93	K1 072+820	3 923 713.8	19 448 119.41	K1 073+271	3 923 545.601	19 447 706.13
K1072+375	3 923 748.775	19 448 562.99	K1 072+840	3 923 710.907	19 448 099.62	K1 073+294	3 923 531.631	19 447 687.86
K1 072+400	3 923 746.964	19 448 538.05	K1 072+861.400	3 923 707.337	19 448 078.52	K1 073+311.300	3 923 520.815	19 447 674.36
K1 072+425	3 923 745.152	19 448 513.12	K1 072+865.700	3 923 706.559	19 448 074.29	K1 073+333.400	3 923 506.62	19 447 657.42
K1 072+450	3 923 743.341	19 448 488.18	K1 072+872.200	3 923 705.343	19 448 067.9	K1 073+363	3 923 486.957	19 447 635.3
K1 072+475	3 923 741.529	19 448 463.25	K1 072+898	3 923 700.06	19 448 042.65	K1 073+380	3 923 475.347	19 447 622.88
K1 072+500	3 923 739.718	19 448 438.32	K1 072+903	3 923 698.951	19 448 037.78	K1 073+400	3 923 461.437	19 447 608.51
K1 072+525	3 923 737.906	19 448 413.38	K1 072+906	3 923 698.273	19 448 034.85	K1 073+420	3 923 447.298	19 447 594.36
K1 072+550	3 923 736.095	19 448 388.45	K1 072+930	3 923 692.493	19 448 011.56	K1 073+440	3 923 432.975	19 447 580.4
K1 072+575	3 923 734.283	19 448 363.51	K1 072+950.300	3 923 687.116	19 447 991.99	K1 073+460	3 923 418.51	19 447 566.59
K1 072+600	3 923 732.472	19 448 338.58	K1 072+970	3 923 681.471	19 447 973.11	K1 073+480	3 923 403.944	19 447 552.89
K1 072+626	3 923 730.588	19 448 312.65	K1 072+994	3 923 674.033	19 447 950.29	K1 073+500	3 923 389.317	19 447 539.25
K1 072+627.500	3 923 730.479	19 448 311.15	K1 073+020	3 923 665.284	19 447 925.81	K1 073+510	3 923 381.993	19 447 532.44
K1 072+661.600	3 923 728.008	19 448 277.14	K1 073+035	3 923 659.912	19 447 911.81	K1 073+511.383	3 923 380.98	19 447 531.5

××公路路基设计表

表 1-4 第 41 页 共 56 页

××国道改建工程

桩号	平曲线 左偏	平曲线 右偏	竖曲线 凹型	竖曲线 凸型	地面高程(m)	设计高程(m)	填挖高度(m) 填	填挖高度(m) 挖	路基宽度(m) 左侧 W_1	左侧 W_2	左侧 W_3	中分带 W_0	右侧 W_3	右侧 W_2	右侧 W_1	以下各点高程(m) 左侧 A_1	左侧 A_2	左侧 A_3	右侧 A_3	右侧 A_2	右侧 A_1	坡口、坡脚至中桩距离(m) 左侧	右侧
K1 065+200		R=5 500 JD24 L_y=688.65 1-70°10′26.1″	-0.303%	2510	424.790	425.769	0.997		0.75	2.50	11.75	2.00	11.75	2.50	0.75	-0.375	-0.356	-0.294	-0.294	-0.356	-0.375	17.10	16.93
+219					424.817	425.709	0.892		0.75	2.50	11.75	2.00	11.75	2.50	0.75	-0.375	-0.356	-0.294	-0.294	-0.356	-0.375	16.95	16.78
+243.300					425.075	425.635	0.560		0.75	2.50	11.75	2.00	11.75	2.50	0.75	-0.375	-0.356	-0.294	-0.294	-0.356	-0.375	16.94	17.61
+248.100					425.002	425.621	0.619		0.75	2.50	11.75	2.00	11.75	2.50	0.75	-0.375	-0.356	-0.294	-0.294	-0.356	-0.375	16.19	16.97
+269					424.504	425.558	1.054		0.75	2.50	11.75	2.00	11.75	2.50	0.75	-0.375	-0.356	-0.294	-0.294	-0.356	-0.375	18.32	17.10
+269.900					424.600	425.555	0.955		0.75	2.50	11.75	2.00	11.75	2.50	0.75	-0.375	-0.356	-0.294	-0.294	-0.356	-0.375	18.17	16.95
+300					424.475	425.464	0.989		0.75	2.50	11.75	2.00	11.75	2.50	0.75	-0.375	-0.156	-0.294	-0.294	-0.356	-0.275	16.92	16.91
+319					424.489	425.406	0.917		0.75	2.50	11.75	2.00	11.75	2.50	0.75	-0.375	-0.356	-0.294	-0.294	-0.356	-0.75	16.81	16.81
+344					424.396	425.330	0.934		0.75	2.50	11.75	2.00	11.75	2.50	0.75	-0.375	-0.356	-0.294	-0.294	-0.356	-0.375	16.84	16.84
+369					424.265	425.254	0.989		0.75	2.50	11.75	2.00	11.75	2.50	0.75	-0.375	-0.356	-0.294	-0.294	-0.356	-0.375	17.01	16.11
+395.800					424.428	425.193	0.745		0.75	2.50	11.75	2.00	11.75	2.50	0.75	-0.375	-0.356	-0.294	-0.294	-0.356	-0.375	18.16	19.18
+397.200					421.960	415.169	1.209		0.75	2.50	11.75	2.00	11.75	2.50	0.75	-0.375	-0.356	-0.294	-0.294	-0.356	-0.375	17.80	18.10
+398.700					424.431	425.164	0.733		0.75	2.50	11.75	2.00	11.75	2.50	0.75	-0.375	-0.356	-0.294	-0.294	-0.356	-0.375	17.50	18.23
+419					424.235	425.103	0.868		0.75	2.50	11.75	2.00	11.75	2.50	0.75	-0.375	-0.356	-0.294	-0.294	-0.356	-0.375	16.82	18.34
-444					424.185	425.027	0.842		0.75	2.50	11.75	2.00	11.75	2.50	0.75	-0.375	-0.356	-0.294	-0.294	-0.356	-0.375	16.87	18.21
+469					424.121	424.951	0.810		0.75	2.50	11.75	2.00	11.75	2.50	0.75	-0.375	-0.356	-0.294	-0.294	-0.356	-0.375	16.85	18.10
+500					424.081	424.857	0.776		0.75	2.00	11.75	2.00	11.75	2.50	0.75	-0.375	-0.356	-0.294	-0.294	-0.356	-0.375	18.29	18.11
+519					424.060	424.799	0.739		0.75	2.50	11.75	2.00	11.75	2.50	0.75	-0.375	-0.356	-0.294	-0.294	-0.356	-0.375	18.15	18.15
+546.600					423.090	424.716	0.826		0.75	2.50	11.75	2.00	11.75	2.50	0.75	-0.375	-0.356	-0.294	-0.294	-0.356	-0.375	17.74	19.77
+569					423.964	424.648	0.684		0.75	2.50	11.75	2.00	11.75	2.50	0.75	-0.375	-0.356	-0.294	-0.294	-0.356	-0.375	18.06	17.97
+600					423.919	424.554	0.635		0.75	2.50	11.75	2.00	11.75	2.50	0.75	-0.375	-0.356	-0.294	-0.294	-0.356	-0.375	17.99	19.99
+619					423.832	424.496	0.664		0.75	2.50	11.75	2.00	11.75	2.50	0.75	-0.375	-0.356	-0.294	-0.294	-0.356	-0.375	18.03	18.03
+644					423.820	424.420	0.600		0.75	2.50	11.75	2.00	11.75	2.50	0.75	-0.375	-0.356	-0.294	-0.294	-0.356	-0.375	17.94	17.94
+664					423.849	414.360	0.511		0.75	2.50	11.75	2.00	11.75	2.50	0.75	-0.375	-0.356	-0.294	-0.294	-0.356	-0.375	17.80	17.80
+684.700					423.963	424.297	0.334		0.75	2.50	11.75	2.00	11.75	2.50	0.75	-0.375	-0.356	-0.294	-0.294	-0.356	-0.375	17.98	17.99
+688.600					424.713	424.285		0.428	0.75	2.50	11.75	2.00	11.75	2.50	0.75	-0.375	-0.356	-0.294	-0.294	-0.356	-0.575	20.21	18.66
+696.100					424.687	424.262		0.425	0.75	2.50	11.75	2.00	11.75	2.50	0.75	-0.375	-0.356	-0.294	-0.294	-0.356	-0.375	20.14	18.71
+698.200					422.811	424.256	0.445		0.75	2.50	11.75	2.00	11.75	2.50	0.75	-0.375	-0.356	-0.294	-0.294	-0.356	-0.375	18.98	17.97
+702.700					423.395	424.242	0.847		0.75	2.50	11.75	2.00	11.75	2.50	0.75	-0.375	-0.356	-0.294	-0.294	-0.356	-0.375	18.72	17.76

编制:　　　　　　　　　　　　　　　　　　　　　　　　　复核:

项目一　路堤填筑施工

(1)从表中明确各桩号坐标。
(2)根据表中数据结合直线曲线转角表进行加桩坐标计算。
(3)根据表中数据结合直线曲线转角表进行边桩坐标计算。

(七)熟悉"路基设计表"

表 1-4 是××公路路基设计表,对该表分析如下:
(1)从表中确定各里程桩的地面高程、设计高程及其填挖高度。
(2)从表中确定行车道宽度、硬路肩宽、土路肩宽度及相应点的设计高程或与设计高程的高差。
(3)从表中确定变坡点桩号及高程、纵坡坡度、坡长和竖曲线要素。
(4)与路基纵断面图、路基横断面图的综合分析。

综上所述,经过各种图表的分析,要明确以下几个方面:
(1)项目标段路线的平面位置、平面线形组成。
(2)项目标段路线的直线曲线位置、曲线参数、主点里程等。
(3)标段内交点桩号、交点间距、交点边方位角等。
(4)项目标段已知导线点、水准点编号及实地位置可利用情况。
(5)根据逐桩坐标表、直线曲线转角表会加桩、边桩计算。
(6)路线纵坡度、横坡度、填方边坡坡度。
(7)路线变坡点所在桩号、高程。
(8)竖曲线要素。
(9)路基行车道、硬路肩、土路肩、中间带宽度。

三、图纸复核表

××高速公路图纸复核审查表见表 1-5。

××高速公路图纸复核审查表　　　　　　　　　表 1-5

复查单位:××路桥建设集团有限公司　　　　　　　　　编号:

合同段	ZB1-8	复查时间	
单项工程名称		复查人	
图表名称		复查负责人	
存在问题			
复查意见			

任务二　路基施工复测

任务描述

路基施工复测是路基施工前必不可少的准备工作,施工单位在对施工图设计图纸复核后,应组织有关测量技术人员对控制点、中线和横断面进行复测、补测。完成本任务,使学生具备控制点复测及加密工作的能力,能进行公路施工复测并填写公路复测登记表和控制点加密成果表。

学习目标

◆知识目标
1. 掌握控制点复测及加密的原理和步骤;
2. 掌握路中线复核的内容和步骤;
3. 掌握横断面复核的内容和步骤。

◆技能目标
会用测量仪器进行控制点复测及加密。

◆能力目标
能进行公路施工复测并填写公路复核登记表和控制点加密成果表。

一、导线复测

(一)导线复测内容

当路线线形主要由导线控制时,导线的点位密度及精度直接影响施工放线的质量。导线复测的内容包括以下几个方面:

(1)检查导线(网)是否符合规范及有关规定要求,平差计算是否经过有关方面检查与验收。

(2)导线点密度是否满足施工放线的要求,必要时应进行加密,以保证在道路施工的全过程中,相邻导线点间能相互通视。

(3)检查导线点是否丢失、移动,并进行必要的点位恢复工作。

(二)导线复测要求

各级公路平面控制测量的等级选用、三角测量与导线测量的技术要求、四级 GPS 控制网的主要技术参数应符合《公路路基施工技术规范》(JTG F10—2006)的规定。原有导线点不能满足施工需要时,可增设满足相应精度要求的附合导线点。同一建设项目内相邻施工段的导线应闭合,并满足同等级精度要求。对可能受施工影响的导线点,施工前应加以固定或改移,从开工至竣工验收的时间段内应保证其精度。

(三)导线复测方法步骤

(1)观测导线点间夹角(统一采用左角或右角)及相邻点间边长,并与设计单位提供的结果相比较,当误差较大时,应先查明是否是导线点损坏或仪器操作不当或记录出错等原因。

(2)进行导线平差计算,一般以起始两个点及最终两个点为已知边进行方位角闭合计算,检验闭合差及测角中误差是否满足规范要求。如果满足要求,数据合格,则进行分配平差处理,如果不合格,则应查明原因。

(3)根据调整后角度值计算导线坐标闭合差、导线全长,得出导线全长相对闭合差,检验其精度是否达到规范要求。如果满足,说明导线测量准确,整理出相应的导线成果表作为公路路线和各种构造物的施工放样控制点的坐标使用。

(4)导线复测外业结束后,应及时整理和检查外业观测手簿。检查观测成果是否满足技术要求,所有计算是否正确。确认无误后,可进行内业计算,即根据已知导线点的坐标及边的方位角和外业的导线观测成果,推算各导线的观测成果,并评定测量精度。

若闭合差大于容许值,应分析原因后重测;若闭合差满足精度要求,应按要求进行平差计算。

二、中线复测与固定

路基开工前,应进行全段中线放样并固定路线主要控制桩,高速公路、一级公路宜采用坐标法进行测量放样。中线放样时,应注意路线中线与结构物中心、相邻施工段的中线闭合,发现问题应及时查明原因,进行处理。设计图纸和实际放样不符时,应查明原因后进行处理。

目前,中线的复测往往采用全站仪或GPS,并采用极坐标放样法或者坐标放样法。

对路线的主要控制点,如交点、转点、曲线的起讫点,以及起控制作用的百米桩和加桩,应视当地的地形条件和地物情况,采用有效的方法加以固定,通常在所需固定的桩点附近设置护桩。

加钉护桩的方法,一般是以所需固定的控制点桩为交叉点,沿两个大致相互垂直的方向,在每条方向线上,将桩点移到路基施工范围以外。

三、水准点复测与加设

中线恢复后,对沿线的水准点作复核性水准测量,以复核水准点一览表中各点的水准点高程和中桩的地面高程。

公路高程测量应采用水准测量。在水准测量确有困难的地段,四、五等水准测量可以采用三角高程测量,采用三角高程测量时,起讫点应为高一个等级的控制点。各级公路的水准测量等级及水准测量精度应符合《公路路基施工技术规范》(JTG F10—2006)的规定。沿路线每500m宜有一个水准点。当相邻水准点相距太远,为便于施工期间引用,可加设一些临时水准点,临时水准点的高程必须符合精度要求。在结构物附近、高填深挖路段、工程量集中及地形复杂路段,宜增设水准点。临时水准点应符合相应等级的精度要求,并与相邻水准点闭合。当水准点有可能受到施工影响时,应进行处理。

无论是导线测量还是水准测量，都必须延伸到两个或一个相邻标段，对相邻施工段来说，只有延伸到相邻标段进行联测，才能保证水准点高程不会出现断高差错。

四、横断面检查与补测

路线横断面应详细检查与核对，发现疑问与错误时，必须进行复测，在恢复中线时新设的桩点，应进行横断面的补测。

五、路基施工交桩

在建设单位组织完外业交桩后，施工单位应立即组织全面复测，并提交"导线点、水准点复测报告"报驻地办检测。然后由建设单位组织设计单位、监理单位、施工单位三方签字确认。

路基施工交桩表格包括：

（1）导线点交接单，见表1-6。

××公路导线点交接单　　　　　　　　　　　　　　　表1-6

施工单位：　　　　　　　　　　　　　合同号：
监理单位：　　　　　　　　　　　　　编　号：

工程项目		桩号	
设计单位		交桩负责人	
总监办		监理驻地办	
接桩负责人		交接时间	年 月 日
导线点测量标志及测量资料交接记录： 例：××高速合同段导线控制点 　　　D1　　D2 　　　D3　　D4 　　　D5　　D6 以上6个控制点全部交接完毕，测量资料齐全、完全。			
附件：			

（2）水准基点交接单，见表1-7。

××公路水准基点交接单　　　　　　　　　　　　　　表1-7

施工单位：　　　　　　　　　　　　　合同号：
监理单位：　　　　　　　　　　　　　编　号：

工程项目		桩号	
移交单位		交桩负责人	
接收单位		接桩负责人	
监理工程师		交接时间	年 月 日
水准基点测量标志及测量资料交接记录： 例：××高速合同段水准点 　　　BM1　　BM2 　　　BM3　　BM4 　　　BM5　　BM6 以上6个水准基点全部交接完毕，测量资料齐全、完全			
附件：			

六、路基施工复测报告

(一)复测报告内容

(1)复测方法、使用仪器和复测结果说明。
(2)测量仪器鉴定证书。
(3)复测结果汇总表和复测记录。
(4)导线点、水准点布置图。
(5)精度计算书。

(二)复测报告对应表格

(1)测量成果审批表(表1-8)。
(2)导线点复测汇总表(表1-9)。
(3)水准点复测结果汇总表(表1-10)。
(4)坐标、高程比较表(表1-11)。
(5)高程测量记录比较表(表1-12)。
(6)横断面测量记录比较表(表1-13)。

××公路测量成果审批表　　　　表1-8

施工单位：　　　　　　　　　　合同号：
监理单位：　　　　　　　　　　编　号：

测量成果名称:导线点坐标、水准点高程
桩号:填写具体测量段落
精度等级:
承包人意见: 导线点坐标准确、水准点闭合,精度符合要求,请审批。   　　　　　　　　　　　　　　承包人：　　　　日期：
测量监理意见: 精度符合要求。   　　　　　　　　　　　　测量监理工程师：　　　　日期：
驻地监理工程师意见: 经审核,测量成果符合设计及规范要求。 　　　　　　　　　　　　驻地监理工程师：　　　　日期：
总监办意见: 　　　　　　　　　　　　　　总监办：　　　　日期：

附承包人、监理单位测量成果报告。

表 1-9

××公路导线点复测汇总表

合同号：
编　号：

施工单位：
监理单位：

点号	导线左角复测				导线长度复测（水平距离）				
	实测值 β' （° ′ ″）	设计值 β （° ′ ″）	$\Delta\beta = \beta' - \beta$ （″）	限差（″）	精度评定	实测值 S' （m）	设计值 S （m）	$\Delta S = S' - S$ （mm）	测距相对误差	限差	精度评定

计算：　　　　　复核：　　　　　技术负责人：　　　　　日期：

表 1-10

××公路水准点复测结果汇总表

合同号：
编　号：

施工单位：
监理单位：

点　号	水 准 点 复 测						备注
	实测高差 h' （m）	设计高差 h （m）	$\Delta h = h' - h$ （mm）	水准路线距离（m）	$\Delta h_{容} = \pm 20\sqrt{L}$ （mm）	精度评定	

计算：　　　　　复核：　　　　　技术负责人：　　　　　日期：

路基施工技术

××公路坐标、高程比较表

表 1-11

施工单位：　　　　　　　　　　　　　　　　　　　　　　　　　　　　合同号：
监理单位：　　　　　　　　　　　　　　　　　　　　　　　　　　　　编　号：

导线点号	设计坐标		实测坐标		偏差值		备注	水准点号	设计高程	实测高程	偏差值	备注
	X	Y	X	Y	ΔX	ΔY						

计算：　　　　　　　　　　复核：　　　　　　　　　　技术负责人：　　　　　　　　　　日期：

××公路高程测量记录比较表　　　　　　　　　表1-12

施工单位：　　　　　　　　　　　　合同号：
监理单位：　　　　　　　　　　　　编　号：

桩号	后视（m）	视线高程（m）	前视（m）	高程（m）	设计高程（m）	差值（m）	允许误差（m）	备注

测量人：　　　　　　　技术负责人：　　　　　　日期：

××公路横断面测量记录比较表　　　　　　　　　表1-13

施工单位：　　　　　　　　　　　　合同号：
监理单位：　　　　　　　　　　　　编　号：

桩号	实测横断面		设计横断面面积	实测横断面面积	备注
	左	右			

测量人：　　　　　　　技术负责人：　　　　　　日期：

任务三 路基填料选择

任务描述

路基填料来源具有多样性,如利用挖方、挖方土质改良、借土和工业废渣等。路堤填筑前,施工单位应对照设计文件,现场调查填料,初拟路堤填料的类型、来源地点、可供开采的数量、运输条件和距离、上路桩号,并对填料进行系列试验,以判断填料的可用性。完成本任务,使学生具备会初步判断土、石可用性的能力,能根据试验报告单,正确选用路基填料。

学习目标

◆**知识目标**
掌握土、石填料选择的原则和方法。

◆**技能目标**
会初步判断路基土、石的可用性。

◆**能力目标**
能根据试验报告单,正确选用路基填料。

各类公路用土具有不同的工程性质,在选择作为路基的填筑材料时,应根据不同的土类分别采取不同的工程技术措施。

一、各类土的工程性质

1. 不易风化的石块

不易风化的石块主要包括漂石和卵石,有很高的强度和稳定性,使用场合和施工季节均不受限制,是很好的填筑路基材料,也可用于砌筑边坡。但石块之间要嵌锁密实,以免在自重和行车荷载作用下,石块松动产生沉陷变形。

2. 碎(砾)石土

碎(砾)石土强度能满足要求,内摩擦系数高,水稳定性好,材料的透水性大,施工压实方便,能达到较好的密实程度,也是很好的填筑材料。但若细粒含量增多,则透水性和水稳定性就会下降。

3. 砂土

砂土无塑性,透水性和水稳定性均良好,毛细水上升高度很小,具有较大的内摩擦系数,但砂土黏结性小,易于松散,对流水冲刷和风蚀的抵抗能力很弱,压实困难。

4. 砂性土

砂性土既含有一定数量的粗颗粒,又含有一定数量的细颗粒,级配适宜,强度、稳定性等都能满足要求,是理想的路堤填筑材料。

5. 黏性土

黏性土细颗粒含量多,土的内摩擦角小而黏聚力大,透水性小而吸水能力强,毛细现象显著,有较大的可塑性。干燥时坚硬而不易挖掘,施工时不易破碎,浸水后强度下降较多,干湿循环因胀缩引起的体积变化较大,过干或过湿时都不便施工。

6. 粉性土

粉性土因含有较多的粉粒,毛细现象严重,干时易被风蚀,浸水后很快湿透,在季节性冰冻地区常引起冻胀和翻浆,水饱和时有振动液化问题。粉性土特别是粉土,属于不良的公路路基用土。

7. 膨胀性重黏土

膨胀性重黏土几乎不透水,黏结力特强,湿时膨胀性和塑性都很大。其工程性质受黏土矿物成分影响较大,黏土矿物主要包括蒙脱土、伊里土、高岭土。蒙脱土塑性大,吸湿后膨胀强烈,干燥时收缩大,透水性极低,压缩性大,抗剪强度低;高岭土塑性较低,有较高的抗剪强度和透水性,吸水和膨胀量较小;伊里土的性质介于上述两者之间。

8. 易风化的软质岩石(如泥灰岩、硅藻岩等)

易风化的软质岩石浸水后易崩解,强度显著降低,变形量大,一般不宜作路堤填筑材料。

总之,路基用土中,砂性土最优,黏性土次之,粉性土属不良材料,容易引起路基病害,膨胀性重黏土,特别是蒙脱土更是不良的路基土。

二、填料的选择

路堤填筑前,对照设计文件,现场调查填料的来源、类型、可供开采的数量、上路桩号,并对填料进行试验,以判断填料的可用性。据此确定填料采用填土、填石或土石混填,用于哪一压实区域和填筑的厚度。

(一)土质填料要求及可用性判断

《公路路基设计规范》(JTG D30—2015)和《公路路基施工技术规范》(JTG F10—2006)对路基用土要求及可用性判断有如下规定:

(1)路堤宜选用级配较好的砾类土、砂类土等粗粒土作为填料,填料最大粒径应小于150mm。含草皮、生活垃圾、树根、腐殖质的土严禁作为填料。

(2)泥炭、淤泥、冻土、强膨胀土、有机土及易溶盐超过允许含量的土,不得直接用于填筑路基;需要使用时,必须采取技术措施进行处理,经检验满足设计要求后方可使用。季节冻土地区路床及浸水部分的路堤不应直接采用粉质土填筑。

(3)液限大于50%、塑性指数大于26的细粒土,不得直接作为路堤填料;需要使用时,必须采取技术措施进行处理,经检验满足设计要求后方可使用。

(4)粉质土不宜直接填筑于路床,不得直接填筑于冰冻地区的路床及浸水部分的路堤。

(5)钢渣、粉煤灰等材料,可用作路堤填料,其他工业废渣在使用前应进行有害物质的含量试验,避免有害物质超标,污染环境。

(6)浸水路堤、桥涵台背和挡土墙背宜采用渗水性良好的填料。在渗水材料缺乏的地区,采用细粒土填筑时,可采用无机结合料进行稳定处治。

(7)捣碎后的种植土,可用于路堤边坡表层或中央分隔带绿化使用。

各级公路路基填料最小强度和最大粒径应符合表1-14的有关规定。

路堤填筑材料最小强度和最大粒径要求　　表1-14

填料应用部位路面底高程以下深度(m)			填料最小强度(CBR)(%)			填料最大粒径(mm)
			高速、一级公路	二级公路	三、四级公路	
填方路基	上路床(0~0.30)		8	6	5	100
	下路床	轻、中等及重交通(0.30~0.80)	5	4	3	100
		特重、极重交通(0.30~1.20)	5	4	—	
	上路堤	轻、中等及重交通(0.80~1.50)	4	3	3	150
		特重、极重交通(1.20~1.90)	4	3	—	
	下路堤	轻、中等及重交通 1.50以下	3	2	2	150
		特重、极重交通 1.90以下	3	2	—	
零填及挖方路基	0~0.30		8	6	5	100
	0.30~0.80		5	4	3	100

注:1. 该表CBR试验条件应符合《公路土工试验规程》(JTG E40—2007)的规定。
　　2. 年平均降雨量小于400mm地区,路基排水良好的非浸水路基,通过试验论证可采用平衡湿度状态的含水率作为CBR试验条件,并应结合当地气候条件和汽车荷载等级,确定路基填料CBR控制标准。
　　3. 当路基填料CBR值达不到表列要求时,可掺石灰或其他稳定材料处理。
　　4. 三、四级公路铺筑沥青混凝土和水泥混凝土路面时,应采用二级公路的规定。
　　5. 表中上、下路堤填料最大粒径150mm的规定不适用于填石路堤和土石路堤。

(二)石质填料要求及可用性判断

《公路路基设计规范》(JTG D30—2015)和《公路路基施工技术规范》(JTG F10—2006)对路基用石质填料有如下规定:

(1)根据石料饱和抗压强度指标,可将填石料分为硬质岩石、中硬质岩石、软质岩石。不同种类填料按其在路堤堤身不同部位,有不同要求。硬质岩石、中硬质岩石可用作路床、路堤填料;软质岩石可用于路堤填料,不得用于路床填料。

(2)石料抗压强度不应低于15MPa,用于护坡的不应小于20MPa。

(3)填料粒径应不大于500mm,且最大粒径不宜超过层厚的2/3。

(4)路床底面以下400mm范围之内,填料粒径应小于150mm。

(5)路床填料粒径应小于100mm。

(6)膨胀岩石、易溶性岩石和盐化岩石等不得用于路堤填筑,强风化石料、崩解性岩石和盐化岩石不得直接用于路堤填筑。

任务四 土质路堤填筑

任务描述

土质路堤填筑是路基工程常见形式之一,施工工程数量大,施工工期长,受气候影响大,往往是公路施工进度的关键。完成本任务,使学生具备土质路堤填筑施工放样、现场质量检测及记录的能力,能完成土质路堤填筑施工细则编写工作。

学习目标

◆ 知识目标
1. 掌握土质路堤填筑施工的施工工序;
2. 掌握土质路堤填筑施工各工序的方法;
3. 掌握土质路堤填筑施工测量的内容与步骤;
4. 掌握土质路堤填筑质量控制的要点和方法。

◆ 技能目标
1. 会进行中、边桩坐标计算和放样;
2. 会用核密仪检查压实度;
3. 会用灌砂法检查压实度;
4. 会填写施工记录表和中间质量检查表。

◆ 能力目标
能进行土质路基施工,能编写土质路堤填筑施工细则。

一、土质路堤填筑施工工序

土质路堤是指路基填料以土为主,石料含量占总质量30%以下的路堤。土质路基施工工艺如图1-4所示。

二、土质路堤填筑施工实施及质量控制要点

(一)路堤放样

土质路堤填筑测量主要是根据控制桩放出坡脚桩,桩上注明桩号,标上填筑高度,主要工作内容有路基边桩放样和边坡放样等。

1. 路基边桩放样

路基边桩放样,即在地面上将每一个横断面的路基边坡线与地面的交点,用木桩标定出来。边桩的位置由两侧边桩至中桩的水平距离来确定。常用的边桩放样方法有图解法、解析法、坐标放样法。

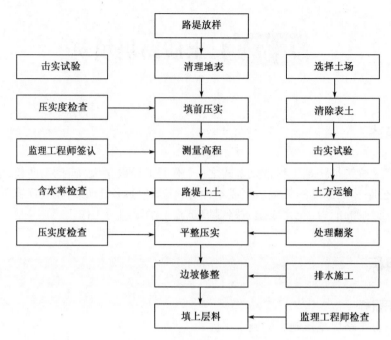

图1-4 土质路堤填筑工艺流程

1)图解法

图解法就是直接在横断面图上量取中桩至边桩的平距,然后在实地用皮尺沿横断面方向将平距放样并标定出来。每个断面的边桩标定出后,分别将中桩两侧的边桩用白灰线连接起来,即为路基填挖边界。路基填挖土石方不大时,使用此法较多。

2)解析法

解析法又称计算法,就是根据路基填挖高度、边坡、路基宽度和横断面地形情况,先计算出路基中心桩至边桩的水平距离,然后在实地沿横断面方向按距离将边桩放出来。此法比图解法精度高,主要用于平坦地形或地面横坡均匀一致地段的情况。具体方法按以下两种情况进行:

(1)平坦地段的边桩放样。平坦地段路基中心桩至边桩的距离 D 的计算方法如图1-5及式(1-1)和式(1-2)所示。

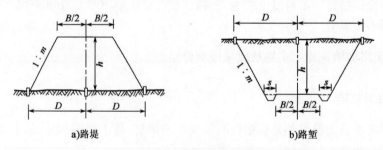

图1-5 平坦地段的边桩放样计算图示

对路堤: $$D = \frac{B}{2} + mH \tag{1-1}$$

对路堑: $$D = \frac{B}{2} + s + mH \tag{1-2}$$

(2)倾斜地段的边桩放样。倾斜地段路基中心桩至边桩的距离 D 的计算方法如图 1-6 及式(1-3)和式(1-4)所示。

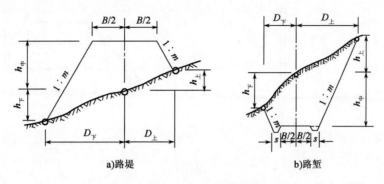

图 1-6 倾斜地段的边桩放样计算图示

对路堤： $$D_上 = \frac{B}{2} + m(H - h_上) \quad D_下 = \frac{B}{2} + m(H + h_下) \tag{1-3}$$

对路堑： $$D_上 = \frac{B}{2} + s + m(H + h_上) \quad D_下 = \frac{B}{2} + s + m(H - h_下) \tag{1-4}$$

3)坐标放样法

现代公路设计应用计算机进行辅助计算,由设计单位提供的施工设计图表"直线、曲线及转角表"、"导线点坐标"及"逐桩坐标表"等均给出了交点、导线点的坐标,也给出了每隔一定距离的中线桩位坐标值以及曲线要素。据此,我们可根据施工需要,按照坐标正算原理计算出加桩及左右边桩的坐标值。

对于填方路堤和挖方路堑,边桩、中桩的连线与中桩的切线相垂直,那么可以根据中桩的切线方位角,求出边桩与中桩连线方向的方位角,如果其坡脚和坡顶的边桩位置距路线中桩的距离已根据解析法或图解法确定,就可以根据坐标计算的方法求出两个坡脚或坡顶边桩的坐标。

路线的放样采用全站仪放样,方法可以采用极坐标法或者全站仪坐标放样的方法。采用极坐标放样是在要放样点附近的已知控制点上架设全站仪,后视对准另外一个已知控制点,根据这两个已知点的坐标和要放样点的坐标,计算出夹角和距离,采用移动棱镜的方法来放样;若采用全站仪坐标放样,具体操作过程见全站仪的说明书。

2.路基边坡放样

在放样出边桩后,为了保证填、挖的边坡达到设计要求,还应把设计的边坡在实地标定出来,以方便施工。

(1)用竹杆、绳索放样边坡。如图 1-7 所示,O 为中桩,A、B 为边坡,CD 为路基宽度。放样时在 C、D 处竖立竹杆,于高度等于中桩填土高度 H 处 C'、D' 两点用绳索连接,同时由 C'、D' 用绳索连接到边桩 A、B 上。

当路堤填土不高时,可一次挂线。当填土较高时,如图 1-8 所示可分层挂线。

(2)用边坡样板放样边坡。施工前按照设计边坡制作好边坡样板,施工时,按照边坡样板进行放样。

①用活动边坡尺放样边坡。做法如图 1-9 所示,当水准器气泡居中时,边坡尺的斜边所指示的坡度正好为设计边坡坡度,可依此来指示与检核路堤的填筑和路堑的开挖。

②用固定边坡样板放样边坡。如图1-10所示,在开挖路堑时,于坡顶桩外侧按设计坡度设立固定样板,施工时可随时指示并检核开挖和修筑情况。

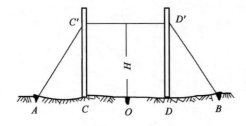

图1-7　用竹杆、绳索放边坡

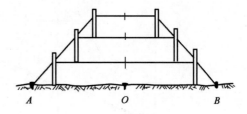

图1-8　分层挂线放边坡

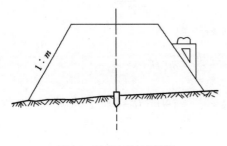

图1-9　活动边坡尺放边坡

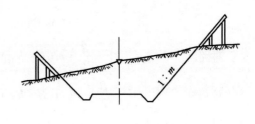

图1-10　固定样板放边坡

(二) 清理地表

清除填方范围内的草皮、树根、淤泥、积水,并翻松,平整压实地基,经监理工程师认可,实测填前高程后,方能上土填筑路基。

1) 伐树、除根及表层土处理

(1) 路基用地范围内的树木、灌木丛等均应在施工前砍伐或移植清理,砍伐的树木应移置于路基用地之外,进行妥善处理。高速公路、一级公路和填方高度小于1m的其他公路,应将路基范围内的树根全部挖除并将坑穴填平夯实;填方高度大于1m的其他公路,允许保留树根但根部露出地面不得超过20cm。

(2) 路堤基底为耕地土或松土时,应先清除种植有机土,平整后按规定要求压实。清除深度应达到设计要求,一般不小于15cm,平整后按规定要求压实。在深耕地段,必要时,应将松土翻挖,土块打碎,然后回填、整平压实。

(3) 路堤基底原土强度不符合要求时,应进行换填,深度不小于30cm,并予分层压实到规定要求。高速公路,一、二级公路路堤基底压实度不小于90%,三、四级公路路堤基底压实度不小于85%。当路堤填土高度小于路面和路床总厚度时,应将地基表层土进行超挖并分层回填压实,其处治深度不应小于重型汽车荷载作用的工作区深度,基底的压实度不宜小于路床的压实度标准。

(4) 路堤修筑范围内,原地面的坑、洞、墓穴等,应用原地的土或砂性土回填,并按规定进行压实。路堤经过水田、池塘、洼地时,应根据具体情况采用排水疏干、换填水稳性好的土、抛石挤淤等处理措施,确保路堤基底具有足够的稳定性。

2) 坡面基底的处理

填方路堤,如基底为坡面时,在荷载作用下,极易失稳而沿坡面产生滑移,因此在施工前必须对基底坡面处理后方能填筑。

(1)地面横坡为1:10~1:5时,需清除坡面上的树、草、杂物,将翻松的表层土压实后即可保证坡面的稳定。

(2)地面横坡为1:5~1:2.5时,对于土质地基,原地面应开挖台阶,如图1-11所示,台阶宽度应满足摊铺和压实设备操作的需

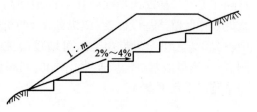

图1-11　改善基底措施(一)

要,且不小于2m,台阶顶面做成向堤内倾斜大于4%的坡度;砂类土上则不挖台阶,应将原地面以下200~300mm的表土翻松。对于石质地基,应将岩面凿成台阶后再分层填土夯实修筑路堤。

(3)地面横坡陡于1:2.5时,应作特殊处理,防止路堤沿基底滑动。常用的处理措施如下:

①经验算下滑力不大时,先清除基底表面的薄层松散土,再挖宽1~2m的台阶,但坡脚附近的台阶宜宽一些,通常为2~3m。

②经验算下滑力较大或边坡下部填筑土层太薄时,先将基底分段挖成不陡于1:2.5的缓坡,再在缓坡上挖宽1~2m的台阶,最下一级台阶宜宽一些,如图1-12所示。

③若坡脚附近地面横坡比较平缓时,可在坡脚处作土质护堤或干砌片石垛护堤,如图1-13所示。护堤最好用渗水性土填筑,但用与路堤相同的土填筑亦可。片石垛最好用大块的片石分层干砌,里外咬合紧密,不得只砌表面而内部任意抛填。片石垛的断面尺寸应通过稳定性验算确定。

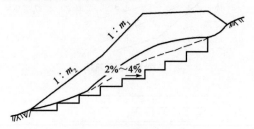

图1-12　改善基底措施(二)

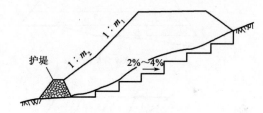

图1-13　改善基底措施(三)

(4)当原地面纵坡大于12%时,应按设计要求挖台阶,或设置坡度向内且大于4%、宽度大于2m的台阶。

(三)填前碾压

清表处理后需要针对性地进行填前碾压工作。二级及二级以上公路路堤基底的压实度应不小于90%,三、四级公路应不小于85%,路基填土高度小于路面和路床总厚度时,基底应按设计要求处理。实施时可在填前碾压范围内取土做试验,确定最大干密度和最佳含水率,填前碾压时控制施工含水率在最佳含水率±2%内,根据合理的碾压机具碾压至规范要求范围。

(四)填筑前测量

完成填前碾压工作后需对路基横断面进行高程测量,可以采用水准仪或全站仪测出

每隔一定桩号横断面填前碾压后的地面高程作为填筑的基准高程。桩号的选取为20m整桩号并保留路基设计表(或纵断图)的桩号。大、中桥、分离立交桥台台背处增设路线中桩,路线上地表特殊变化点,可增设中桩,中桩横断面的高程测点不少于3点(含中桩测点)。测量段落桩号应连续,不同时间测量的相邻段落,桩号不能间断。测量时可要求测量监理工程师参加。

(五)填筑

1. 填筑方式

路堤填筑方式按照不同地形条件分为以下几种,如图1-14所示。

(1)分层填筑法。分层填筑法分为水平分层填筑和纵坡分层填筑两种。水平分层填筑是指填筑时按横断面全宽分成水平层次,逐层向上填筑,如图1-14a)所示。纵坡分层填筑则是依纵坡方向分层、逐层推土填筑,如图1-14b)所示,适用于推土机或铲运机从路堑取土填筑,运距较短的路堤。

(2)竖向填筑。从路基一端按各横断面的全部高度,逐步推进填筑,适用于无法自下而上、分层填土的陡坡、断岩或泥沼地区,如图1-14c)所示。

(3)混合填筑。当高等级公路路线穿过深谷陡坡,尤其是要求上部的压实度标准较高时,施工时下层采用横向填筑,上层采用水平分层填筑,如图1-14d)所示。

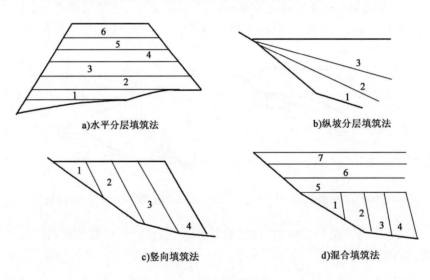

图1-14 路堤填筑方式

土方的挖、装、运均采用机械化施工,一般用挖装机械配备自卸汽车运土,按每延米用土量严格控制卸土,推土机把土摊开,平地机整平。

2. 填筑要点

(1)路堤填筑时,应从最低处起分层填筑,逐层压实;当原地面纵坡大于12%或横坡陡于1:5时,应按设计要求挖台阶,或设置坡度向内且大于4%、宽度大于2m的台阶。

(2)填方分几个作业段施工时,接头部位如不能交替填筑,则先填路段,应按1:1坡度分层留台阶;如能交替填筑,则应分层相互交替搭接,搭接长度不小于2m。

(3)旧路拓宽改造需加宽路堤时,所用填土应与原路堤用土尽量接近或为透水性好的土,并将原边坡挖成向内倾斜的台阶,分层填筑,碾压到规定的密实度。严禁将薄层新填土贴在原边坡的表面。

(4)高速、一级公路在横坡陡峻地段的半填半挖路基,必须在山坡上从填方坡脚向下挖成向内倾斜的台阶,台阶宽度不应小于1m。其中沿横断面挖方的一侧,在行车范围之内的宽度不足一个行车道宽度时,应挖够一个行车道宽度,其上路床深度范围之内的原地面土应予以挖除换填,并按上路床填方的要求施工。

(5)不同性质的土混合填筑的方式如图1-15所示,一般应遵循以下原则:

①性质不同的填料,应水平分层、分段填筑,分层压实。

②同一水平层路基的全宽应采用同一种填料,不得混合填筑。每种填料的填筑层压实后的连续厚度不宜小于500mm。填筑路床顶最后一层时,压实后的厚度应不小于100mm。每种填料的松铺厚度应通过试验确定。每一填筑层压实后的宽度不得小于设计宽度。

③对潮湿或冻融敏感性小的填料应填筑在路基上层,强度较小的填料应填筑在路基下层。在有地下水的路段或临水路基范围内,宜填筑透水性好的填料。

④以透水性较小的土填筑路堤下层时,其顶面应做成4%的双向横坡;用于填筑上层时,不应覆盖在由透水性较好的土所填筑的路堤边坡上。

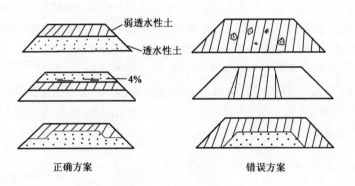

a)路基填筑方案1

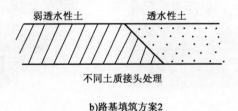

b)路基填筑方案2

图1-15 不同土质填筑路堤的方式

3.桥涵及其他构造物处的填筑施工要点

为了保证桥涵及其他构造物(主要指桥台背、锥坡、挡土墙墙背等)的稳定和使用要求,必须认真细致地进行填筑施工,其要点如下:

(1)必须坚持在隐蔽工程经监理工程师检查验收认可后,才能进行回填土施工。

(2)桥涵及其他构造物处的填料,除设计文件另有规定外,应采用砂类土或透水性土。当采用非透水性土时,应在土中增加外掺剂如石灰、水泥等,以改良其性质后使用。

(3)二级及二级以上公路路堤与桥台、横向构造物(涵洞、通道)连接处应设置过渡段。过渡段路基压实度不应小于96%,并应做好填料、地基处理、台背防排水系统等综合设计。过渡段长度可取路基填土高度的2~3倍加3~5m。

(4)台背填土顺路线方向长度一般宜这样确定:自台身背面起,顶面长度不小于台高加2m;底面长度不小于2m;拱桥台背填土长度不应小于台高的3~4倍;涵洞填土长度每侧不应小于孔径长度的2倍,如图1-16、图1-17所示。

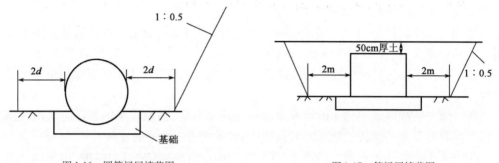

图1-16 圆管涵回填范围　　　　　图1-17 箱涵回填范围

(5)做好压实工作。结构物处的填土应分层填筑,每层松铺厚度不宜超过15cm。

(6)在回填压实施工中,应做到对称回填压实,并保持结构物完好无损。压路机压不到的地方,应使用小型夯实机具夯实并达到规定要求的密实度。

(7)施工中注意安排桥台背后填土与锥坡填土同时进行,以取得更佳效果。

(8)涵洞缺口填土,应在两侧对称均匀分层回填压实。如使用机械回填,则涵台胸腔部分及检查井周围应先用小型压实机具压实后,方可用大机械进行大面积回填。桥台台背回填与边角的碾压如图1-18所示。

a)　　　　　　　　　　　　　　b)

图1-18 桥台台背回填与边角的碾压

(9)涵洞顶面填土压实厚度大于50cm后,方可允许重型机械和汽车通过。

(10)挡土墙填料宜选用砂石土或砂类土。墙趾部分的基坑,应注意及时回填,并做成向外倾斜的横坡。填土过程中,应采取相应的措施,防止水害。回填结束后,挡土墙顶部应及时封闭。

(11)严格控制和保证达到压实标准。二级及二级公路的桥台和涵身背后、涵洞顶部的填土压实度标准,从填方基底或涵洞顶部至路床顶面均为96%;其他公路为95%。

（六）碾压

碾压是路堤填筑工程的一个关键工序，有效地压实路堤填筑土，才能保证路基工程的施工质量。

1. 路基压实的意义

路基的压实工作是路基施工过程中的一个重要工序，也是提高路基强度与稳定性的根本技术措施之一。

土是三相体，土粒为骨架，颗粒之间的孔隙为水分和气体所占据。压实的目的在于使土粒重新组合，彼此挤紧，孔隙缩小，土的单位质量提高，形成密实整体，最终使得路基强度增加，稳定性提高。通过大量的试验和工程实践已证明：土基压实后，路基的塑性变形、渗透系数、毛细水作用及隔温性能等均有明显改善。

2. 影响压实效果的因素

对于细粒土的路基，影响压实效果的因素有内因和外因两方面。内因指土质和湿度，外因指压实功能（如机械性能、压实时间与速度、土层厚度）及压实时外界自然和人为的其他因素等。下面就影响压实效果的主要因素进行讨论。

1）含水率对压实效果的影响

在一定功能的压实作用下，含水率的变化会导致土的干密度随之变化，在某一含水率（最佳含水率）下，干密度达到最大值（最大干密度）。各种土的最佳含水率大小不同，一般地，土在天然状态下的含水率值很接近于最佳含水率，因此，在施工作业中，新卸填土应当及时推平压实。

2）土质对压实效果的影响

土质对压实效果的影响很大，如图 1-19 所示。通过对比可见，砂性土的压实效果优于黏性土。其机理在于土粒愈细，比表面积愈大，加之黏土中含有亲水性较高的胶体物质，土粒表面水膜所需的含水率就愈多。另外，至于砂土的颗粒组，由于呈松散状态，水分极易散失，对其最佳含水率的概念没有多大的实际意义。

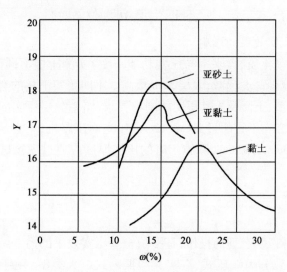

图 1-19　不同土质对压实效果的影响

3)压实功能对压实效果的影响

压实功能(指压实工具的质量、碾压次数或锤落高度、作用时间等)对压实效果的影响,是除含水率之外的另一个重要因素。不同压实功能对压实效果的影响如图1-20所示。据此规律,工程实践中可以增加压实功能(选用重碾,增加次数或延长作用时间等),以提高路基强度或降低最佳含水率。但必须指出,用增加压实功能的办法提高土基强度的效果,有一定限度。压实功能增加到一定限度以上,效果提高越缓慢,在经济效益和施工组织上,不尽合理,甚至压实功能过大,一是会破坏土基结构,二是相对应含水率减少而带来的水稳定性差,其压实效果适得其反。相比之下,严格控制最佳含水率,要比增加压实功能收效大得多。当含水率不足,洒水有困难时,适当增大压实功能可以收效;当土的含水率过大时,如果增大压实功能,必将出现"弹簧"现象,即压实效果很差,造成返工浪费。

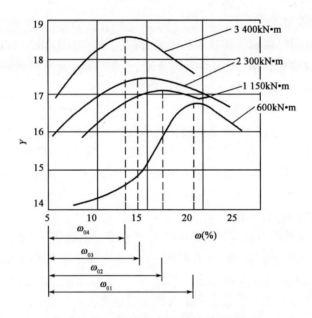

图1-20 不同压实功能对压实效果的影响

4)压实厚度对压实效果的影响

相同压实条件下(土质、含水率与压实功能不变)实测土层不同深度的密实度(γ或压实度)可知,密实度随深度递减,表层5cm最高。不同压实工具的有效压实深度有所差异,根据压实工具类型、土质及土基压实的基本要求,路基分层压实的厚度有具体的规定数值。一般情况下,夯实不宜超过20cm,12~15t光面压路机,不宜超过25cm,振动压路机或夯击机,宜以50cm为限。实际施工时的压实厚度应通过现场试验确定合适的摊铺厚度。

3. 压路机的选择与操作

1)压实机具的选择

压实机具的选择以及合理的操作,是影响土基压实效果的另一综合因素。土基压实机具的类型较多,大致分为碾压式、夯实式和振动式三大类型。碾压式(又称静力碾压式)包括光面碾(普通的两轮和三轮压路机)、羊足碾和气胎碾等几种。夯击式中除人工使用的石硪、大夯外,机动设备中有夯锤、夯板、风动夯及蛙式夯机等。振动式中有振动器、振动压路机等。此外,运土工具中的汽车、拖拉机以及土方机械等,也可用于路基压实。

不同压实机具,适用于不同土质及不同土层厚度。正常条件下,对于砂性土,振动式的压实效果较好,夯击式次之,碾压式较差。对于黏性土,则宜选用碾压式或夯击式,振动式较差甚至无效。不同压实机具,在最佳含水率条件下,适应于一定的最佳压实厚度以及通常的压实遍数。

2)压实要求

实践经验证明:土基压实时,在机具类型、土层厚度及行程遍数已经选定的条件下,压实操作时宜先轻后重、先慢后快,先边缘后中间(超高路段等需要时,则从内侧至外侧,即先低后高)。压实时,相邻两次的轮迹应重叠,保持压实均匀,不漏压,对于压不到的边角,应辅以人力或小型机具夯实。压实全过程中,经常检查含水率和密实度,以达到符合规定压实度的要求。根据路堤的填筑高度,严格按规范要求检查压实度,每层填土都要资料齐全,并经监理工程师签认或旁站。

4. 压实质量检测

1)压实度及压实度标准

土质路堤填筑施工质量控制除了严格按照施工工艺及试验段铺筑的要求外,压实度是土质路基施工现场质量控制的主要指标之一。土基的压实程度用压实度来表示,以此来检查和控制压实的质量。

压实度是指土被压实后的干密度与该土的标准最大干密度之比,用百分率表示。标准最大干密度是指按照标准击实试验法,土在最佳含水率时的干密度。土被压实后的干密度是指在施工条件下,获取施工压实后的土样通过试验所得到的干密度。压实度按式(1-5)计算。

$$K = \frac{\rho_d}{\rho_0} \times 100\% \tag{1-5}$$

式中:K——压实度(%);

ρ_d——压实土的干密度(kg/m^3);

ρ_0——压实土的标准最大干密度(kg/m^3)。

土质路基压实度应符合表1-15的规定。

土质路基压实度标准 表1-15

填挖类型			路床顶面以下深度(m)	压实度(%)		
				高速、一级公路	二级公路	三、四级公路
路堤	上路床		0~0.30	≥96	≥95	≥94
	下路床	轻、中等及重交通	0.30~0.80	≥96	≥95	≥94
		特重、极重交通	(0.30~1.20)	≥96	≥95	—
	上路堤	轻、中等及重交通	(0.80~1.50)	≥94	≥94	≥93
		特重、极重交通	(1.20~1.90)	≥94	≥94	—
	下路堤	轻、中等及重交通	1.50以下	≥93	≥92	≥90
		轻、中等及重交通	1.90以下			

续上表

填 挖 类 型	路床顶面以下深度(m)	压实度(%)		
		高速、一级公路	二级公路	三、四级公路
零填及挖方路基	0~0.30	≥96	≥95	≥94
	0.30~0.80	≥96	≥95	—

注:1. 表列压实度为《公路土工试验规程》(JTG E40—2007)重型击实试验所得最大干密度求得的压实度。
　　2. 三、四级公路铺筑水泥混凝土路面或沥青混凝土路面时,其压实度应采用二级公路的规定值。
　　3. 路堤采用粉煤灰、工业废渣等特殊填料,或处于特殊干旱,或特殊潮湿地区时,在保证路基强度和回弹模量要求的前提下,通过试验论证,压实度标准可降低1~2个百分点。

2)压实度检测

路基施工现场的压实度一般采用灌砂法或核子密度仪检测。本书限于篇幅,不详细阐述,具体方法请参照《公路路基路面现场测试规程》(JTG E60—2008)。

(七)路基整修

路基施工达到设计高程时要抓紧按设计要求整理路槽,修整边坡,防护,确保路基质量和稳定性。

土质路基表面的整修,可用机械配合人工切土或补土,并配合压路机碾压。深路堑边坡整修应按设计要求坡度,自上而下进行削坡整修,不得在边坡上以土贴补;石质路基边坡,应做到设计要求的边坡比。坡面上的松石、危石应及时清除。

边坡需要加固的地段,应预留加固位置和厚度,使完工后的坡面与设计边坡一致。当路堑边坡受雨水冲刷形成小冲沟时,应将原坡面挖成台阶,分层填补,仔细夯实。如填补的厚度很小(100~200mm),而又非边坡加固地段时,可用种草整修的方法,以种植土来填补,但应顺适、美观、牢靠。

填方边坡受雨水冲刷形成冲沟或坍塌缺口时,应自下而上,分层挖台阶加宽填补夯实,再按设计坡面削坡,弯道内侧路肩边缘,应修建路肩拦水带。填土经压实后,不得有松散、软弹、翻浆及表面不平整现象。如不合格,必须重新进行处理。

任务五 石质路堤填筑

任务描述

石质路堤填筑同样作为路堤工程常见形式之一,强度高,病害较少,其施工受气候影响不大,对工期要求紧的工程具有重要意义。完成本任务,使学生具备石质路堤填筑施工放样、现场质量检测及记录的能力,能完成石质路堤填筑施工细则编写工作。

学习目标

◆知识目标
1. 掌握石质路堤填筑施工的方法;
2. 掌握石质路堤填筑施工的施工工序;
3. 掌握石质路堤填筑施工测量的内容与步骤;
4. 掌握石质路堤质量控制的要点和方法。

◆技能目标
1. 会进行中、边桩坐标计算和放样;
2. 会检测压实质量;
3. 会填写施工记录表和中间质量检查表。

◆能力目标
能进行石质路堤施工,能编写石质路堤施工细则。

一、石质路堤填筑施工工艺

填石路堤是指用粒径大于 40mm、含量超过 70% 的石料填筑的路堤。它与填土路堤不同,主要是石料粒径大,强度高,填筑和压实都有特殊要求。

填石路基施工工艺与填土路基基本相同,但由于填料粒径较大,故存在特殊的施工工艺,石质路堤填筑工艺见图 1-21。

二、石质路堤填筑施工工序及施工要点

(一)施工放样

石质路堤填筑放样同土质路堤填筑的要求。

(二)清除地表

清除地表同土质路堤填筑的要求。

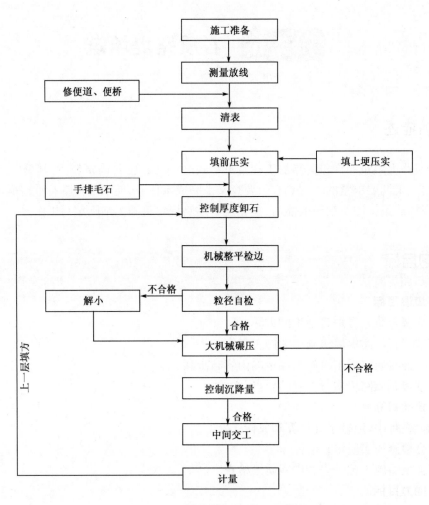

图1-21 石质路堤填筑施工的工艺流程

(三)填前碾压

填前碾压与土质路堤填筑的要求基本相同,但基底承载力应满足设计要求。在非岩石地基上,填筑填石路堤前,应按设计要求设过渡层。

(四)测量高程

测量高程与土质路堤填筑相同。

(五)填筑

(1)二级及二级以上公路的填石路堤应分层填筑压实。二级以下砂石路面公路在陡峻山坡地段施工特别困难时,可采用倾填的方式将石料填筑下部,但在路床底面以下不小于1.0m范围内仍应分层填筑压实。

(2)卵石、碎石类岩块填筑路堤时,应按路堤横断面全宽,水平分层填筑,每层厚度约0.3m。填筑时由基底地面最低处起,自下而上分层填筑,逐层夯压密实。

(3)中硬、硬质石料填筑路堤时,应进行边坡码砌,码砌边坡的石料强度、尺寸及码砌厚度应符合设计要求。边坡码砌与路堤填筑宜基本同步进行。应安排好石料运输路线,专人指挥,按水平分层,先低后高,先两侧后中央卸料,并用大型推土机摊平。个别不平处应配合人工用细石块、石屑找平。当块石级配较差,粒径较大,填层较厚,石块间的空隙较大时,可于每层表面的空隙里扫入石渣,石屑,中、粗砂,再以压力水将砂冲入下部,反复数次,使空隙填满。人工铺填粒径25cm以上石料时,应先铺砌大块石料,大面向下,小面向上,摆平放稳,再用小石块找平,石屑塞缝,最后压实。人工铺填块径25cm以下石料时,可直接分层摊铺,分层压实。在填石路堤顶面与细粒土填土层之间应按设计要求设过渡层。

(4)用易于风化石块填筑路堤,应分层填筑,每层厚度约0.5m,石块要摆平放稳,石块间的空隙用小石块、石屑填塞。对于可压碎的风化石块应尽量分层压实。

(5)填石路堤顶部最后一层填石料的铺筑层厚度不得大于0.40m,最大粒径不得大于150mm,其中粒径小于5mm的细粒含量不应小于30%,且铺筑层表面无明显空隙、空洞。填石路堤上部采用其他材料填筑时,可视需要设置土工布作为隔离层。

(六)碾压

填石路堤宜选用自重不小于18t的振动压路机分层洒水压实,压实时继续用小石块或石屑填缝。碾压时的操作要求,应先压两侧(即靠路肩部分)后压中间,压实路线对轮碾应纵向互相平行,反复碾压。

填石路堤的紧密程度应在规定深度范围内,通过振动压路机进行压实试验,当压实层顶面稳定,不再下沉(无轮迹)时,可判为密实状态。路床范围内按填土压实要求施工。

目前,填石路堤检测压实质量常用干密度、沉降差、面波等单一方法,这些方法均存在一些不足。填石路堤压实质量检测采用压实干密度、孔隙率标准检测时,就必须挖大坑(最大粒径的1.5~2倍)用水袋法进行,用于施工过程控制时难度较大的工程。而填石路堤的压实功率、碾压速度、压实遍数、铺筑厚度等施工工艺参数结合沉降差对压实质量的控制有很好的效果。

不同强度的石料,应分别采用不同的填筑层厚度和压实控制标准。填石路堤压实标准宜采用孔隙率作为控制指标,并符合表1-16~表1-18的要求。施工压实质量采用孔隙率与压实沉降差或施工参数联合控制。

硬质石料压实质量控制标准　　表1-16

路基部位	路面底面以下深度(m)	摊铺厚度(mm)	最大粒径(mm)	压实干密度(kg/m^3)	孔隙率(%)
上路堤	0.80~1.50 (1.20~1.90)	≤400	小于厚度的2/3	由试验确定	≤23
下路堤	>1.50 (>1.90)	≤600	小于厚度的2/3	由试验确定	≤25

注:"路面底面以下深度"栏,括号中数值分别为特重、极重交通的上路堤、下路堤的深度范围。

中硬石料压实质量控制标准　　表1-17

路基部位	路面底面以下深度(m)	摊铺厚度(mm)	最大粒径(mm)	压实干密度(kg/m^3)	孔隙率(%)
上路堤	0.80~1.50 (1.20~1.90)	≤400	小于厚度的2/3	由试验确定	≤22
下路堤	>1.50 (>1.90)	≤500	小于厚度的2/3	由试验确定	≤24

注:"路面底面以下深度"栏,括号中数值分别为特重、极重交通的上路堤、下路堤的深度范围。

软质石料压实质量控制标准 表 1-18

路基部位	路面底面以下深度(m)	摊铺厚度(mm)	最大粒径(mm)	压实干密度(kg/m^3)	孔隙率(%)
上路堤	0.80~1.50 (1.20~1.90)	≤300	小于层厚	由试验确定	≤20
下路堤	>1.50 (>1.90)	≤400	小于层厚	由试验确定	≤22

注:"路面底面以下深度"栏,括号中数值分别为特重、极重交通的上路堤、下路堤的深度范围。

(七)路基整修

路基整修见土质路堤填筑。

任务六 路堤填筑试验段铺筑

任务描述

高速公路和一级公路、特殊地区的公路或采用新技术、新工艺、新材料的路基,在正式施工前,应采用不同的施工方案和施工方法,铺筑试验路段并进行相关试验分析,从中选出最佳施工方案以指导大面积路基施工。完成本任务,使学生具备试验段实施的能力,能编写试验段铺筑报告。

学习目标

◆知识目标
掌握路基试验段铺筑目的与要求。
◆技能目标
会实施路基试验段。
◆能力目标
能编写路基施工试验段铺筑报告。

一、试验段的实施目的与要求

高速公路和一级公路、特殊地区的公路或采用新技术、新工艺、新材料的路基,在正式施工前,应采用不同的施工方案和施工方法,铺筑试验段并进行相关试验分析,从中选出最佳施工方案以指导大面积路基施工。

《公路路基施工技术规范》(JTG F10—2006)规定,下列情况下应进行试验路段施工:

(1)二级及二级以上公路路堤。
(2)填石路堤、土石路堤。
(3)特殊地段路堤。
(4)特殊填料路堤。
(5)拟采用新技术、新工艺、新材料的路基。

试验路段应选择在地质条件、断面形式等工程特点具有代表性的地段,施工机械和施工工艺过程要与以后全面施工时相同,路段长度不宜小于100m。通过试验路段铺筑,可确定不同压实机械压实各种填料的最佳含水率、适宜的松铺厚度、相应的碾压遍数、最佳机械配置与施工组织方法等。

二、试验段填料的试验项目

路基试验段的填料(土质)应按照《公路工程土工试验规程》(JTG E40—2007)的方法进行相关项目的检测,具体见表1-19。

路基填料的相关试验项目　　　　表 1-19

项次	试验项目	试验目的	试验仪器和方法	试验频率	备注
1	CBR 试验	确定路基土的强度（可同时测膨胀量）	用 CBR 试验仪测定	1 次/每土场或土质变化时	选料时及施工实施阶段
2	界限含水率	测定土液限和塑限、塑性指数	液限、塑限联合测定法	每 5 000m³ 或土质变化时	
3	标准击实试验	确定路基最佳含水率和最大干密度	重型标准击实试验		
4	天然含水率	确定路基土的原始含水率	烘干法、酒精燃烧法、核子法		
5	颗粒分析	确定土的名称和分类	筛分、比重计和移液管	根据需要，随时	
6	比重试验	计算孔隙比和评价土类	比重瓶法、浮力法、浮称法、虹吸筒法	有必要时	必要时做
7	土的密度试验	测定原状土的密度	环刀法		
8	有机质含量	测定土中有机质含量	重铬酸钾容量法		
9	易溶盐含量	测定土中易溶盐的总量	质量法		
10	冻胀试验	测定土在冻结过程中的冻胀率	按规程做		

三、试验段的实施流程

路基试验段的实施流程如图 1-22 所示。

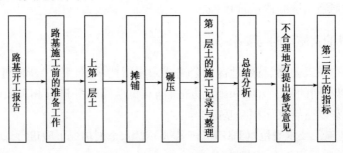

图 1-22　路基试验段施工实施流程

四、试验段报告

路堤试验路段施工报告应包括以下内容：
(1)填料试验、检测报告等。
(2)压实工艺主要参数：机械组合；压实机械规格、松铺厚度、碾压遍数、碾压速度、最佳含水率及碾压时含水率允许偏差等。
(3)过程质量控制方法、指标。
(4)质量评价指标、标准。
(5)优化后的施工组织方案及工艺。
(6)原始记录、过程记录。
(7)对施工设计图的修改建议等。

任务七 路堤填筑工程质量检验评定

任务描述

本任务是对路堤填筑施工质量的全面检查,通过本任务的学习,学生能够进行路堤填筑工程的外观检查、实测项目的检测,能够对路堤填筑工程进行检验评定,并能够完成相关内业资料的整理与归档工作,组织路堤填筑工程的交工验收。

学习目标

◆知识目标
1. 掌握路堤填筑工程质量检测的内容和程序;
2. 掌握路堤填筑工程质量检测资料整理的原则和要求;
3. 掌握路堤填筑工程外观检查的内容和要求;
4. 掌握路堤填筑工程实测项目和检测方法;
5. 掌握路堤填筑工程质量评定的方法和程序。

◆技能目标
1. 会进行路堤填筑工程外观检查;
2. 会进行路堤填筑工程几何尺寸检查;
3. 会测定路堤填筑工程弯沉;
4. 会用3m直尺测定路堤填筑工程的平整度;
5. 会填写路堤填筑工程施工质量检测资料。

◆能力目标
1. 能进行路堤填筑工程施工检验;
2. 能进行路堤填筑工程施工评定;
3. 能进行路堤填筑工程内业资料整理和归档;
4. 能够组织路堤填筑工程中间交工验收。

一、路堤填筑工程质量检验

(一)土质路堤填筑质量检验

1. 基本要求

(1)在路基用地和取土坑范围内,应清除地表植被、杂物、积水、淤泥和表土,处理坑塘,并按规范和设计要求对基底进行压实。

(2)路基填料应符合规范和设计的规定,经认真调查、试验后合理选用。

(3)填方路基须分层填筑压实,每层表面平整,路拱合适,排水良好。

(4)施工临时排水系统应与设计排水系统结合,避免冲刷边坡,勿使路基附近积水。

(5)在设定取土区内合理取土,不得滥开滥挖。完工后应按要求对取土坑和弃土场进行修整,保持合理的几何外形。

2.外观要求

(1)路基表面平整,边线直顺,曲线圆滑。

(2)路基边坡坡面平顺、稳定,不得亏坡,曲线圆滑。

(3)取土坑、弃土堆、护坡道与碎落台的位置适当,外形整齐、美观,防止水土流失。

3.实测项目、检验方法及频率

土质路堤填筑质量实测项目见表1-20。

土质路基实测项目　　　　表1-20

项次	检查项目	规定值或允许偏差		检查方法和频率	权值
		高速、一级公路	其他公路		
1△	压实度(%)	符合规范要求		密度法:每200m双车道检测4处	3
2△	弯沉值(0.01mm)	≤设计计算值		按规范要求检查	3
3	纵断高程(mm)	+10,-15	+10,-20	水准仪:每200m测4处	2
4	中线偏位(mm)	50	100	经纬仪:每200m测4处,弯道加HY、YH两点	2
5	宽度(mm)	不小于设计值		尺量:每200m测4断面	2
6	平整度(mm)	≤15	≤20	3m直尺:每200m测4个断面×3尺	2
7	横坡度(%)	±0.3	±0.5	水准仪:每200m测4处	1
8	边坡	不陡于设计值		每200m测4处	1

注:1.表列压实度以重型击实试验法为准,评定路段内的压实度平均值下置信界限不得小于规定标准,单个测定值不得小于极值(表列规定值减5个百分点)。小于表列规定值2个百分点的测点,按其数量占总检查点的百分率计算减分值。

2.采用核子仪检验压实度时应进行标定试验,确认其可靠性。

3.特殊干旱、特殊潮湿地区或过湿土路基,可按交通运输部颁发的路基设计、施工规范所规定的压实度标准进行评定。

4.三级公路修筑沥青混凝土或水泥混凝土路面时,其路基压实度应采用二级公路标准。

5.△为关键项目。

(二)石质路堤填筑质量检验

1.基本要求

(1)石方路堑的开挖宜采用光面爆破法。爆破后应及时清理险石、松石,确保边坡安全、稳定。

(2)修筑填石路堤时应进行地表清理,逐层水平填筑石块,摆放平稳,码砌边部。填筑层厚度及石块尺寸应符合设计和施工规范规定,填石空隙用石渣、石屑嵌压稳定。上、下路床填料和石料最大尺寸应符合规范规定。采用振动压路机分层碾压,压至填筑层顶面石块稳定,18t以上压路机振压两遍无明显高程差异。

(3)路基表面应整修平整。

2.外观要求

(1)上边坡不得有松石。

(2)路基边线直顺,曲线圆滑。

3. 实测项目、检验方法及频率

石质路堤填筑质量的实测项目见表1-21。

石方路基实测项目　　　　　　　　　　　　　　　　表1-21

项次	检查项目		规定值或允许偏差		检查方法和频率	权值
			高速、一级公路	其他公路		
1	压实		层厚和碾压遍数符合要求		查施工记录	3
2	纵断高程(mm)		+10,-20	+10,-30	水准仪:每200m测4断面	2
3	中线偏位(mm)		50	100	经纬仪:每200m测4点,弯道加HY、YH两点	2
4	宽度(mm)		不小于设计		米尺:每200m测4处	2
5	平整度(mm)		20	30	3m直尺:每200m测2处×10尺	2
6	横坡(%)		±0.3	±0.5	水准仪:每200m测4个断面	1
7	边坡	坡度	不陡于设计值		每200m抽查4处	1
		平顺度	符合设计要求			

注:土石混填路基压实度或固体体积率可根据实际可能进行检验,其他检测项目与石方路基相同。

二、路堤填筑工程质量评定

(一)路堤填筑工程质量评定方法

工程质量检验评分以分项工程为单元,采用100分制进行。在分项工程评分的基础上,逐级计算各相应分部工程、单位工程、合同段和建设项目评分值。工程质量评定等级分为合格与不合格。

(1)施工单位应根据该标准所列基本要求、实测项目和外观鉴定进行自检,提交真实、完整的自检资料,对工程质量进行自我评定。

(2)工程监理单位应按规定对工程质量进行独立抽检,对施工单位检评资料进行签认,对工程质量评定。

(3)建设单位根据对工程质量的检查及平时掌握的情况,对工程监理单位所做的工程质量评分及等级进行审定。

(4)质量监督部门、质量检测机构可依据该标准对公路工程质量进行检测评定。

1. 分项工程质量评定

检验内容包括基本要求、实测项目、外观鉴定和质量保证资料4个部分。

前提要求:只有在其使用的原材料、半成品、成品及施工工艺符合基本要求的规定,且无严重外观缺陷和质量保证资料真实并基本齐全时,才能对分项工程质量进行检验评定。

评定标准:涉及结构安全和使用功能的重要实测项目为关键项目(以"△"标示),其合格率不得低于90%,且检测值不得超过规定极限值,否则必须进行返工处理。

实测项目规定极限值是指任一单个检测值都不能突破的极限值,不符合要求时该实测项目为不合格。对于关键项目不符合要求时,该分项工程评为不合格。

分项工程评分值满分为100分,按照实测项目采用加权平均值法计算。存在外观缺陷和资料不全时,应予减分。

评分方法如下:

$$\text{分项工程得分} = \frac{\sum(\text{检查项目得分} \times \text{权值})}{\sum \text{项目权值}}$$

$$\text{分项工程评分值} = \text{分项工程得分} - \text{外观缺陷减分} - \text{资料不全减分}$$

(1)基本要求检查。经检查不符合基本要求规定时(施工规范规定),不得进行工程质量的检验和评定。

(2)实测项目计分。对规定检查项目采用现场抽样方法,按照规定频率和下列计分方法对分项工程的施工质量直接进行检测评分。

检查项目除按数理统计方法评定的项目以外,均应按单点(组)测定值是否符合标准要求进行评定,并按合格率计分。

$$\text{检查项目得分} = \text{检查项目合格率} \times 100$$

(3)外观缺陷减分。对工程外表状况进行检查评定时,如发现外观缺陷,应进行减分。对于较严重的外观缺陷,施工单位须采取措施进行整修处理。

(4)资料不全减分。分项工程的施工资料和图表短缺,缺乏最基本的数据,或有伪造涂改资料,不予检验和评定。资料不全者应予减分,根据质量保证资料6个方面要求,视资料不全情况每款扣1~3分。

质量保证资料包括以下6个方面:

①所用原材料、半成品和成品材料质量检验结果。

②材料配比、拌和加工控制检验和试验数据。

③地基处理和隐蔽工程施工记录和大桥、隧道施工监控资料。

④各项质量控制指标的试验记录和质量检验汇总图表。

⑤施工过程中遇到的非正常情况记录及其对工程质量影响的分析。

⑥施工中如发生质量事故,经处理补救后,达到设计要求的认可证明文件。

2. 分部工程、单位工程质量评分

分部工程和单位工程评分时,采用加权平均值计算法确定相应的评分值。

$$\text{分部(单位)工程评分值} = \frac{\sum \text{分项(分部)工程评分值} \times \text{相应权值}}{\sum \text{分项(分部)工程权值}}$$

3. 合同段和建设项目工程质量评分

施工合同段工程质量评分采用所含单位工程质量评分的加权平均值。

$$\text{合同段评分值} = \frac{\sum \text{单位工程评分值} \times \text{相应投资额}}{\text{合同段总投资额}}$$

$$\text{建设项目评分值} = \frac{\sum \text{合同段评分值} \times \text{该合同段相应投资额}}{\text{所含合同段投资总额}}$$

(二)工程质量等级评定

工程质量评定分为合格和不合格两个等级。

1. 分项工程质量等级评定

分项工程评分值不小于75分者为合格,小于75分者为不合格;机电工程、属于工厂加工制造的桥梁金属构件不小于90分者为合格,小于90分者为不合格。

评定为不合格的分项工程,经加固、补强或返工、调试,当满足设计要求后,可以重新评定其质量等级,但计算分部工程评分值时按其复评分值的90%计算。

2. 分部工程质量等级评定

所属各分项工程全部合格,则该分部工程评为合格;所属任一分项工程不合格,则该分部工程为不合格。

3. 单位工程质量等级评定

所属各分部工程全部合格,则该单位工程评为合格;所属任一分部工程不合格,则该单位工程为不合格。

4. 合同段和建设项目质量等级评定

合同段和建设项目所含单位工程全部合格,其工程质量等级为合格;所属任一单位工程不合格,则合同段和建设项目为不合格。

三、路堤填筑工程内业资料整理归档

(一)路堤填筑工程内业资料目录

1. 土方路堤填筑工程内业资料目录

(1)原地面检查(表1-22)。

原地面检查资料目录　　　　表1-22

序　号	名　称	表　号
1	检验申请批复单	监表4
2	原地面处理自检表	自检表4
3	原地面处理施工记录表	记录表6
4	压实度自检表	自检表6或试表
5	××高程现场检查记录表	记录表13

(2)土方路堤填筑(表1-23)。

土方路堤填筑资料目录　　　　表1-23

序　号	名　称	表　号	备　注
1	检验申请批复单	监表4	
2	土方路堤填筑质量自检表	自检表1	
3	压实度自检表	自检表6或试表	
4	××高程现场检查记录表	记录表13	

(3)土方路基顶层(表1-24)。

土方路基顶层资料目录　　　　　　　　　　　　　　　表1-24

序号	名称	表号	备注
1	检验申请批复单	监表4	
2	土方路堤填筑质量自检表	自检表1	
3	压实度自检表	自检表6或试表	
4	回弹弯沉检测表	自检表10	
5	平整度检测表	自检表8	
6	××高程现场检查记录表	记录表13	
7	中线偏位检测表		
8	宽度检测记录表	记录表14	直接记入自检表1,写不下采用自检附表
9	××高程及横坡检测记录表	记录表17	
10	边坡坡度检测记录表	记录表18	

2.石方路堤填筑工程内业资料目录

(1)石方路堤填筑(表1-25)。

石方路堤填筑资料目录　　　　　　　　　　　　　　　表1-25

序号	名称	表号	备注
1	检验申请批复单	监表4	
2	石方路堤填筑质量自检表	自检表2	
3	石方路堤填筑施工记录表	记录表22	
4	宽度		直接记入自检表2
5	××高程现场检查记录表	记录表13	

(2)石方路基顶层(表1-26)。

石方路基顶层资料整理顺序　　　　　　　　　　　　　表1-26

序号	名称	表号	备注
1	检验申请批复单	监表4	
2	石方路堤填筑质量自检表	自检表1	
3	压实度自检表	自检表6或施工记录表	
4	回弹弯沉检测表	自检表10	
5	平整度检测表	自检表8	
6	××高程现场检查记录表	记录表13	
7	中线偏位检测表		
8	宽度检测记录表	记录表14	直接记入自检表1,写不下采用自检附表
9	××高程及横坡检测记录表	记录表17	
10	边坡坡度检测记录表	记录表18	

(二)路堤填筑工程内业资料整理顺序

(1)土方路堤填筑工程内业资料整理顺序(表1-27)。

土方路堤填筑工程内业资料整理顺序　　　　表 1-27

序号	名　　称	表　号	备　注
1	中间交工证书	监表 9	
2	土方路基分项工程质量检验评定表		
3	工程分项开工申请批复	监表 2-2	
4	施工放样报验单	监表 1	
5	施工放样自检记录表	自检表 11	
6	工程技术交底卡片	记录表 1	附在开工报告中
7	施工技术方案报审表、原材料报验单、标准试验报验单	监表 17、18、19	
8	检验申请批复单	监表 4	
9	原地面处理自检表	自检表 4	
10	原地面处理施工记录表	记录表 6	
11	土方路堤填筑质量自检表	自检表 1	
12	土方路堤填筑施工记录表	记录表 22	
13	压实度自检表	自检表 6 或试表	
14	路基压实度汇总表	自检表 7	
15	回弹弯沉检测表	自检表 10	
16	××高程现场检查记录表	记录表 13	
17	平整度检测表	自检表 8	
18	中线偏位检测表		
19	宽度检测记录表	记录表 14	直接记入自检表 1，写不下采用自检附表
20	××高程及横坡检测记录表	记录表 17	
21	边坡坡度检测记录表	记录表 18	

（2）石方路堤填筑工程内业资料整理顺序（表 1-28）。

石方路堤填筑工程内业资料整理顺序　　　　表 1-28

序号	名　　称	表　号	备　注
1	中间交工证书	监表 9	
2	石方路基分项工程质量检验评定表		
3	工程分项开工申请批复	监表 2-2	
4	施工放样报验单	监表 1	
5	施工放样自检记录表	自检表 11	
6	工程技术交底卡片	记录表 1	附在开工报告中
7	施工技术方案报审表、原材料报验单、标准试验报验单	监表 17、18、19	
8	检验申请批复单	监表 4	
9	原地面处理自检表	自检表 4	
10	原地面处理施工记录表	记录表 6	
11	石方路堤填筑质量自检表	自检表 2	

续上表

序号	名　称	表　号	备　注
12	石方路堤填筑施工记录表	记录表22	
13	回弹弯沉检测表	自检表10	
14	××高程现场检查记录表	记录表13	
15	平整度检测表	自检表8	
16	中线偏位检测表		直接记入自检表2
17	宽度检测记录表	记录表14	
18	××高程及横坡检测记录表	记录表17	
19	边坡坡度检测记录表	记录表18	
20	压实度	自检附表	

四、组织路堤填筑工程中间交工验收

(一)中间交工验收必须具备的条件

(1)所有交工路段的路基宽度、压实度、弯沉值、中线偏位、路基顶面高程、横坡度、平整度、边坡坡率及边坡修整必须满足设计文件、招标文件及有关技术规范的要求。

(2)交验路段已按要求经过处理,路基整形后表面平整,边坡平顺、稳定,没有亏坡。边坡坡面设置具有防冲刷的临时排水设施。

(3)结构物台背回填符合质量要求,资料齐全,并经监理工程师签认。如监理工程师认为台背回填存在质量隐患应在交工确认单中明确处理措施,处理措施符合项目公司相关文件要求等。

(4)承包人所提出的交工路段的自检、评定资料必须完整、齐全并经监理工程师签字,同时监理工程师的抽检资料也必须完整、齐全。一般情况下资料应包括:平面位置(放样)检查表,高程检查记录表,路基宽度、横坡检查表,路基平整度检测表,路基填料虚铺厚度检查记录表,路基沉降量检查表,压实度试验记录表。

(二)中间交工验收现场检测项目

依据《公路工程质量检验评定标准　第一册　土建工程》(JTG F80/1—2004)的规定,路床交工验收的实测项目包括压实度、弯沉、纵断高程、中线偏位、宽度、厚度(防冻砂垫层)、平整度、横坡、边坡,另外,还需对路基外观质量进行鉴定。

(三)中间交工验收现场组织

承包人在完成路基施工后,按规范和中间交工有关技术文件要求的项目和频率进行自检,自检要有监理工程师参加。自检合格后具备交工条件时,由路基施工单位向监理工程师递交书面交工申请。监理工程师收到交工申请后,应对其交工路段的施工检验资料、自检评定资料是否完整规范进行审查,按合同文件规定的中间交工抽检项目和频率进行抽检,确认符合交工条件后签署交工申请表上报业主签署意见后,由监理单位组织施工单位、建设单位、监理单位、路面施工单位共同对拟交验路基进行实测项目现场检测。将内业资料及现场交给路面施工单位。

任务八　路堤填筑计量

任务描述

公路建设中，在对一个合同段进行分期计量时，如何准确、全面地进行工程量计算，每期计量的工程量是否充分体现实际完成的数量，真正做到清晰明了，是投资控制的关键。完成本任务，使学生具备计算并计量工程量的能力，能进行工程计量。

学习目标

◆知识目标
1. 掌握计量工程量的计算方法；
2. 掌握工程计量的依据、内容、原则和方法。

◆技能目标
会计算并计量工程量。

◆能力目标
能进行工程计量。

一、工程量的计量

（一）一般要求

（1）《公路工程工程量清单计量规范》所有工程项目，除个别注明者外，均采用中国法定的计量单位，即国际单位及国际单位制导出的辅助单位进行计量。

（2）《公路工程工程量清单计量规范》的计量与支付，应与合同条款、工程量清单以及图纸同时阅读，工程量清单中的支付项目号和本规范的章节编号是一致的。

（3）任何工程项目的计量，均应按《公路工程工程量清单计量规范》的规定或监理工程师的书面指示进行。

（4）按合同提供的材料数量和完成的工程量所采用的测量与计算方法，应符合《公路工程工程量清单计量规范》的规定。所有这些方法，应经监理工程师批准或指令。承包人应提供一切计量设备和条件，并保证其设备精度符合要求。

（5）除非监理工程师另有准许，一切计量工作都应在监理工程师在场的情况下，由承包人测量、记录。有承包人签名的计量记录原本，提交给监理工程师审查和保存。

（6）工程量应由承包人计算，由监理工程师审核。工程量计算的副本应提交给监理工程师并由监理工程师保存。

（7）全部必需的模板、脚手架、装备、机具、螺栓、垫圈和钢制件等其他材料，应包括在工程量清单中所列的有关支付项目中，均不单独计量。

(8)除监理工程师另有批准外,凡超过图纸所示的面积或体积,都不予计量与支付。

(9)承包人应严格标准计量基础工作和材料采购检验工作。沥青混凝土、沥青碎石、水泥混凝土、高强度等级水泥砂浆的施工现场必须使用电子计量设备称重。因不符合计量规定引发的质量问题,所发生的费用由承包人承担。

(10)如《公路工程工程量清单计量规范》规定的任何分项工程或其细目未在工程量清单中出现,则应被认为是其他相关工程的附属工作,不再另行计量。

(二)质量

(1)凡以质量计量或以质量作为配合比设计的材料,都应在精确与批准的磅秤上,由称职合格的人员在监理工程师指定或批准的地点进行称重。

(2)称重计量时应满足以下条件:监理工程师在场;称重记录;载有包装材料、支撑装置、垫块、捆束物等重量的说明书在称重前提交给监理工程师作为称重依据。

(3)钢筋、钢板或型钢计量时,应按图纸或其他资料标示的尺寸和净长计算。搭接、接头套筒、焊接材料、下脚料和定位架立钢筋等,则不予计量。钢筋、钢板或型钢应以千克计量,四舍五入,不计小数。钢筋、钢板或型钢由于理论单位质量与实际单位质量的差异而引起材料质量与数量不相匹配的情况,计量时不予考虑。

(4)金属材料的质量不得包括施工需要加放或使用的灰浆、楔块、填缝料、垫衬物、油料、接缝料、焊条、涂敷料等的质量。

(5)承运按质量计量的材料的货车,应每天在监理工程师指定的时间和地点称出空车质量,每辆货车还应标示清晰易辨的标记。

(6)对有规定标准的项目,例如钢筋、金属线、钢板、型钢、管材等,均有规定的规格、质量、截面尺寸等指标,这类指标应视为通常的质量或尺寸。除非引用规范中的允许偏差值加以控制,否则可用制造商所示的允许偏差。

(三)面积

除非另有规定,计算面积时,其长、宽应按图纸所示尺寸线或按监理工程师指示计量。对于面积在 $1m^2$ 以下的固定物(如检查井等)不予扣除。

(四)结构物

(1)结构物应按图纸所示净尺寸线,或根据监理工程师指示修改的尺寸线计量。

(2)水泥混凝土的计量应按监理工程师认可的并已完工工程的净尺寸计算,钢筋的体积不扣除,倒角不超过 $0.15m \times 0.15m$ 时不扣除,体积不超过 $0.03m^3$ 的开孔及开口不扣除,面积不超过 $0.15m \times 0.15m$ 的填角部分也不增加。

(3)所有以延米计量的结构物(如管涵等),除非图纸另有标示,应按平行于该结构物位置的基面或基础的中心方向计量。

(五)土方

(1)土方体积可采用平均断面积法计算,但与似棱体公式计算结果比较,如果误差超过 $\pm 5\%$ 时,监理工程师可指示采用似棱体公式。

(2)各种不同类别的挖方与填方计量,应以图纸所示界线为限,而且应在批准的横断面图上标明。

(3) 用于填方的土方量,应按压实后的纵断面高程和路床面为准来计量。承包人报价时,应考虑在挖方或运输过程中引起的体积差。

(4) 在现场钉桩后 56d 内,承包人应将设计和进场复测的土方横断图连同土方的面积与体积计算表一并提交监理工程师批准。所有横断面图,都应标有图题框,其大小由监理工程师指定。一旦横断面图得到最后批准,承包人应交给监理工程师原版图及三份复制图。

(六)运输车辆体积

(1) 用体积计量的材料,应以经监理工程师批准的车辆装运,再运到地点计量。

(2) 用于体积运输的车辆,其车厢的形状和尺寸应使其容量能够容易而准确地测定并应保证精确度。每辆车都应有明显标记。每车所运材料的体积应于事前由监理工程师与承包人相互达成书面协议。

(3) 所有车辆都应装载成水平容积高度,车辆到达送货点时,监理工程师可以要求将其装载物重新整平,对超过定量运送的材料将不予支付。运量达不到定量的车辆,应被拒绝或按监理工程师确定减少的体积接收。根据监理工程师的指示,承包人应在货物交付点,随机将一车材料刮平,在刮平后如发现货车运送的材料少于定量时,从前一车起所有运到的材料的计量都按同样比率减为目前的车载量。

(七)质量与体积换算

(1) 如承包人提出要求并得到监理工程师的书面批准,已规定要用立方米计量的材料可以称重,并将此质量换算为立方米计量。

(2) 从质量计量换算为体积计量的换算系数应由监理工程师确定,并应在此种计量方法使用之前征得承包人的同意。

(八)沥青和水泥

(1) 沥青和水泥应以千克(kg)计量。

(2) 如用卡车或其他运输工具装运沥青材料,可以按经过检定的质量或体积计算沥青材料的数量,但要对漏失或泡沫进行校正。

(3) 水泥可以袋作为计量的依据,但一袋的标准应为 50kg。散装水泥称重计量。

(九)成套的结构单元

如规定的计量单位是一成套的结构物或结构单元(实际上就是按"总额"或称"一次支付"计的工程细目),该单元应包括所有必需的设备、配件和附属物及相关作业。

(十)标准制品项目

(1) 如规定采用标准制品(如护栏、钢丝、钢板、轧制型材、管子等),而这类项目又是以标准规格(单位重、截面尺寸等)标示的,则这种标示可以作为计量的标准。

(2) 除非采用标准制品的允许误差比规范要求的允许误差要求更严格,否则,生产厂确定的制造允许误差将不予认可。

二、图纸

(1)建设单位提供的图纸中的工程数量表内数值,仅供施工作业时参考,并不代表支付项目,因此不能作为计量与支付的依据。

(2)承包人施工时应核对图中标注的构造物尺寸和高程。发现错误时,应立即和监理工程师联系,按照监理工程师批准的尺寸及高程实施。

(3)合同授予后,监理工程师(或建设单位)可提供进一步的详细图纸或补充图纸,供完成施工工艺图参考。但这并不免除承包人完成施工工艺图和对施工质量负责的任何义务。承包人应向监理工程师提出图纸使用计划,以保证施工进度不被延误。

三、工程变更

(1)施工过程中,出现下列情况时,可以进行工程项目的增减、结构形式的局部更改、结构物位置的变动等工程变更。

①业主认为有必要提出的工程变更。

②施工中发现设计图纸有错误、遗漏者。

③施工中发现地质条件与设计图纸不符,工程不变更就不能保证其质量者。

④施工中环境条件发生变化,不变更不能发挥工程效能者。

(2)业主提出的工程变更,由监理工程师向承包人下达变更令后执行。

(3)承包人提出的工程变更,必须报经监理工程师审查批准,必要时报业主同意。复杂的工程变更,或其变更涉及或影响到主体工程结构的变化,应经由计量工程师会同原设计单位研究解决,重大的变更应由原设计单位进行变更设计,并应按设计文件报批程序进行审批。所有的工程变更均须由监理工程师向承包人下达变更令后执行。

(4)由于工程变更而出现的工程价格、工期等问题,应按《公路工程国内指标文件范本》(2003年版)(以下简称《03范本》)合同通用条款第51、52条的规定和《公路工程施工监理规范》(JTG G10—2006)的有关规定办理。

四、税金和保险

(1)承包人应根据中华人民共和国税法的规定缴纳工商统一税。

(2)在施工期及缺陷责任期内,承包人应按照合同条款要求办理保险,包括工程一切险和第三方责任保险。

(3)承包人应按照合同条款要求办理其施工机械设备的保险和雇用职工的安全事故保险,其费用由承包人负担。

五、各支付项的范围

(1)承包人应得到并接受按合同规定的报酬,作为实施各工程项目(不论是临时的或永久性的)与缺陷修复中需提供的一切劳务(包括劳务的管理)、材料、施工机械及其他事务的充分支付。

(2)除非另有规定,工程量清单中各支付细目所报的单价或总额,都应认为是该支付细目全部作业的全部报酬。包括所有劳务、材料和设备的提供、运输、安装和维修、临时工程的修建、维护与拆除、责任和义务等费用,均应认为已计入工程量清单标价的各工程细目中。

(3)工程量清单未列入的细目,其费用应认为已包括在相关的工程细目的单价和费率中,不再另行支付。

六、场地清理的计量与支付

(一)计量

(1)施工场地清理的计量应按监理工程师书面指定的范围(路基范围以外临时工程用地清场等除外)进行验收。现场实地测量的平面投影面积以平方米计量。现场清理包括路基范围内的所有垃圾、灌木、竹林及胸径小于100mm的树木、石头、废料、表土(腐殖土)、草皮的铲除与开挖。借土场的场地清理与拆除(包括临时工程)均应列入土方单价之内,不另行计量。

(2)砍伐树木仅计胸径(即离地面1.3m高处的直径)大于100mm(《03范本》胸径大于150mm)的树木,以棵计量,包括砍伐后的截锯、移运(移运至监理工程师指定的地点)、堆放等一切有关作业;挖除树根以棵计量,包括挖除、移运、堆放等作业。

(3)挖除旧路面(包括路面基层)应按不同结构类型的路面以平方米计量;拆除原有公路结构物应分别按结构物的类型,依据监理工程师现场指示范围和量测方法量测,以立方米计量。

(4)所有场地清理、拆除与挖掘工作的一切挖方、坑穴的回填、整平、压实,以及适用材料的移运、堆放和废料的移运处理等作业费用均含入相关子目单价之中,不另行计量。

(二)支付

按上述规定计量,经监理工程师验收并列入工程量清单相应的支付子目的工程量,其每一计量单位,将以合同单价支付。此项支付包括材料、劳力、设备、运输等及其为完成此项工程所必需的全部费用。

(三)计量清单及内容

场地清理的计量清单及内容见表1-29。

场地清理的计量清单及内容　　　　表1-29

子目号	子目名称	单位	工 作 内 容
202-1	清理与掘除		所有场地清理的一切挖方、坑穴的回填、整平、压实,以及适用材料的移运、堆放和废料的移运处理等
-a	清理现场	m²	现场实地测量的平面投影面积以平方米计量。现场清理包括路基范围内的所有垃圾、灌木、竹林及胸径小于100mm的树木、石头、废料、表土(腐殖土)、草皮的铲除与开挖
-b	砍伐树木	棵	仅计胸径(即离地面1.3m高处的直径)大于100mm的树木,以棵计量。包括砍伐的截锯、移动(移运至监理人指定的地点)、堆放等一切有关的作业
-c	挖除树根	棵	挖除树根以棵计量,包括挖除、移运、堆放等一切有关的作业

续上表

子目号	子目名称	单位	工作内容
202-2	挖除旧路面		路基用地范围内的旧路面等所有拆除与挖掘工作的一切挖方、坑穴的回填、整平、压实,以及适用材料的移运、堆放和废料的移运处理等作业费用均含入,按不同结构类型的路面分别计量
-a	水泥混凝土路面	m²	
-b	沥青混凝土路面	m²	
-c	碎石路面	m²	
202-3	拆除结构物		路基用地范围内的旧桥梁、旧涵洞和其他障碍物等所有拆除与挖掘工作的一切挖方、坑穴的回填、整平、压实,以及适用材料的移运、堆放和废料的移运处理等作业费用均含入,拆除原有公路结构物应分别按结构物的类型,依据监理工程师现场指示的范围和量测方法量测

任务九 编制路堤填筑施工方案

任务描述

通过路堤填筑施工方案的编制,学生能熟悉路堤填筑施工方案编制的步骤和方法,巩固和掌握路堤填筑专业知识,并进一步学会综合运用已学到的理论知识。通过查阅有关的资料,提高学生独立分析和解决本专业复杂问题的能力,为今后参加工作打下坚实的基础。

学习目标

◆ 知识目标
掌握路堤填筑施工方案的内容和编制要点。
◆ 能力目标
能编制路堤填筑施工方案。

一、编制依据

(1)路堤填筑工程相关施工图设计文件。
(2)施工单位对施工图审查复核及现场核对报审资料,施工现场踏勘调查资料;施工单位现有技术力量及历年积累的成熟施工技术、科技成果、施工及方法。
(3)项目部制定的总体施工组织设计。
(4)路堤填筑工程所在合同段的招投标文件、施工合同文件和有关补充协议书等技术文件资料。
(5)国家交通运输部颁发的现行公路工程施工规范、验收标准和施工指南等。

二、编制原则

(1)严格遵守合同条款或上级下达的施工期限,保质、保量、保安全、按期完成施工任务。
(2)科学合理地安排施工程序,在保证质量的基础上,尽可能缩短工期,加快施工进度。
(3)统筹全局,保证重点,合理安排计划,组织平行作业和立体交叉作业。
(4)采用先进的施工方法和技术,不断提高施工机械化,预制装配化,减轻劳动强度,提高劳动生产率。
(5)做好人力、物力的综合平衡。
(6)精打细算,因地制宜,充分利用已有设施,尽量减少临时工程,节约用地,降低工程成本,提高经济效益。

(7)合理安排施工现场,确保施工安全,实现文明施工。

三、编制内容及方法

(一)工程概况

工程概况一般包括以下内容:
(1)工程概况。
(2)工程地理位置及气象。
(3)工程地质、水文情况。

(二)施工工艺及施工方法

1. 施工工艺及施工方法的内容
(1)各工序(或施工项目)的施工方法及施工工艺流程框图。
(2)绘制各施工方案相关的图表。

2. 编制方法
(1)确定各施工过程的施工方式、方法及施工机具:选择施工方法要从工程特点、工期要求、施工组织条件三方面进行考虑,在施工条件允许的条件下应尽量采用机械的施工。
(2)确定机械施工的部,选择机种、机型,制定机械施工方法,并绘制机械作业图,提出各种机械设备的进场与退场日期。
(3)在确定施工方法的同时,应明确提出技术措施、质量标准、安全要求。

(三)工程质量保证计划

1. 工程质量保证计划的内容
(1)工程质量目标。
(2)工程施工内部质量管理。
(3)质量目标控制。
(4)质量保证措施。

2. 编制方法
(1)工程施工内部质量管理主要说明拟建工程所采用的质量标准、技术标准,质量管理的组织机构及机构的运作方式、项目的验收制度。
(2)质量目标控制主要叙述为保证质量目标的实现,而在施工过程中采取的中间控制程序,包括质量保证体系系统图。
(3)质量保证措施主要叙述工程施工过程中的质量保证措施,如施工测量质量保证措施。

(四)安全劳保技术措施

1. 安全劳保技术措施的内容
(1)安全管理机构框图。

(2)施工现场安全措施、施工人员安全措施。
(3)各种施工作业安全措施。
(4)安全用电、防火、防风措施。

2.编制方法

(1)安全管理机构设置。

①上级安全管理领导小组。

②项目安全生产第一责任人,一般由项目经理担任;项目安全生产直接责任人,一般由项目副经理担任。

③工地安全管理小组。

④专职安全督导员。

⑤班组兼职安全员。

(2)施工现场安全措施及安全用电、防火、防风措施可参照国家颁布的施工安全手册及现场的具体情况制定实施。

(五)人员、材料、机械设备使用计划

1.人员、材料、机械设备使用计划的内容

(1)劳动力使用量计划。
(2)材料使用计划表。
(3)机械设备使用计划表。
(4)检验与试验设备计划表。
(5)测量仪器使用计划表。

2.编制方法

(1)劳动力使用量计划主要是以表格或图的形式列出施工作业各工种的名称、计划用工人数以及各工种在施工期间的用工人数,各工种的计划用工人数可根据工程量的大小及施工方法确定。

(2)材料使用计划主要以表格的形式列出拟建工程需使用主要材料的名称、数量以及施工期间各种主要材料的使用计划,材料由工程量的大小及施工方法确定。

(3)机械设备使用计划表应列出拟建工程所投入的机械名称、型号、数量、机械的进场日期及退场日期。

(4)检验与试验设备计划应列出工地试验室所应具备的试验设备种类、型号、数量。

(5)测量仪器使用计划要求列出施工全过程所需测量仪器的种类、型号、数量。

项目二　路堑开挖施工

项目描述

路堑开挖施工是路基土石方工程施工的主要内容,在路基施工,尤其是山区路基施工中占很大的比重。本项目的学习旨在使学生在领会路堑设计意图、明确工程内容、掌握工程特点的基础上,通过正确选择合适的开挖方案与开挖方法,按照《公路工程技术标准》(JTG B01—2014)、《公路路基施工技术规范》(JTG F10—2006)和《公路工程质量检验评定标准 第一册 土建工程》(JTG F80/1—2004)的相关规定,进行路堑开挖施工,培养学生路堑开挖施工的职业能力。

本项目包括识读路堑开挖施工图、路基边坡稳定性设计、土质路堑施工、石质路堑爆破施工、路堑开挖质量检验评定、路堑开挖计量、编制路堑开挖工程施工方案共7个任务。

任务一　识读路堑开挖施工图

任务描述

施工单位在接到路堑开挖施工图设计文件后,应组织有关技术人员对施工图设计文件进行复核,充分领会设计意图。完成本任务,使学生具备识读路堑开挖施工图的工作能力,能完成复核路堑开挖施工图表,复核工程量的工作,并能正确填写图纸复核表。

学习目标

◆知识目标
1. 掌握路堑开挖横断面图的作用及组成;
2. 掌握土石方数量表的作用及组成。

◆技能目标
1. 会识读路堑开挖横断面图;
2. 会识读土石方数量表;
3. 会发现其中存在的一般性问题。

◆能力目标
1. 能复核路堑开挖施工图表;
2. 能复核工程量,并正确填写图纸复核表。

一、路堑开挖施工图组成

路堑开挖前,各工点技术人员在路基施工技术负责人的组织下,进行图纸复核,将复核结果分单位工程写出书面汇报,交施工技术负责人复核,项目总工程师作最后审核,资料存档备查。图纸复核内容见项目一的任务一。路堑开挖施工图主要由路基土石方工程数量表和路堑横断面设计图两部分组成。

二、熟悉路堑开挖施工图

(一)全面熟悉"路基横断面图"

图 2-1 是××公路路基横断面图,对该图分析如下:
(1)从图上可知路面以上挖方情况。
(2)从图上可知路面上原地面两侧的高低情况。
(3)从图上可知中桩挖方高度、边桩挖方高度,确定初挖时堑顶的位置。
(4)从图上可知边沟、排水沟、碎落台等结构。
(5)从图上可确定中桩至开挖线的距离、边坡、挖方面积等。

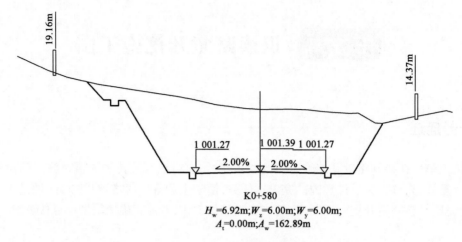

图 2-1 ××公路路基横断面图

（二）全面熟悉"路基土石方数量表"

表 2-1 是××公路路基土石方工程数量表，对该表分析如下：
(1) 应从表中确定挖方与填方数量有否考虑路槽体积。
(2) 应分析确定表中挖方数量、填方数量、借方数量等体积换算系数。
(3) 确定表中土石方数量是否平衡。

表 2-2 为××公路每公里路基土石方工程数量表。

表 2-1

××公路路基土石方数量表

起讫桩号	长度(m)	挖方(m^2) 总体积	挖方(m^2) 土方 松土	挖方(m^2) 土方 普通土	挖方(m^2) 土方 硬土	挖方(m^2) 石方 软石	挖方(m^2) 石方 次坚石	挖方(m^2) 石方 坚石	填方(m^2) 总数量	填方(m^2) 土方	填方(m^2) 石方	本桩利用 土方(m^2)	本桩利用 石方(m^2)	远运利用 土方(m^2)	远运利用 石方(m^2)	借方 土方(m^2)	备注
K0+000~K1+000	1 000	395.0		310.0		85.0			1 465.6	1 373.2	92.4	267.2	92.4			1 106.0	
K1+000~K2+000	1 000	6 916.0		5 587.0		1 329.0			7 496.5	6 052.0	1 444.6	1 893.0	1 444.6	2 802.0		1 357.0	
K2+000~K3+000	1 000	1 165.1		933.0		232.1			2 301.3	2 049.0	252.3	521.0	252.3	263.0		1 265.0	
K3+000~K4+000	1 000	188.3		152.0		36.3			2 270.5	2 231.0	39.5	131.0	39.5			2 100.0	
K4+000~K5+000	1 000	2 928.2	1 618.2			1 310.0			3 780.0	2 356.1	1 423.9	262.0	1 423.9	1 053.6		1 040.6	
K5+000~K5+500	500	3 069.8	1 073.8			765.0	1 231.0		1 231.0	1 231.0		673.0		200.0		358.0	
小计	5 500	14 662	2 692	6 982		3 757	1 231		18 545	15 292	3 253	3 747	3 253	4 319	3 253	7 227	

编制: 复核:

××公路路基每公里土石方数量表

108 国道改建工程　　　　　　　　　　　　　　　　　表 2-2　　　第 28 页　共 41 页

桩号	横断面积(m²) 挖方	横断面积(m²) 填方	距离(m)	总数量	挖方分类及数量(m³) 土 Ⅰ %	挖方分类及数量(m³) 土 Ⅰ 数量	土 Ⅱ %	土 Ⅱ 数量	石 Ⅲ %	石 Ⅲ 数量	Ⅳ %	Ⅳ 数量	Ⅴ %	Ⅴ 数量	Ⅵ %	Ⅵ 数量	填方数量(m³) 总数量	填方数量 土	填方数量 石	利用方数量及调配(m³) 本桩利用 土	本桩利用 石	填缺 土	填缺 石	挖余 土	挖余 石	远运利用及纵向调配示意	备注
1	2	3	4	5	6	7	8	9	10	11	12	13	14	15	16	17	18	19	20	21	22	23	24	25	26	27	28
K1 066+300	32.67	200.84	24.00	1 576.3	20	305.8	60	917.4	20	305.8							2 410.1	2 410.1		1 320.0		1 090.1					
K1 066+324	50.69	0.00	20.00	1 245.2	20	241.6	60	724.7	20	241.6							7.9	7.9		7.9				1 198.7			
K1 066+344	25.83	0.79	25.00	883.6	20	171.4	60	514.3	20	171.4							9.9	9.9		9.9				845.6			
K1 066+369	20.86	9.50	31.00	656.1	20	127.3	60	381.8	20	127.3														636.4			
K1 066+400	21.47	9.18	19.00	416.4	20	80.8	60	242.3	20	80.8														403.9			
K1 066+419	22.36	6.40	30.00	682.0	20	132.3	60	369.9	20	132.3														661.6			
K1 066+449	23.11	5.74	30.00	646.9	20	125.5	60	376.5	20	125.5														627.5			
K1 066+479	20.02	10.14	21.00	405.3	20	78.6	60	235.9	20	78.6														393.1			
K1 066+500	18.58	8.87	19.00	351.2	20	68.1	60	204.4	20	68.1														340.7			
K1 066+519	18.39	8.75	15.00	285.9	20	55.5	60	166.4	20	55.5														277.3			
K1 066+534	19.73	6.76	40.00	792.1	20	153.7	60	461.0	20	153.7														768.4			
K1 066+574	19.88	5.72	26.00	472.4	20	91.6	60	274.9	20	91.6														458.2			
K1 066+600	16.46	3.07	13.20	101.6	20	51.2	60	153.7	20	51.2														256.2			土11 797.7(384m) 弃方(到弃土坑K1 066+230)
K1 066+613.200	23.56	1.18	2.20	101.6	20	19.7	60	59.1	20	19.7							0.1	0.1		0.1				98.4			
K1 066+615.400	44.81	0.12	5.20	329.3	20	63.9	60	191.7	20	63.9							0.5	0.5		0.5				318.9			
K1 066+620.600	33.86	0.08	13.40	826.9	20	160.4	60	481.2	20	160.4							0.6	0.6		0.6				801.4			
K1 066+634	41.55	0.00	6.00	376.7	20	73.1	60	219.2	20	73.1														365.4			
K1 066+640	36.01	0.00																									
K1 066+650	30.98	0.00	60.00	3 449.6	20	669.2	60	2 007.7	20	669.2														3 346.2			
小计				13 762		2 670		6 076		4 603							2 429	2 429		1 399		1 090		11 798			
累计				692 269		134 300		326 242		210 958							211 049	211 049		25 880		185 169		642 007			

三、图纸复核表

××高速公路图纸复核审查表见表2-3。

××高速公路图纸复核审查表　　　　表2-3

复查单位：××路桥建设集团有限公司　　　　　　　编号：

合同段	ZB1-8	复查时间	
单项工程名称		复查人	
图表名称		复查负责人	
存在问题			
复查意见			

任务二 路基边坡稳定性设计

任务描述

一般公路路基设计可直接套用典型横断面图,不必进行边坡论证和验算,然而对高路堤、深路堑、陡坡路堤、浸水路堤以及不良地质的路基,应进行个别分析、设计及验算,以确定安全可靠、经济合理的路基断面形式,或据以寻找相应的防护与加固措施。完成本任务,使学生具备路基边坡稳定性验算的能力,能完成边坡稳定分析,对浸水路堤边坡稳定性、陡坡路堤稳定性进行验算。

学习目标

◆知识目标
1. 了解边坡破坏形状;
2. 掌握路基边坡稳定性分析计算方法。

◆技能目标
会确定边坡稳定性验算计算参数。

◆能力目标
能进行路基边坡稳定性验算。

一、边坡破坏形状

大量的实践证明,边坡破坏时,要形成一滑动面,该面的形状和路基填土的性质有关,由松散的沙土或砂性土或渗水材料填筑的路堤,边坡破裂的形状近乎直线平面,可按直线滑动面法验算边坡的稳定性;以黏性土填筑的路堤,破坏时形状为一曲面,为简化计算,通常近似假设为一圆弧状滑动面;有的则可能是不规则的折线平面。边坡破坏形状示意图如图 2-2 所示。

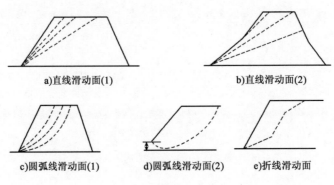

图 2-2 边坡破坏形状示意图

二、边坡稳定性验算的计算参数

(一)土的计算参数

边坡稳定性分析所需土的计算参数包括:土的重度 $\gamma(kN/m^3)$、内摩擦角 $\varphi(°)$、黏聚力 $c(kPa)$。

对于均匀土层边坡稳定性验算的参数,通过对土(路堑或天然边坡取原状土,路堤边坡取与现场压实度一致的压实土)进行试验测定。

对于多层土体所构成的边坡如图 2-3 所示,其稳定性验算参数,可采用以层厚为权重的加权平均值法,如下式:

$$\gamma = \frac{\gamma_1 h + \gamma_2 h_2 + \cdots + \gamma_n h_n}{h_1 + h_2 + \cdots + h_n} \tag{2-1}$$

$$c = \frac{c_1 h + c_2 h_2 + \cdots + c_n h_n}{h_1 + h_2 + \cdots + h_n} \tag{2-2}$$

$$\tan\varphi = \frac{\tan\varphi_1 h_1 + \tan\varphi_2 h_2 + \cdots + \tan\varphi_n h_n}{h_1 + h_2 + \cdots + h_n} \tag{2-3}$$

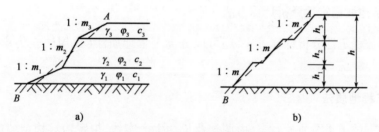

图 2-3 多层土稳定性验算参数示意图

(二)汽车荷载当量高度换算

路堤除受自重作用外,同时还承受行车荷载的作用(图 2-4)。在进行边坡稳定性分析时,需将车辆按最不利情况排列,并将车辆的设计荷载换算成当量土柱高度(即以相等压力的土层厚度来代替),以 h_0 表示。

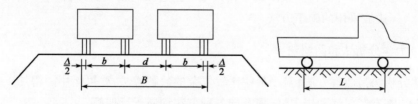

图 2-4 汽车荷载布置示意图

当量土柱高度计算公式为:

$$h_0 = \frac{NQ}{\gamma BL} \tag{2-4}$$

式中:N——横向分布的车辆数,单车道 $N=1$,双车道 $N=2$;

Q——每一辆车的重力(kN);

γ——路基填料的重度(kN/m^3);

L——汽车纵向分布长度(m)，$L = l_1 + l_2 + l_3$；

l_1——汽车前后轴(或履带)的总距离(m)，公路-I级荷载和公路-II级荷载，$l_1 = 12.8\text{m}$；

l_2——汽车前轮着地长度的一半(m)，$l_2 = 0.1\text{m}$；

l_3——汽车后轮着地长度的一半(m)，$l_3 = 0.1\text{m}$；

B——横向分布车辆轮胎最外缘之间的总距离(m)，$B = Nb + (N-1)d$；

b——每一车辆的轮胎外缘之间的距离(m)；

d——相邻两辆车轮胎(或履带)之间的净距(m)。

荷载分布宽度可以分布在行车道(路面)的范围，考虑到实际行车可能有横向偏移或车辆停放在路肩上，也可认为 h_0 厚的当量土层分布在整个路基宽度上。

(三)边坡取值

边坡稳定性分析时，对于折线形或阶梯形边坡，一般可取平均值，也可用坡顶点与坡脚点连线的坡度近似表达。

边坡稳定性分析的各种方法，按失稳土体的滑动面特征，大体分为直线、曲折和折线三大类，而且均以土的抗剪强度为理论基础，按力的极限平衡原理建立相应的计算式。

三、路基边坡稳定性分析计算方法

路基边坡稳定性分析计算方法，还可以分为工程地质法(比拟法)、力学分析法和图解法。

(一)工程地质法

根据不同的土类及所处状态，由调查及长期生产实践，拟定边坡稳定值的参考数据，在设计时，将影响边坡稳定的因素作比拟，采用类似工程地质条件下的稳定边坡值。应调查收集的资料如下：

(1)土的名称、类别、组成结构、密度、成因等，或者岩石的岩性结构构造、风化破碎程度等。

(2)地面水、地下水的状况。

(3)当地相似条件的自然极限山坡或人工开挖边坡的坡度及现状。

(4)人工边坡采用的施工方法。

(二)力学分析法和图解法

力学分析法是数解方法，对于某些比较复杂的数解方法，亦可运用图解加以简化。任何一种方法都有针对性和局限性，现有的各种方法均属于近似解。

力学分析法，首先假定出若干个的可能滑动面，再按力学平衡原理，对若干个可能的滑动面进行验算，从中找出最危险滑动面，以此来判断边坡的稳定性。在进行边坡稳定性分析时有如下假设：

(1)不考虑滑动土体本身内应力的不均匀分布。

(2)滑动土体无局部的变形和移动。

(3)极限平衡状态只在滑动面上达到。

1. 直线法验算

直线法适用于砂性土(两者合为砂类土),土的抗力以内摩擦力为主,黏聚力甚小,边坡破坏时,破裂面近似平面。

计算公式:

$$K = \frac{F}{T} = \frac{G\cos\alpha\tan\varphi + cL}{G\sin\alpha} \tag{2-5}$$

式中:F——沿滑动面 AB 方向的抗滑阻力(kN);

T——沿滑动面 AB 方向的下滑力(kN);

G——滑动土楔体 ABC 自重及路基顶面换算土柱重力之和(kN);

α——滑动面 AB 对于水平面的夹角(°);

φ——路堤填土的内摩擦角(°);

c——路堤填土的黏聚力(kPa);

L——滑动面 AB 的长度(m)。

分析:先假定路堤边坡值,然后通过坡脚 A 点,假定 3~4 个可能的滑动面倾角值 α_i,如图 2-5a)所示,求出相的稳定性系数 K_i 值,得出 K_i 与 α_i 的关系曲线,如图 2-5b)所示,在 $K = f(\alpha)$ 关系曲线上找到最小稳定系数 $K_{\min}$ 及对应的极限破裂面倾斜角 α 值。

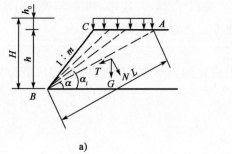
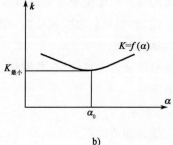

图 2-5 直线法验算图

$K = 1$ 时,处于极限平衡状态,路堤极限坡度等于内摩擦角,坡角 α 为自然休止角。

$K > 1$ 时,路堤边坡处于稳定状态且与边坡高度无关。

$K < 1$ 时,不论边坡高度多少,都不能保持稳定。

由于土工实验所得的 c、φ 值有一定的局限性,为保证边坡有足够的安全储备量,稳定性系数 $K_{\min} \geq 1.25 \sim 1.5$,但 K 值不亦过大,以免工程不经济,所以 K 值一般取 1.25~1.5。

当为砂类土时,c 很小,可以忽略不计,则式(2-5)可表达为:

$$K = \frac{F}{T} = \frac{\tan\varphi}{\tan\omega} \tag{2-6}$$

2. 圆弧法

圆弧法假定滑动面为一圆弧,适用于边坡有不同土层、均质土边坡、部分被淹没、均质土坝、局部发生渗漏、边坡为折线或台阶形的黏性土的路堤和路堑。

圆弧法的基本原理是将圆弧滑动面上的土体分成若干竖向土条,依次计算每个土条滑动面圆心的抗滑力矩和下滑力矩,然后分别叠加求出整个滑动土体的抗滑力矩和滑动力矩,再求它们的比值可得稳定系数,从而判断出路基边坡是否稳定。条分法边坡稳定性分析图如图2-6所示。

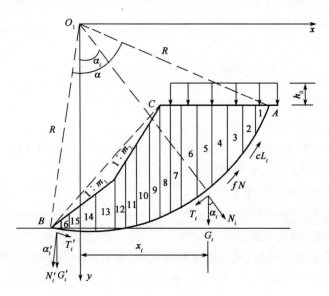

图2-6 条分法边坡稳定性分析图

圆弧法的计算精度主要与分段数量有关,分段越多,计算结果越精确。分段还可以结合横断面特性,如划分在边坡或地面坡度变化之处,以便简化计算。

1)圆弧条分法

圆弧条分法又称瑞典法,有数解法及简化的表解法和图解法,数解法最为常用,下面主要介绍数解法。

(1)基本假定

①假定滑动面为圆弧。

②土为均质和各向同性。

③滑动面通过坡脚。

④不考虑土体的内应力分布及各土条间相互作用力的影响。

(2)验算步骤与计算公式

①通过坡脚任意选定可能的圆弧滑动面,其半径为 R。取单位长的路段,将其划分为若干个垂直土条,其宽一般取 2~4m。

②计算每个土条的自重(包括其上部换算土柱的重力),并引至滑动圆弧上,并分解到滑动面的法向和切线方向上。

法向分力:
$$N_i = G_i \cos\alpha_i \qquad (2\text{-}7)$$

切向分力:
$$T_i = G_i \sin\alpha_i \qquad (2\text{-}8)$$

式中: G_i——第 i 条土体重(kN);

α_i——第 i 条土体弧段中点的法线与铅垂线的夹角, $\alpha_i = \arcsin\dfrac{x_i}{R}$。

③以 O_1 点为转动圆心,以 R 为转动力臂,计算滑动面上各土条对点的滑动力矩。需注意的是,在 y 轴右侧的土条 T_i 为正;而在 y 轴左侧的土条 T_i' 为负,力矩与滑动方向相反,起抗滑作用,应在滑动力矩中扣除。由此,绕圆心 O_1 点的滑动力矩 M_s 为:

$$M_S = R(\sum T_i - \sum T_i') \tag{2-9}$$

④绕圆心 O_1 点的抗滑力矩 M_r 为:

$$M_r = R(\sum N_i f - \sum cL_i) \tag{2-10}$$

⑤求稳定系数 K。

$$K = \frac{M_r}{M_s} = \frac{R(\sum N_i f + \sum cL_i)}{R(\sum T_i - \sum T_i')} = \frac{f\sum G_i \cos\alpha_i + cL}{\sum G_i \sin\alpha_i - \sum G_i \sin\alpha_i'} \tag{2-11}$$

式中:L——滑动圆弧的总长度(m);

f——内摩阻系数,$f = \tan\varphi$;

c——黏聚力(kPa)。

⑥按上述方法,绘几个可能的滑动圆弧,如图2-7所示分别计算各滑动面的稳定系数 K 从中得出 K_{min} 值。K_{min} 值所对应的滑动面就是最危险滑动面。

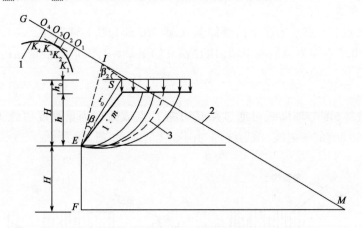

图 2-7 4.5H 法最危险滑动面圆心确定
1-K 值线;2-圆心辅助线;3-最危险滑动圆弧

最危险滑动面的求法是在圆心辅助线 MI 上,选定 O_1、O_2、…、O_n 为圆心,通过坡脚作对应的圆弧,计算各滑动面的稳定系数 K_1、K_2、…、K_n,通过 O_1、O_2、…、O_n 分别做 MI 的垂线,并按一定比例表示各点 K_i 的数值,绘出 $K = f(O)$ 的关系曲线,在该曲线最低点作圆心辅助线的平行线,与曲线相切的切点对应的圆心为极限滑动面圆心,对应的滑动面为最危险滑动面,相应的稳定系数为最小稳定系数。其值如在 1.25~1.5 之间,则路基是稳定的,否则应采取相应的措施,如放缓边坡,更换填料等,重新进行稳定性验算,直至满足要求为止,或选择适当的加固措施。

(3)危险圆心辅助线的确定

为了迅速找见最危险滑动圆心,减少失算工作量,根据经验,最危险圆心在一条辅助线上。确定危险圆心辅助线方法有 4.5H 法和 36°法。

①4.5H 法

a. 自坡脚 E 点向下作垂直线,垂直线长度 $H = h_1 + h_0$(若不考虑荷载则 $H = h_1$)得 F 点。

b. 自 F 点向右作水平线,在水平线上量取 4.5H 得 M 点,M 点为圆心辅助线上一点。

c. 计算平均边坡 i_0，并连接 E、S 点（不考虑荷载时，S 点为路肩外边缘点，$H=h_1$）。根据 i_0 值查表 2-4 得 β_1 和 β_2。

辅助线作图角值表　　　　表 2-4

边 坡 坡 度	边坡倾斜角	β_1	β_2
1∶0.5	60°00′	29°	40°
1∶1.0	45°00′	28°	37°
1∶1.5	33°40′	26°	35°
1∶2.0	26°34′	25°	35°
1∶3.0	18°26′	25°	35°
1∶4.0	14°03′	25°	36°
1∶5.0	11°19′	25°	37°

d. 自 E 点以 ES 线为一边，逆时针旋转 β_1 角得一边线 EI。

e. 自 S 点以水平线为边线，顺时针转 β_2 角得另一边线 SI。边线 EI 和 SI 相交于 I 点，I 点为圆心辅助线上的另一点。

f. 连接 M 点和 I 点并向左上角延伸至 G，则 MG 即为圆心辅助线。

如果 $\varphi=0$，I 点即为最危险滑动面的圆心；如果 $\varphi>0$，最危险滑动面的圆心在 MI 辅助线的延长线上。

②36°法

为简化计算，圆心辅助线可通过路基边缘 E 点或荷载当量高度边缘 E 点作一水平线，顺时针旋转 36°的一射线，该射线即为圆心辅助线，如图 2-8 所示。

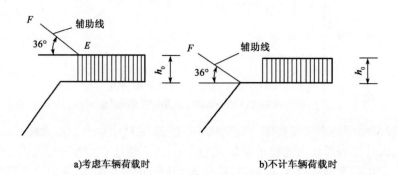

a)考虑车辆荷载时　　　　b)不计车辆荷载时

图 2-8　36°法绘辅助线图

上述两种方法中，36°法较简便，但精度比 4.5H 法差，不过，对于 1∶1.75～1∶1 的边坡及滑动面通过坡脚的情况，两种方法均可使用。以上两种方法可不计车辆荷载换算的土层厚度，所得结果出入不大，从而使计算简化。

(4)注意事项

①计算时，要求依据图确定 R、α_i、x_i，其中 R、x_i 直接从图上量取，α_i 不宜用量角器丈量，而需通过 $\alpha_i = \arcsin \dfrac{x_i}{R}$ 计算求得。

②作图要严格按比例，一般用 1∶50 的比例作图。

③当滑动面划入基底以下时,土条自重 Q_i 应按基底线分上、下两部分计算。

2)毕肖普(Bishop)法

《公路路基设计规范》(JTG D30—2015)中规定:"路堤堤身稳定性、路堤和地基的整体稳定性宜采用简化 Bishop 法进行分析计算"。

由于条分法忽略了土条间力的作用,因此,对每一土条的平衡及力矩的平衡是不满足的,只是满足整个土体力矩平衡。由此求出的安全系数偏低,为了克服条分法的不足,毕肖普考虑了土条间的作用,如图 2-9 所示,提出了相应稳定系数的计算公式,见式(2-12)与式(2-13)。

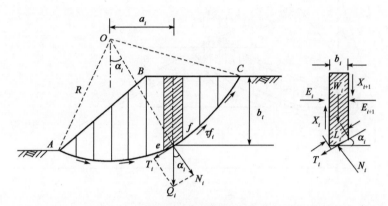

图 2-9 毕肖普(Bishop)计算图

$$K = \frac{\sum_{i=1}^{n} \frac{(W_i \tan\varphi_i + c_i b_i)}{m_{\alpha i}}}{\sum_{i=1}^{n} W_i \sin\alpha_i} \quad (2-12)$$

$$m_{\alpha i} = \cos\alpha_i + \frac{1}{K}\sin\alpha_i \tan\varphi_i \quad (2-13)$$

式中:W_i——土条 i 的竖向力(kN),包括土条重力和竖向外力;

b_i——土条 i 的宽度(m);

其他符号含义同前。

由于稳定系数 K 中包含系数 $m_{\alpha i}$,而 $m_{\alpha i}$ 中也包括 K,所以须用迭代法求解,即先假定一个 K 值,求得一个 $m_{\alpha i}$,代入式(2-13),求得 K 值,若此 K 值与假定不符,则以此 K 值重新计算 $m_{\alpha i}$,再求得 K 值,如此反复迭代,直至假定的 K 值与计算的 K 值接近或相等为止。

[例 2-1] 某高路堤,顶宽 8.5m,高 25m,填料的容重 $\gamma = 19.2\text{kN/m}^3$,单位黏聚力 $c = 42.5\text{kPa}$,内摩擦角 $\varphi = 15°$。设计荷载为公路-Ⅱ级汽车荷载。为保证该路基边坡的稳定,试对该路基边坡进行设计。

(1)设计结果

折线性边坡,上段坡高 8m,坡比为 1∶1.5,下段坡高 17m,坡比为 1∶1.75。

(2)验算稳定性(采用简化 Bishop 法验算)

①采用坐标纸以 1∶50 比例尺绘制路堤横断面。

②将公路-Ⅱ级汽车荷载换算成当量土柱高。路基宽度内能并排两辆重车,据式(2-4),则车辆荷载(公路-Ⅱ级荷载的重车为 550kN)换算土柱高为:

$$h_0 = \frac{\sum G}{\gamma BL} = \frac{2 \times 550 \text{kN}}{19.2 \text{kN/m}^3 \times 5.5 \text{m} \times 13 \text{m}} = 0.80 \text{m}$$

③用 4.5H 法确定圆心辅助线。将坡顶和坡脚连成一直线(如图 2-10 中虚线所示)。根据该连线的坡比,从表 2-1 查得辅助角 $\beta_1 = 25.5°$,$\beta_2 = 35°$,分别自坡脚作 β_1 和坡顶点作 β_2,两直线相交于 O 点;在坡脚 A 点作垂线 $AD = H = 25$m,过 D 作水平线 $DE = 4.5H = 112.5$m,连接 OE,滑动曲线圆心即在 EO 的延长线上。

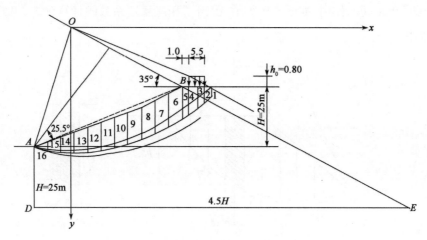

图 2-10 圆弧条分法验算边坡稳定性图示(尺寸单位:m)

④绘出不同位置的过坡脚的滑动曲线。本计算以第 1 条滑动曲线为例,从图上量取 $R = 47.5$m。

⑤将圆弧土体分段。本例第一条滑动曲线分为 16 段。

⑥按式 $\sin\alpha_i = \dfrac{x_i}{R}$(其中 x_i 为横坐标,从图上量取),算出滑动曲线每一分段中点法线与铅垂线夹角的 $\sin\alpha_i$,并填于表 2-5 中。

⑦计算每一分段面积。将曲线形底部近似取直线,各分段图形简化成矩形、梯形或三角形,求出其面积,其中包括换算土柱部分的面积。

⑧计算各分段的重量 Q_i。以路堤 1m 长计算,$Q_i = \gamma \cdot A_i$。将结果填于表 2-5 中。

⑨计算各土条 $Q_i \sin\alpha_i$、$\cos\alpha_i$、$Q_i \tan\varphi$,填于表 2-5 中。

⑩假定 $K = 1.35$,计算各土条 $m_{\alpha i}$ 及 $(Q_i \tan\varphi + c_i b_i)/m_{\alpha i}$,算得 $K = 5247.67/3941 = 1.332$。

⑪再假设 $K = 1.33$,重复上述步骤,算得 $K = 5244.4/3941 = 1.3307 \approx 1.33$,故 O1 滑动面的稳定系数为 $K_1 = 1.33 < [K] = 1.35$,所拟路堤边坡不稳定。

各土条的计算项结果见表 2-5。用同样方法可以求得另外滑动曲线的稳定系数。

圆弧条分法验算边坡稳定性计算表　　表 2-5

土条号	土条宽 b_i (m)	土条高 h_i (m)	土条重 Q_i (kN/m)	x_i (m)	$\sin\alpha_i$	$Q_i\sin\alpha_i$ (kN/m)	$\cos\alpha_i$	$Q_i\tan\varphi$ (kN/m)	$m_{\alpha i}$ $K=1.35$	$m_{\alpha i}$ $K=1.33$	$(Q_i\tan\varphi+c_ib_i)/m_{\alpha i}$ $K=1.35$	$(Q_i\tan\varphi+c_ib_i)/m_{\alpha i}$ $K=1.33$
1	2.16	2.6	108	40.0	0.842	91	0.539	29	0.706	0.709	171.10	170.38
2	2.0	6.4	246	38.3	0.806	198	0.592	66	0.752	0.754	200.80	200.26

续上表

土条号	土条宽 b_i (m)	土条高 h_i (m)	土条重 Q_i (kN/m)	x_i (m)	$\sin\alpha_i$	$Q_i\sin\alpha_i$ (kN/m)	$\cos\alpha_i$	$Q_i\tan\varphi$ (kN/m)	$m_{\alpha i}$ $K=1.35$	$m_{\alpha i}$ $K=1.33$	$(Q_i\tan\varphi+c_ib_i)/m_{\alpha i}$ $K=1.35$	$(Q_i\tan\varphi+c_ib_i)/m_{\alpha i}$ $K=1.33$
3	2.75	9.5+0.80	544	35.9	0.756	411	0.655	146	0.805	0.808	326.60	325.50
4	2.75	12.4+0.80	697	33.2	0.699	486	0.716	187	0.854	0.857	355.80	354.60
5	1.0	14.1	271	31.3	0.659	179	0.752	73	0.882	0.884	130.95	130.66
6	4.0	14.8	1 137	28.8	0.606	689	0.795	305	0.915	0.917	519.10	517.99
7	4.0	14.8	1 137	24.8	0.522	593	0.853	305	0.957	0.958	496.30	495.80
8	4.0	14.4	1 106	20.6	0.433	479	0.901	296	0.987	0.988	472.10	471.66
9	4.0	13.6	1 045	16.8	0.354	370	0.935	280	1.005	1.006	447.76	447.30
10	4.0	12.6	968	12.8	0.269	260	0.963	259	1.016	1.017	422.20	421.80
11	4.0	11.4	876	8.8	0.185	162	0.983	235	1.02	1.021	397.06	396.70
12	4.0	9.8	753	4.8	0.101	76	0.995	202	1.015	1.015	366.50	370.15
13	2.8	8.1	436	1.4	0.030	13	0.999	117	1.005	1.005	234.80	234.80
14	3.2	6.4	393	-1.6	-0.034	-13	0.999	105	0.992	0.992	242.90	242.90
15	4.0	4.3	330	-5.2	-0.110	-36	0.994	88	0.973	0.972	265.20	265.40
16	3.75	1.5	108	-8.4	-0.177	-19	0.984	29	0.949	0.949	198.50	198.50
Σ						3 941					5 247.67	5 244.4

四、浸水路堤边坡稳定性验算

(一)渗透动水压力的作用

受到季节性或长期浸水的沿河路堤、河滩路堤等均称浸水路堤。河滩路堤除承受普通路堤所承受的外力及自重力外,还要承受浮力及渗透动水压力的作用。当河中水往上升时,水从边坡的一侧或两侧渗入路堤内;当水位降落时,水又从堤身内向外渗出。由于在土体内渗水速度比河中水位升降速度慢,因此,当堤外水位升高时,堤内水位的比降曲线(浸润线)成凹形;当堤外水位下降时,堤内水位比降曲线成凸形(图2-11)。

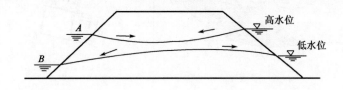

图2-11 路堤内浸润曲线

当路堤一侧或两侧水位发生变化时,水的渗透速度与土的性质和时间有关。因此,当水位开始上升时,土体内的渗透浸润曲线比边坡外面水位低,经过一定时间后,才达到与外面水位齐平。如填土有毛细管作用,则土体内的浸湿曲线可继续上升至一定高度。在砂性土中,这一高度为 0.15m 左右;在黏性土中,能达到 1.5m 或更高。水位上升时,土体除承受竖向的向上浮力外,还承受渗透动水压力的作用,其作用方向指向土体内部。

当水位骤然下降时[图 2-12a)],土体内部的水流出边坡需要较长的时间,由于水位的差异,其渗透动水压力的方向指向土体外面,这就剧烈破坏路堤边坡的稳定性,并可能产生边坡凸起和滑坡现象。此外,渗透水流还能带走路堤细小的土粒而引起路堤的变形。

在高水位时,如路堤两侧边坡上的水位不一致,就会产生横穿路堤的渗透,即使水位相差较小,也需予以考虑[图 2-12b)]。

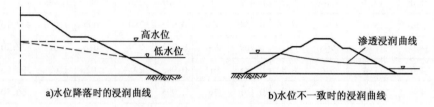

图 2-12 水位变化时路堤中的浸润曲线

因此,凡是用黏性土填筑的浸水路堤(不包括渗透性极小的纯黏土,都必须进行渗透动水压力的计算。

(二)渗透动水压力的计算

如图 2-13 所示,渗透动水压力可按下式计算:

$$D = I\Omega_B \gamma_w \tag{2-14}$$

式中:D——作用于浸润线以下土体重心的渗透动水压力(kN/m);
I——渗流的水力坡降(取用浸润曲线的平均坡降);
Ω_B——浸润曲线与滑动弧之间的面积(m^2);
γ_w——水的容重,取 $10kN/m^3$。

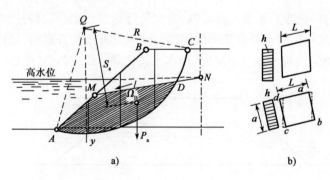

图 2-13 动水压力计算示意图

(三)浸水路堤边坡稳定性分析

浸水路堤的稳定性,应按路堤处于最不利的情况进行验算。其破坏一般发生在最高洪水位骤然降落的时候。验算方法和原理与普通路堤边坡稳定性分析的条分法无多大差异,但应注意考虑浮力和动水压力作用,且浸润线以上土条与浸润线以下土条的单位体积重力不同,在计算重力时必须分开计算。浸润线以上和以下分别按天然重度和湿重度计算。

采用条分法进行浸水路堤边坡稳定性分析,其稳定系数 K 可按下式计算:

$$K = \frac{M_r}{M_S} = \frac{R(f\sum N + cL)}{R\sum T + D \cdot r} = \frac{f_C \sum N_C + f_B \sum N_B + c_C L_C + c_B L_B}{\sum T_C + \sum T_B + D\left(\dfrac{r}{R}\right)} \quad (2\text{-}15)$$

式中:K——稳定系数,一般取 $1.25 \sim 1.50$;

$f_C \sum N_C$——浸润线以上部分沿滑动面的内摩擦力总和,$f_C = \tan\varphi_C$;

$f_B \sum N_B$——浸润线以下部分沿滑动面的内摩擦力总和,$f_B = \tan\varphi_B$;

c_C、c_B——浸润线以上和浸润线以下部分沿滑动面的单位黏聚力(kPa);

L_C、L_B——浸润线以上和浸润线以下部分沿滑动面的弧长(m);

T_C、T_B——浸润线以上和浸润线部分土重力在滑动面的切向分力;

N_C、N_B——浸润线以上和浸润线部分土重力在滑动面的法向分力;

D——渗透动水压力;

r——渗透动水压力作用线距圆心的垂直距离;

R——滑动面圆弧半径;

其他符号的含义同前。

(四)浸水路堤边坡稳定措施

(1)选择恰当的断面形式,必要时可设折线形边坡,或设置 $1 \sim 2\text{m}$ 宽的护坡道。

(2)在受到水位变化或淹没部分路基应尽可能选用渗水性较好的材料。

(3)根据河床特征、水流强弱、施工条件等因素,采取适当的防护加固措施。

(4)如基底土质不良可能造成滑坍时,应首先采取加固措施处治,或经技术经济比较,改用其他方法,如修建桥梁或栈桥通过。

五、陡坡路堤稳定性验算

(一)概述

(1)在坡度较大的山坡上填筑的路堤,有时会产生山坡下滑的现象。陡坡路堤的滑动面可能有以下几种形式:

①陡坡岩石基底或稳定山坡基底处,路堤整体沿基底接触面产生滑动,如图 2-14a)所示。

②基底为不稳定的坡积覆盖层,且下卧基岩层较陡,致使路堤连同其下坡层滑动,如图 2-14b)所示。

③路堤连同其下的软弱土层沿某一圆弧滑动面滑动,多发生在基底较厚的软弱层,如图 2-14c)所示。

④基底下岩层强度不均匀,致使路堤沿某一最弱的层面滑动,如图 2-14d)所示。

(2)陡坡路堤产生下滑的原因主要有以下几种:

①地面横坡较陡。

②基底土层软弱或强度不均匀。

③地面水、地下水的作用。

(3) 当原地面横坡大于1:2.5时,需验算路堤沿原地面陡坡下滑稳定性。验算时,不考虑土体的内部所产生的局部应力,只计算滑动土楔体的最终下滑力,以最终下滑力的正负来判断路堤的稳定性。正值为不稳定,负值为稳定。

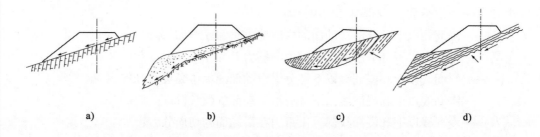

图 2-14　陡坡路堤可能的滑动面

(二) 陡坡路堤稳定性验算方法

1. 直线滑动面法

当基底为单一坡面,土体沿直线滑动面整体下滑时,可用直线滑动面法进行边坡稳定性分析,如图 2-15 所示。

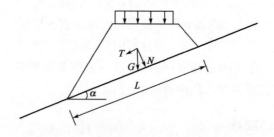

图 2-15　陡坡路堤直线滑动面法整体验算

$$E = T - \frac{R}{K} = Q\sin\alpha - \frac{1}{K}(Q\cos\alpha \cdot \tan\varphi + cL) \tag{2-16}$$

式中:Q——滑动面土体重力加换算土层重力(kN);

α——滑动面对水平面的倾斜角(°);

φ——滑动面上软弱土体的内摩擦角(°);

c——滑动面上软弱土体的单位黏聚力(kN);

L——滑动面的全长(m)。

2. 折线滑动面法

当滑动面为多个坡度的折线倾斜面时,将滑动面上土体折线划分为若干条块,自上而下分别计算每个土体的剩余下滑力,根据最后一块的剩余下滑力的正负值确定其整体稳定性(图 2-16)。

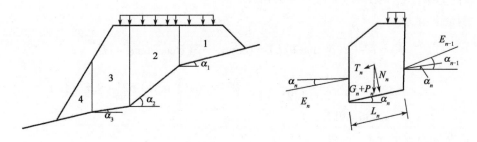

图 2-16 陡坡路堤折线滑动面稳定验算示意图

$$E_n = [T_n + E_{n-1}\cos(\alpha_{n-1} - \alpha_n)] - \frac{1}{K}\{[N_n + E_{n-1}\sin(\alpha_{n-1} - \alpha_n)]\tan\varphi_n + c_n L_n\}$$

(2-17)

式中：E_n——第 n 个条块的剩余下滑力(kN)；

T_n——第 n 个条块的重力 Q_n 与荷载 P_n 的切向下滑力(kN)，$T_n = (Q_n + P_n)\sin\alpha_n$；

N_n——第 n 个条块的重力 Q_n 与荷载 P_n 的法向分力(kN)，$N_n = (Q_n + P_n)\cos\alpha_n$；

α_n——第 n 个条块的滑动面分段的倾斜角(°)；

φ_n——第 n 个条块的滑动面上软弱土的内摩擦角(°)；

c_n——第 n 个条块的滑动面上软弱土的黏聚力(kPa)；

L_n——第 n 个条块的滑动面分段的长度(m)；

E_{n-1}——上一个(第 $n-1$)条块传递下来的剩余下滑力(kN)；

α_{n-1}——上一个(第 $n-1$)条块的滑动面分段的倾斜角(°)。

计算时,若第 i 块的 $E_i \leq 0$,说明无剩余下滑力向下一块传递,不计入下一块土体。当最后一块的剩余下滑力 $E_n \leq 0$,说明路堤稳定;反之,则应采取稳定或加固措施。

3. 增加稳定性措施

(1)改善基底,如开挖台阶,放缓边坡,以减少下滑力;清除坡积层,夯实基底,使路堤置于密实的稳定基础上;选择大颗粒的填料,嵌入地面,以增加接触面的摩擦系数。

(2)加强排水设施,在路堤上侧设置边沟或截水沟,以阻止地面水浸湿滑动面;受地下水影响时,则设置渗沟等地下排水设施以疏干基底,并且尽快将水排除到影响范围外。

(3)设置支挡结构物,如石砌护脚、干砌或浆砌挡土墙等。

[**例 2-2**] 如图 2-17 所示已知陡坡路堤的路堤横断面面积 $A = 125\text{m}^2$,基底与水平面的夹角 $\alpha = 30°$,填土重度 $\gamma = 18\text{kN/m}^2$,基底接触面的内摩擦角 $\varphi = 20°52'$,试验算此路堤的整体稳定性。

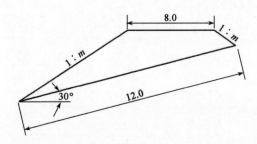

图 2-17 直线滑动面法整体稳定性分析例题(尺寸单位:m)

解：土体重 $Q = \gamma A = 18 \times 125 = 2\,250\text{kN}$

剩余下滑力：

$$\begin{aligned} E &= T - \frac{1}{K}(N\tan\varphi + cL) = Q\sin\alpha - \frac{1}{K}(Q\cos\alpha\tan\varphi + cL) \\ &= 2\,250 \times \frac{1}{2} - \frac{1}{1.25} \times (2\,250 \times \cos30°\tan20°52' + 9.8 \times 12) \\ &= 436.69\text{kN} > 0 \end{aligned}$$

此路堤不稳定。

任务三 土质路堑施工

任务描述

土质路堑作为路堑工程常见形式之一,开挖后边坡易发生变形和破坏,路基的病害常发生在路堑挖方地段,如滑坡、崩塌、落石、路基翻浆,因此,土质路堑开挖对施工质量有着很高的要求。完成本任务,使学生具备土质路堑施工放样、现场质量检测及记录的能力,能完成土质路堑施工细则编写工作。

学习目标

◆知识目标
1. 掌握土质路堑施工的方法;
2. 掌握土质路堑施工的施工工序;
3. 掌握土质路堑施工测量的内容与步骤;
4. 掌握土质路堑施工质量控制的要点和方法。

◆技能目标
1. 会进行中、边桩坐标计算和放样;
2. 会用核密仪检查压实度;
3. 会用灌砂法检查压实度;
4. 会填写施工记录表和中间质量检查表。

◆能力目标
能进行土质路堑施工,能编写路基施工细则。

一、土质路基开挖施工工艺

路堑施工就是按设计要求进行挖掘,并将挖掘的土石方运到路堤地段作为填料,或者运往弃土堆处,有时也可经加工,作为自采材料,用于结构物或其他工程部位。

路堑由天然地层构成,开挖后边坡易发生变形和破坏,路基的病害常发生在路堑挖方地段,如滑坡、崩塌、落石、路基翻浆等。因此,施工方法与路堑边坡的稳定有密切关系,开挖方式应根据路堑的深度、纵向长度,以及地形、地质、土石方调配情况和机械设备条件等因素确定,以加快施工进度,提高工作效率。

土质路堑开挖主要机械设备包括推土机、挖掘机、装载机、平地机、压路机、洒水车、自卸汽车等。施工工艺流程见图2-18。

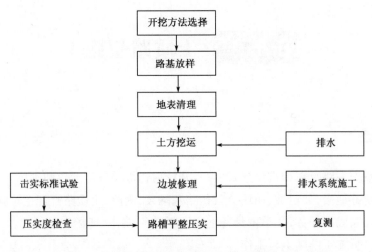

图 2-18 土质路堑开挖施工工艺流程

二、土质路堑开挖施工工序及施工要点

(一)开挖方法选择

土方路堑开挖根据路堑深度和纵向长度,开挖方式分为全断面横挖法、纵挖法及混合式开挖法三种。

1. 全断面横挖法

对路堑整个横断面的宽度和深度从一端或两端逐渐向前开挖的方式称为全断面横挖法。全断面横挖法可分为一层横向全宽挖掘法和多层横向全宽挖掘法两种方式,如图 2-19 所示。

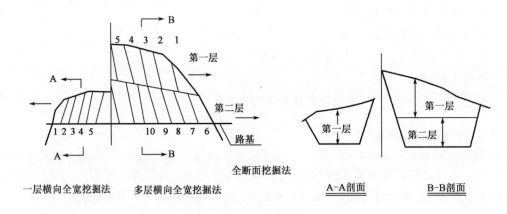

图 2-19 全断面横挖法

一层横向全宽挖掘法适用于开挖深度小且较短的路堑。多层横向全宽挖掘法适用于开挖深而短的路堑。

2. 纵挖法

纵挖法是沿道路的纵向进行挖掘。纵挖法分为分层纵挖法、通道纵挖法及分段纵挖法三种方式。

1）分层纵挖法

分层纵挖法适用于较长的路堑开挖。当路堑长度不超过100m,开挖深度不大于3m,地面较陡时,宜采用推土机作业,当地面横坡较缓时,表面宜横向铲土,下层的土宜纵向推运。

2）通道纵挖法

沿路堑纵向挖掘一通道,然后将通道向两侧拓宽,上层通道拓宽至路堑边坡后,再开挖下层通道,按此方向土方挖掘和外运的流水作业,直至开挖到挖方路基顶面高程,称为通道纵挖法,如图2-20所示。通道可作为机械通行、运输土方车辆的道路。

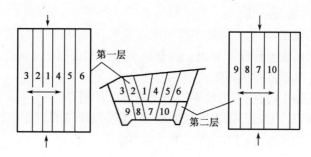

图2-20　通道纵挖法

3）分段纵挖法

分段纵挖法适用于路堑过长,弃土运距过远的傍山路堑,或一侧的整壁不厚的路堑开挖,同时还应满足其中间段有弃土场、土方调配计划有多余的挖方废弃的条件。

3. 混合式开挖法

将横挖法与通道纵挖法混合使用称为混合式开挖法。混合式开挖法适用于路堑纵向长度和挖深都很大时,先将路堑纵向挖通后,然后沿横向坡面挖掘,以增加开挖坡面。每个坡面应设一个机械班组作业。

（二）施工放样

根据恢复的中线中桩、路基设计表和有关规定,测设并固定路基用地桩、路堑堑顶、弃土堆具体位置桩。桩上标出桩号及道路中心挖深,并视具体情况增设临时水准点。

采用机械开挖时应在边坡坡顶处标明挖深标志,并在距中心桩必要的安全距离处设立能控制路基高程的控制桩,以随时进行施工控制,其间距不宜大于50m。

地形复杂、工程量集中时,应加密临时水准点、中桩、边桩,精心控制测量,避免超、欠挖。

截水沟、排水沟放样时,可每隔20m左右在沟内外缘钉木桩标明里程及挖深。

（三）地表清理

见土质路基填筑施工。

（四）土方挖运

土方开挖应自上而下进行,不得乱挖超挖,严禁掏底开挖。可作为路基填料的土方,应分类开挖分类使用。非适用材料应按设计要求或作为弃方处理。开挖过程中,应采取措施保证边坡稳定。开挖至边坡线前,应预留一定宽度,预留的宽度应保证刷坡过程中设计边坡线外的土层不受到扰动。

路基开挖中,基于实际情况,如需修改设计边坡坡度、截水沟和边沟的位置及尺寸时,应及时按规定报批。边坡上稳定的孤石应保留。开挖至零填、路堑路床部分后,应尽快进行路床施工;如不能及时进行,宜在设计路床顶高程以上预留至少300mm厚的保护层。应采取临时排水措施,确保施工作业面不积水。挖方路基路床顶面终止高程,应考虑因压实而产生的下沉量,其值通过试验确定。边沟与截水沟应从下游向上游开挖。截水沟通过地面坑凹处时,应将凹处填平夯实。边沟及截水沟开挖后,应及时进行防渗处理,不得渗漏、积水和冲刷边坡及路基。

冬季挖方路基施工时,挖方边坡不得一次挖到设计线,应预留一定厚度的覆盖层,待到正常施工季节后再修整到设计坡面。路基挖至路床顶面以上1m时,完成临时排水沟后,应停止开挖,待冬季过后再施工。

雨季挖方路基施工时,挖方边坡不得一次挖到设计线,应预留一定厚度的覆盖层,待雨季过后再修整到设计坡面。雨季开挖路堑,当挖至路床顶面以上300~500mm时应停止开挖,并在两侧挖好临时排水沟,待雨季过后再施工。

(五)边坡平整

挖方边坡可通过挖掘机或者人工平整、修整,并及时防护。

(六)路槽平整

路槽平整通过平地机、压路机辅助人工完成。土质路基施工基本完成,即开始对路基的中心线、高程、宽度和边坡坡度进行测量检查,并按设计图纸组织施工人员进行路基整修。整修时挖松表面除去多余或增补填料,并重新压实整平。整修完毕,组织成立路基检查组,按设计要求对路基进行全面自检,自检项目包括路基的压实度、弯沉、纵断高程、中线偏位、宽度、平整度、横坡及平顺度。自检合格后,将自检资料与施工资料一起报请监理工程师审核批准并验收。

任务四 石质路堑爆破施工

任务描述

石质路堑作为路堑工程常见形式之一,开挖工艺与土质路堑不尽相同,由于其特殊的施工环境,使得爆破施工成为石质路堑开挖中重要的施工环节。完成本任务,使学生具备石质路堑爆破施工放样、现场质量检测及记录的能力,能完成石质路堑爆破施工细则编写工作。

学习目标

◆知识目标
1. 掌握石质路堑施工的方法;
2. 掌握石质路堑施工的施工工序;
3. 掌握石质路堑施工测量的内容与步骤;
4. 掌握石质路堑施工质量控制的要点和方法。

◆技能目标
1. 会进行中、边桩坐标计算和放样;
2. 会填写施工记录表和中间质量检查表。

◆能力目标
能进行石质路堑爆破施工,能编写路基施工细则。

石方路堑的开挖通常采用爆破法,有条件时宜采用松土法,局部情况可采用破碎法开挖。限于篇幅,本书重点介绍爆破法。

一、石质路堑开挖施工工艺

石质路堑开挖最有效的方法是爆破,爆破可以大大地提高功效,缩短工期,节约劳动力,提高公路的使用质量。

爆破开挖路堑施工主要机械设备有空压机、潜孔钻、手风钻、推土机、装载机、平地机、压路机、自卸汽车、爆破仪表和设备等,工艺流程见图 2-21。

二、石质路堑开挖施工工序及施工要点

(一)施工放样

根据设计资料,复核路基中桩,根据实际的地面高程确定开口线,用白灰撒开口线。经核查、审核后方可施工。

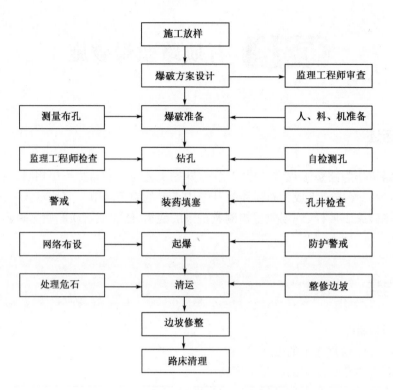

图 2-21 爆破开挖路堑施工工艺流程

(二)爆破方案设计

1. 爆破理论基础

1)炸药性能和药包量

(1)炸药的性能。一般在坚石中,宜采用粉碎力大的炸药,如 TNT、胶质炸药等;在次坚石、软石、裂缝大而多的岩石中,以及在松动爆破中,宜采用爆炸力较大而粉碎力较小的炸药;开采料石时,宜采用爆炸力和粉碎力都较小的炸药,如黑火药。

(2)药包量。药量的多少,须根据具体条件和爆破目的来决定。

2)地形条件

地形不同,其爆破的特征及效果也不同。地形越陡,炸药用量越省;地形倾斜时,爆破土方的岩石因振动而松裂,在自重的作用下脱离岩体而坍塌,从而扩大爆破漏斗的范围,增加爆破方量。此外,炮位的临空面的数目对爆破效果的影响也很大,临空面越多,爆破效果就越好。

3)地质条件

当岩石的密度大、强度高、整体性好时,单位耗药量较高,但对爆破后的边坡稳定有利,适宜采用大爆破;反之,密度小、力学强度低、节理、层理发达,则较易破碎,单位用药量低,不宜采用大爆破。

施工时,爆破方法的采用,要根据石方的集中程度、地质、地形条件及路基断面形状等具体条件而定。爆破主要方法有钢纤炮、深孔爆破、葫芦炮、光面爆破与预裂爆破和抛坍爆破。

2.常用爆破方法的特点与优点

1)综合爆破

综合爆破法根据石方的集中程度,地质、地形条件,公路路基断面的形状,综合配套使用的一种比较先进的爆破方法。

一般包括小炮和洞室两大类。小炮主要包括钢钎炮、深孔爆破等钻孔爆破;洞室炮主要包括药壶炮和猫洞炮,洞室炮则随药包性质、断面形状和地形的变化而不同。用药量1t以上为大炮,1t以下为中小炮。

(1)钢钎炮。通常指炮眼直径小于70mm和深度小于5m的爆破方法。

①特点:炮眼浅,用药少,并全靠人工清除,所以工效较低。

②优点:比较灵活,因而它又是一种不可缺少的炮型,在综合爆破中是一种改造地形,为其他炮型服务的炮型。

(2)深孔爆破。指孔径大于75mm、深度在5m以上、采用延长药包的一种爆破方法。

①特点:炮孔需用大型的潜孔凿岩机或穿孔机钻孔,是大量石方(万方以上)快速施工的发展方向之一。

②优点:劳动生产率高,一次爆落的方量多,施工进度快,爆破时比较安全。

(3)药壶炮。在深2.5~3.0m以上的炮眼底部用小量炸药经一次或多次烘膛,使底部成葫芦形,将炸药集中装入药壶中进行爆破。

①特点:此法主要用于露天爆破,其使用条件是,岩石应在Ⅺ级以下,不含水分,阶梯度(H)小于10~20m,自然地面坡度在70°左右。经验证明,药壶炮最好用于Ⅶ~Ⅸ级岩石,中心挖深4~6m,阶梯高度在7m以下。

②优点:是小炮中最省工、省药的一种方法。

(4)猫洞炮。炮洞直径为0.2~0.5m,洞穴成水平或略有倾斜(台眼),深度小于5m将药集中于炮洞中进行爆破的一种方法。

①特点:其最佳使用条件是,岩石等级一般为Ⅸ级以下,最好是Ⅴ~Ⅶ级;阶梯度最小应大于眼深的两倍,自然地面坡度不小于50°,最好在70°左右。

②优点:在有裂缝的软石、坚石中,阶梯高度大于4m,采用这爆破方法,可以获得好的爆破效果。

(5)爆破(洞室)施工方法。大爆破是采用导洞和药室装药,用药量在1 000kg以上的爆破方法。

①特点:适用于当路线穿过孤独山丘,开挖后边坡不高于6m,而且根据岩石产状和风化程度确认开挖后边坡稳定的地形条件。

②优点:一次爆破方量大,能有效地提高路堑的开挖速度。

2)光面爆破

光面爆破是在开挖限界的周边,适当排列一定间隔的炮孔,在有侧向临空面的情况下,用控制抵抗线和药量的方法进行爆破,使之形成一个光滑平整的边坡。

3)预裂爆破

预裂爆破是在开挖限界处按适当间隔排列炮孔,在没有侧向临空面和最小抵抗线的情况下,用控制药量的方法,预先炸出一条裂缝,使拟爆体与山体分开,作为隔振减振带,起保护和减弱开挖限界以外山体或建筑物的地震破坏作用。

4）抛坍爆破

运用于自然地面坡度大于30°,地形地质条件复杂的半填半挖路堑。

5）微差爆破

两相邻药包或前后排药包以毫秒的时间间隔(一般为15～75ms)依次起爆,称为微差爆破,亦称毫秒爆破。多发一次爆破最好采用毫秒雷管。多排孔微差爆破是浅孔深孔爆破发展的方向。

6）定向爆破

在公路工程中用于以借为填或移挖作填地段,特别是在深挖高填相间、工程量大的鸡爪形地区,采用定向爆破。

(三)爆破准备

按照设计方案准备机械及材料。在地面上准确放出炮眼(井)位置,竖立标牌,标明孔(井)号,深度,装药量。用推土机配合爆破,创造临空面,使最小抵抗线方向面向回填方向。

(四)钻孔

在钻孔过程中,应严格控制钻孔的方向、角度和深度,特别是边坡光面控制爆破孔的倾斜度应严格符合设计要求。孔眼钻进时应注意地质的变化情况,并做好记录,遇到夹层或者与表面石质有明显差异时,应及时同技术人员进行研究处理,调整孔位及孔网参数。

钻孔完成后,及时清理孔口的浮渣,清孔直接采用胶管向孔内吹起,吹净后,应检查炮孔有无堵孔、卡孔现象,以及炮孔的间距、眼深、倾斜度是否与设计相符。若和设计相差较多,应对参数适当调整,若可能影响爆破效果或危及安全,应重新钻孔。先行钻好的孔用编织袋将孔口塞紧,防止杂物堵塞炮孔。

雨季开挖岩石路基,炮眼宜水平设置。

(五)装药填塞

装药前,要仔细检查炮孔情况,清除孔内积水、杂物。装药过程应严格控制药量,把炸药按照每孔的设计药量分好,边装药边量测,以确保线装药密度符合设计要求。为确保能完全起爆,起爆体应置于炮孔底部并反向装药。塞堵物由黏土和细砂拌和,药卷安放后及时塞堵。

(六)起爆

整个起爆过程由专人统一指挥,起爆前对整个警戒区全面检查,确保安全后由指挥员发出三次预警,在第三次预警发出时,爆破员立即进行起爆工作。对于火雷管要由专人清点爆破雷管数量,以便检查雷管是否全部起爆。

(七)清运

爆破完组织清运,挖掘机将石方清除后测量高程,高出高程的铲除,不能铲除的下次爆破,低于设计高程的应该回填压实达到设计高程。随时注意控制开挖断面,切勿超爆,适时清理整修边坡和暴露的孤石。

(八)边坡修整

挖方边坡应从开挖面往下分段整修,每下挖 2~3m,宜对新开挖边坡刷坡,同时清除危石及松动石块。石质边坡不宜超挖。石质边坡质量要求:边坡上无松石、危石。

(九)路床清理

欠挖部分必须凿除。超挖部分应采用无机结合料稳定碎石或级配碎石填平碾压密实,严禁用细粒土找平。石质路床底面有地下水时,可设置渗沟进行排导,渗沟宽度不宜小于 100mm,横坡不宜小于 0.6%。渗沟应用坚硬碎石回填。石质路床的边沟应与路床同步施工。

任务五 路堑开挖工程质量检验评定

任务描述

本任务是对路堑开挖工程质量的全面检查,通过本任务的学习,学生能够进行路堑开挖工程的外观检测、实测项目的检测,能够对路堑开挖工程进行检验评定,并能够完成相关内业资料的整理与归档,组织路堑开挖工程的交工验收。

学习目标

◆知识目标
1. 掌握路堑开挖工程质量检测的内容和程序;
2. 掌握路堑开挖工程质量检测资料整理的原则和要求;
3. 掌握路堑开挖工程外观检查的内容和要求;
4. 掌握路堑开挖工程实测项目和检测方法;
5. 掌握路堑开挖工程质量评定的方法和程序。

◆技能目标
1. 会进行路堑开挖工程外观检查;
2. 会进行路堑开挖工程几何尺寸检查;
3. 会用贝克曼梁测定路堑开挖工程弯沉;
4. 会用3m直尺测定路堑开挖工程平整度;
5. 会填写路堑开挖工程施工质量检测资料。

◆能力目标
1. 能进行路堑开挖工程施工检验;
2. 能进行路堑开挖工程施工质量评定;
3. 能进行路堑开挖工程内业资料整理和归档;
4. 能够组织路堑开挖工程中间交工验收。

一、路堑开挖工程质量检验

(一)土质路堑开挖质量检验

土质路堑开挖质量检验基本要求、实测项目、检验方法及频率、外观要求可参考项目一中土质路堤填筑质量检验相关内容。

(二)石质路堑开挖质量检验

石质路堑开挖质量检验基本要求、实测项目、检验方法及频率、外观要求可参考项目一中石质路堤填筑质量检验相关内容。

二、路堑开挖工程质量评定

路堑开挖工程质量评定方法、工程等级评定可参考项目一中路堤填筑工程质量评定相关内容。

三、路堑开挖工程内业资料整理归档

(一)路堑开挖工程内业资料目录及整理顺序

(1)土方路堑开挖工程内业资料目录及整理顺序(表2-6)。

土方路堑开挖工程资料整理顺序　　表2-6

序号	名称	所用表格		备注
1	开工报告	监表	工程分项开工申请批复单	
		附件	施工组织计划	
		施表	工程技术交底卡片	
		自检表	施工放样、测量记录表	
		监表	施工放样报告单	
		施表	施工放样记录表	
		监表	材料合格签认单	
		(包括:挖方土质试验报告、击实试验报告)		
2	原地面检验	监表	检验申请批复单	
		自检表	高程检测记录表	
		施表	挖方路基施工记录表	
3	路槽检验	监表	检验申请批复单	
		自检表	土方路基填筑质量自检表	
		自检表	压实度自检表	
		附件	压实度试验报告	
		自检表	高程检测记录表	
		监表	施工放样报告单	
		施表	施工放样记录表	
		自检表	回弹弯沉检测表	
		自检表	平整度自检表	
4	中间交工证书	监表	中间交工证书	
		分项工程质量检验评定表		

(2)石方路堑开挖工程内业资料目录及整理顺序(表2-7)。

石方路堑开挖工程资料整理顺序 表2-7

序 号	名 称	所用表格		备 注
1	开工报告	监表	工程分项开工申请批复单	
		附件	施工组织计划	
		施表	工程技术交底卡片	
		自检表	施工放样、测量记录表	
		监表	施工放样报告单	
		施表	施工放样记录表	
		监表	材料合格签认单	
2	原地面检验	监表	检验申请批复单	
		自检表	高程检测记录表	
		施表	挖方路基施工记录表	
3	路槽检验	监表	检验申请批复单	
		自检表	土方路基填筑质量自检表	
		自检表	压实度自检表	
		附件	压实度试验报告	
		自检表	高程检测记录表	
		监表	施工放样报告单	
		施表	施工放样记录表	
		自检表	回弹弯沉检测表	
		自检表	平整度自检表	
4	中间交工证书	监表	中间交工证书	
			分项工程质量检验评定表	

注：石方段压实度自检表、压实度试验报告不填写。

(二)路堑开挖工程内业资料填写

(1)土方路基工程内业资料填写。
(2)石方路基工程内业资料填写。

四、组织路堑开挖工程中间交工验收

路堑开挖中间交工验收必须具备的条件、中间交工验收现场检测项目、中间交工验收现场组织可参考项目一中路堤填筑工程质量评定相关内容。

任务六 路堑开挖计量

任务描述

公路建设中路基填筑与路堑开挖工程的计量是路基施工计量的主要内容之一。完成本任务,使学生具备计算路堑开挖计量工程量的能力,能进行路堑挖方工程计量并填写计量表。

学习目标

◆知识目标
1. 掌握路基填筑与路堑开挖工程量的计算方法;
2. 掌握路基填筑与路堑开挖工程计量的依据、内容、原则和方法。

◆技能目标
会计算计量工程量。

◆能力目标
能进行工程计量并填写计量表。

一、计量

(1)路基填筑的土石方数量,应以承包人的施工测量和补充测量经监理工程师校核批准的横断面地面线为基础,以监理工程师批准的横断面图为依据,由承包人按不同来源(包括利用土方、利用石方和借方等)分别计算,经监理工程师校核认可的工程数量作为计量的工程数量。

(2)零填挖路段的翻松、压实含入报价之中,不另计量。

(3)零填挖路段的换填土,按压实的体积,以立方米计量。计价中包括表面不良土的翻挖、运弃(不计运距)、换填好土的挖运、摊平、压实等一切与此有关作业的费用。

(4)利用土、石填方及土石混合填料的填方,按压实的体积,以立方米计量。计价中包括挖台阶、摊平、压实、整形等一切与此有关的作业费用。利用土、石方的开挖作业在路基挖方中计量。承包人不得因为土石混填的工艺、压实标准及检测方法的变化而要求增加额外的费用。

(5)借土填方,按压实的体积,以立方米计量,计价中包括借土场(取土坑)中非适用材料的挖除、弃运及借土场的资源使用费、场地清理、地貌恢复、施工便道、便桥的修建与养护、临时排水与防护等,以及填方材料的开挖、运输、挖台阶、摊平、压实、整形等一切与此有关的作业费用。

(6)粉煤灰路堤按压实体积,以立方米计量,计价中包括材料储运(含储灰场建设)、摊铺、晾晒、土质护坡、压实、整形以及试验路段施工等一切与此有关的作业费用。土质包边土在支付子目号 204-1-e 中计量。

(7)结构物台背回填按压实体积,以立方米计量,计价中包括挖运、摊平、压实、整形等一切与此有关的作业费用。

(8)锥坡及台前溜坡填土,按图纸要求施工,经监理工程师验收的压实体积,以立方米计量。

(9)临时排水以及超出图纸要求以外的超填,均不计量。

(10)改造其他公路的路基土方填筑的计量方法同第(1)条。

二、支付

按上述规定计量,经监理工程师验收并列入工程量清单的以下支付子目的工程量,其每一计量单位,将以合同单价支付。此项支付包括材料、劳力、设备、运输等,以及为完成此项工程所必需的全部费用。

三、计量清单及内容

路基填筑与路堑开挖计量清单及内容见表2-8。

路堑开挖计量清单及内容　　　　表 2-8

子目号	子目名称	单位	工 作 内 容
203-1	路基挖方		包括边沟、排水沟、截水沟,应以经校核批准的横断面地面线和土石分界的补充测量为基础,按路线中线长度乘以监理工程师核准的横断面面积进行计算。石方爆破安全措施、弃放的运输和堆放、质量检验、临时道路和临时排水等均含入在挖方路基的路床面一下,土方断面应挖松深300mm再压实;石方断面应辅以人工凿平或填平压实,包括开挖、运输、堆放、分理填料、装卸、弃放和剩余材料的处理及路基和边坡整修等
-a	挖土方	m³	
-b	挖石方	m³	
-c	挖除非适用材料(不含淤泥)	m³	挖出路基范围内非使用材料及淤泥(不包括借土场)的数量,应以承包人测量,并经监理工程师审核批准的断面或实际范围为依据的计算数量,包括开挖、运输、堆放、装卸、弃放和剩余材料的处理等
-d	挖淤泥	m³	
203-2	改河、改渠、改路挖方		同 203-1
204-1	路基填筑(包括填前压实)		以承包人的测量批准的横断面地面线为基础,以批准的施工图为依据,由承包人按不同来源(包括利用土方、利用石方和借土等)分计算,经认可的工程数量,含零填挖路段的翻松、压实,表面不良土的翻挖、运弃(不计运路),换填好土的挖运、摊平、压实等及临时排水以及超出图纸要求以外的超填及路基和边坡整修
-a	换填土	m³	按压实的体积,包括表面不良土的翻挖、运弃(不计运距),换填好土的挖运、摊平、压实等
-b	利用土方	m³	按压实的体积。含挖台阶、摊平、压实、整形等。利用土、石方的开挖作业在计量清单第203节路基挖方中计量。不得因土石混填的工艺、压实标准及检测方法的变化而要求增减额外的费用
-c	利用石方	m³	
-d	利用土石混填	m³	
-e	借土填方	m³	按压实的体积。含包括借土场(取土坑)中非适用材料的挖除、弃运及借土场的资源使用费、场地清理、地貌恢复、施工便道、便桥的修建与养护,临时排水与防护等及填方材料的开挖、运输、挖台阶、摊平、压实、整形等

续上表

子目号	子目名称	单位	工 作 内 容
-f	粉煤灰路堤	m³	按压实体积,包括材料储运(含储灰场建设)、摊铺、晾晒、土质护坡、压实、整形以及试验路段施工等。土质包边土在子目号204-1中计量
-g	结构物台背回填	m³	按压实体积,包括挖运、摊平、压实、整形等
-h	锥坡及台前溜坡填土	m³	经验收的压实体积
204-2	改河、改渠、改路填筑		同204-1

任务七　编制路堑开挖工程施工方案

任务描述

通过路堑开挖工程专项施工方案的编制,学生能熟悉路堑开挖工程施工方案编制的步骤和方法,巩固和掌握路堑开挖工程专业知识,并进一步学会综合运用已学到的理论知识。通过查阅有关的资料,提高学生独立分析和解决本专业复杂问题的能力,为今后参加工作打下坚实的基础。

学习目标

◆知识目标
掌握路堑开挖工程施工方案的内容和编制要点。
◆能力目标
能编制路堑开挖工程施工方案。

一、编制依据

(1)××土方路堑开挖工程相关施工图设计文件。
(2)施工单位对施工图审查复核及现场核对报审资料,施工现场踏勘调查资料;施工单位现有技术力量及历年积累的成熟施工技术、科技成果、施工及方法。
(3)项目部制定的总体施工组织设计。
(4)××土方路堑开挖工程工程所在合同段的招投标文件、施工合同文件和有关补充协议书等技术文件资料。
(5)《公路路基施工技术规范》(JTG F10—2006)、《公路工程质量检验评定标准　第一册　土建工程》(JTG F80/1—2004)。

二、编制原则

见项目一相关内容。

三、编制内容及方法

1. 工程概况

××土方路堑开挖工程概况。

2. 施工工艺及施工方法

见本项目任务三、任务四相关施工工艺及施工方法。

3. 工程质量保证计划

(1)路堑开挖工程质量控制要点。见任务二相关内容。

(2)路堑开挖工程质量验收。见本项目任务五相关内容。

(3)路堑开挖工程质量保证措施。

①原地面清理与挖掘。开挖前,用机械和人工清除原始地面上不符合路堤填料质量要求的一切杂物,运到弃土场堆放。

②路基开工前,考虑排水系统的布设,防止在施工中红线外的水流入线内,在必要处设置截水沟、排水沟,将线路内的水排出路基,保证施工顺利进行。

③对设计中拟定的纵横排水系统,随着路基的开挖,适时组织施工,保证雨季不积水,并及时安排边沟、边坡的修整和防护,确保边坡稳定。

(4)路槽达到设计高程后,用平地机整平,刮出路拱,并预留压实量,最后用压路机压实,检查压实度。

(5)路基开挖至设计高程,经复测检查断面尺寸合格后,及时开挖边沟和排水沟、截水沟,以监理工程师验收合格后,按设计对边沟、边坡进行防护,边沟施工要做到尺寸准确,线形直顺、圆滑,沟底平顺,排水畅通。路槽整理要掌握好,不要留孤石和超挖,做到一次标准成型验收合格。

4. 安全环保技术措施

(1)对易产生扬尘的砂石料,进行遮盖或适当洒水,淘汰落后工艺,降低粉尘排放。

(2)生产、生活区道路要定期洒水降尘。桥梁工程等集中作业场地,未铺装的施工便道在无雨日、大风条件下极易起尘,因此在早、中、晚来回洒水,缩短扬尘污染的时段和污染范围,最大限度地减少起尘量。同时对施工便道进行定期养护、清扫,保证其良好的路况。

(3)土方、水泥等散装物料运输和临时存放,应采取防风遮挡措施,以减少起尘量。

(4)禁止使用一次性塑料餐具,防止白色污染。施工机械产生的废油料及润滑油等,必须集中收集运至岸上业主指定的弃土场深埋。

(5)生产用油料必须严格保管,防止泄漏;施工机械运转中产生的油污水,采取隔油池等措施处理,不得超标排放;清洗骨料及其他生产污水,须进行过滤沉淀后排放。

(6)噪声污染的防治措施合理安排施工,尽可能减少机械作业过程中产生的机械噪声;对于固体振动产生的噪声,采取隔振措施以减弱噪声;运输车辆,采取禁(限)鸣措施,减少噪声污染。

(7)建立严格的固体、废弃物管理制度,废弃物设专用场地堆放,集中管理;施工生活垃圾,定期处理或进行深埋;工地垃圾及时收集、清理,运至弃土场掩埋。

(8)对机械设备废弃物的管理,加强废弃物的回收管理制度。在维修或保养机械的过程中严格执行废弃物回收制度,对维修或保养机械过程中产生的废机油、废手套、废棉纱等废弃物,指定专人负责回收,并设立收集废弃物的专门容器。

(9)加强施工现场的照明管理工作,减少对山地生态环境的光污染。

5. 人员、材料、机械设备使用计划

实例见表2-9、表2-10。

6. 施工进度计划

开工及完工日期。

主要人员及劳动力配备　　　　　　　　　　　　　　　　　　　　表 2-9

编　号	姓　名	职　称	编　号	备　注
1		工程师	专业工程师	
2		工程师	施工队负责人	
3		工程师	质检工程师	
4		工程师	测量工程师	
5		工程师	试验工程师	
6		工人		20人

现场机械设备进场计划　　　　　　　　　　　　　　　　　　　　表 2-10

设备名称	规格型号	合同数量	进场数量	进场日期	技术状况	拟用何处
大宇挖掘机	300		1	2011-8-13	良好	土场
卡特挖掘机	330		1	2011-8-9	良好	K46+000~K49+300
洛阳压路机	2301		1	2011-8-9	良好	K46+000~K49+300
徐工压路机	2301		1	2011-8-12	良好	K49+400~K56+187
山推	160		2	2011-8-9	良好	全线
平地机	180		2	2011-8-17	良好	全线
徐工装载机	50		2	2011-8-13	良好	全线
日立挖掘机	320		1	2011-8-12	良好	K49+400~K56+187
红岩翻斗车	$17m^3$		30	2011-8-18	良好	全线

项目三　路基防护施工

项目描述

在公路路基施工中,为确保路基的强度与稳定性,路基防护工程施工尤为重要,尤其是高等级公路以及山区公路。学习本项目,旨在使学生领会设计意图、明确防护工程内容、掌握防护工程特点的基础上,按照《公路工程技术标准》(JTG B01—2014)、《公路路基施工技术规范》(JTG F10—2006)和《公路工程质量检验评定标准 第一册 土建工程》(JTG F80/1—2004)的相关规定,进行路基防护工程施工,培养学生路基防护施工的职业能力。

本项目包括识读路基防护施工图、路基挡土墙设计、路基坡面防护施工、路基挡土墙施工、路基防护工程质量检验评定、路基防护工程计量、编制路基防护工程施工方案共7个任务。

任务一　识读路基防护施工图

任务描述

施工单位在接到路基防护施工图设计文件后,应组织有关技术人员对施工图设计文件进行复核,充分领会设计意图。完成本任务,使学生具备识读路基防护图的能力,能完成复核路基防护施工图表,复核工程量,根据图纸正确施工,并正确填写图纸复核表工作。

学习目标

◆知识目标

掌握路基防护工程的作用及类型。

◆技能目标

1. 会识读路基防护工程图;
2. 会识读路基防护工程数量表;
3. 会发现图表中存在的一般性问题。

◆能力目标

1. 能复核路基防护施工图表;
2. 能复核工程量,并正确填写图纸复核表。

为确保路基的强度与稳定性,路基的防护工程,也是不可缺少的工程技术措施。实践证明,防护工程无论从保证公路的适用品质上或是提高投资效益上,均具有举足轻重的地位。路基的防护工程主要包括坡面防护、冲刷防护以及挡土墙、滑坡防护等。本书限于篇幅,主要介绍坡面防护、冲刷防护以及挡土墙。

一、坡面防护

坡面防护即通常指的"护坡工程",主要是保护路基边坡表面免受雨水冲刷,减缓温差及湿度变化的影响,防止和延缓软弱岩土表面的风化、破碎、剥蚀演变进程,从而保护路基边坡的整体稳定性,在一定程度上还可兼顾路基美化和协调自然环境。坡面防护设施必须要求坡面岩土整体稳定牢固。

坡面防护设施,不承受外力作用,必须要求坡面岩土整体稳定牢固。简易防护的边坡高度与坡度不宜过大,土质边坡坡度一般不陡于1∶1.5~1∶1。地面水的径流速度以不超过2.0m/s为宜,水亦不宜集中汇流。雨水集中或汇水面积较大时,应有排水设施相配合,如在挖方边坡顶部设截水沟,高填方的路肩边缘设拦水埝等。

常用的坡面防护方式有植物防护(种草或喷播植草、铺草皮、种植灌木、喷混植生等)、工程防护(喷护、挂网喷护、干砌片石防护、浆砌片石防护、护面墙等)以及骨架植物防护等。

(一) 植物防护

植物防护宜采用草灌乔结合,并应选用当地优势群落。具体做法有以下几种。

1. 植草或喷播植草

植草或喷播植草可用于坡率不陡于 1∶1 的土质边坡防护。边坡地面水径流速度不超过 0.6m/s,长期浸水的边坡不宜采用。当边坡较高时,植草可与土工网、土工网垫结合防护。采用植草或喷播植草防护时,对草籽的选择应注意当地的土壤和气候条件,通常应以容易生长、根部发达、叶茎低矮或有匍匐茎的多年生草种为宜。最好采用几种草籽混合播种,使之生成一个良好的覆盖层。植草的最小土层厚度不宜小于 0.10m。播种的坡面应平整、密实、湿润。

2. 铺草皮

铺草皮可用于坡率不陡于 1∶1 的土质边坡或全风化、强风化的岩石边坡防护。草皮应选择根系发达、茎矮叶茂、耐旱草种,不宜选用喜水草种。铺草皮的方式有平铺(平行于坡面)、水平叠置、垂直坡面或与坡面成一半坡角的倾斜叠置,以及采用片石铺砌成方格或拱式边框,方格式框内铺草皮等,如图 3-1 所示。

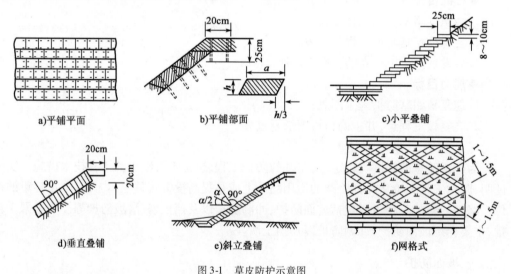

图 3-1 草皮防护示意图

注:图中 h 为草皮厚度,为 5~8cm;a 为草皮边长,为 20~25cm。

3. 植树

在路基边坡和漫水河滩上植树,对于加固路基与防护河岸有良好的效果。它可以降低水流速度,种在河滩上可促使泥沙淤积,防止水流直接冲刷路堤。在风沙和积雪地面,林带可以防沙防雪,保护路基不受侵蚀。此外还可以美化路容,调节气候,改善高等级道路的美学效果。种植灌木可用于坡率不陡于 1∶0.75 的土质、软质岩石和全风化岩石边坡防护。种植灌木最小土层厚度不应小于 0.3m。

植树防护宜选用在当地土壤与气候条件下能迅速生长、根系发达、枝叶茂密的树种,用于冲刷防护时宜选用生长很快的杨柳类或不怕水淹的灌木类,公路弯道内侧边坡严禁栽植高大树木。种植后在树木未成长前,应防止流速大于 3m/s 的水流侵害。必要时应在树前方设置障碍物加以保护,植树防护最好与种草结合使用,使坡面形成一个良好的覆盖层,才能更好地起到防护作用。

4. 新型植物防护技术

1)三维植被网防护

三维植被网防护是土工织物复合植被防护坡面的一种典型形式。三维植被网以热塑料树脂为原料,采用科学配方及工艺制成。其结构分为上、下两层,下层为一个经双面拉伸的高模量基础层,强度足以防止植被网变形;上层由具有一定弹性的、规则的、凹凸不平的网包组成。由于网包的作用,能降低雨滴的冲蚀能量,并通过网包阻挡坡面雨水,同时网包能很好地固定充填物(土、营养土、草籽)不被雨水冲走,为植被生长创造良好条件。另外,三维网固定于坡面上,直接对坡面起固筋作用。当植物生长茂盛后,根系与三维网盘错、连接、纠缠在一起,坡面与土相接,形成一个坚固的绿色保护整体,起到复合护坡的作用。

三维植被网适用于砂性土、土夹石及风化岩石,且坡率缓于1:0.75的边坡防护;三维植被网中的回填土采用客土或土、肥料及含腐殖质土的混合物。

2)湿法喷播

湿法喷播是由欧美引进的一种机械化植被建植技术,即将植物种子、肥料、土壤稳定剂和水按一定比例混合均匀,用专门的设备(喷播机)喷射到边坡上,种子在较稳定的时间内萌芽、生长成株、覆盖坡面,达到迅速绿化,稳固边坡的目的。

湿法喷播适用于土质边坡、土夹石边坡、严重风化岩石的坡率缓于1:0.5的路堑和路堤边坡及中央分隔带、立交区、服务区及弃土堆绿化防护。这种方法在人力不可及的陡峭高边坡和含石的边坡上种植植被非常优越。播种的时间一般在气候温和、湿度较大的春秋季为宜,不宜在干燥的风季和暴雨季节播种。

3)喷混植生

喷混植生技术是以工程力学和生物学理论为依据,利用客土掺混黏合剂和锚杆加固铁丝网技术,运用特制喷混机械将土壤、肥料、有机物质、保水材料、黏结材料、植物种子等混合干料加水后喷射到岩面上,形成近10cm厚的具有连续空隙的硬化体,也称客土喷混植生。种子可以在空隙中生根、发芽、生长,而一定程度的硬化又可防止雨水冲刷,从而达到恢复植被、改善景观、保护环境的目的。喷混植生技术是当前工程创伤的岩石边坡生态修复的最新模式,是岩石边坡工程防护与生态绿化并重的新技术。

喷混植生可用于坡率不陡于1:0.75的砂性土、碎石土、粗粒土、巨粒土及风化岩石边坡防护,边坡高度不宜大于10m。喷混植生的厚度不宜小于0.10m。种植土、草纤维、缓释营养肥料、黏合剂、保水剂等混合材料配合比应通过试验确定。喷混植生的施工优先选择在春秋季节(3~5月、9~10月)进行。

(二)工程防护

当不宜使用植物防护或考虑就地取材时,采用砂石、水泥、石灰等材料进行坡面防护是常用的防护形式。工程防护主要有喷护、挂网喷护、干砌片石护坡、浆砌片石护坡、护面墙等形式,这些形式各自适合于一定条件。

1. 喷护

喷护包括喷浆及喷射混凝土,适用于易风化但尚未严重风化的岩石边坡,且坡面较干燥。对高而陡的边坡、上部岩层较破碎而下部岩层完整的边坡和需大面积防护的边坡,采用此种方法较为适宜。对成岩作用差的黏土岩边坡不宜采用。喷浆厚度不宜小于 5cm,喷射混凝土厚度不宜小于 8cm,分 2~3 次喷射。喷浆的水泥用量较大,重点工程可选用。比较经济的砂浆是用水泥、石灰、河砂及水,按质量比 1:1:6:3 配合。坡脚应作 1~2m 高的浆砌片石护坡。喷护坡面应设置泄水孔和伸缩缝。还应结合碎落台和边坡平台种植攀缘植物。喷护施工前,坡面如有较大裂缝、凹坑时应先嵌补牢固,使坡面平顺整齐;岩体表面要冲洗干净,土体表面要平整、密实、湿润。喷层厚度应均匀,喷后应养护 7~10d。

2. 挂网喷护

当坡面岩体风化破碎严重时,为了加强防护的稳定性,则采用锚杆挂网喷浆(混凝土)防护。挂网锚喷是一种较先进的岩土加固技术,其基本原理是锚杆穿过土体滑动面深固于土体内部,形成锚杆、钢筋网和混凝土层的共同作用机理,通过这三者的共同工作来提高岩土的结构强度和抗变形刚度,减小岩(土)体的侧向变形和坡面冲刷,增强边坡的整体稳定性。锚杆挂网喷浆(混凝土)的喷护厚度不应小于 0.10m,且不宜大于 0.25m,钢筋保护层厚度不应小于 20mm。

3. 砌石防护

砌石防护有干砌片石和浆砌片石两种,可用于土质或风化岩质路堑或土质路堤边坡的坡面防护,也可用于浸水路堤及排水沟渠作为冲刷防护。砌石防护示意图如图 3-2 所示。

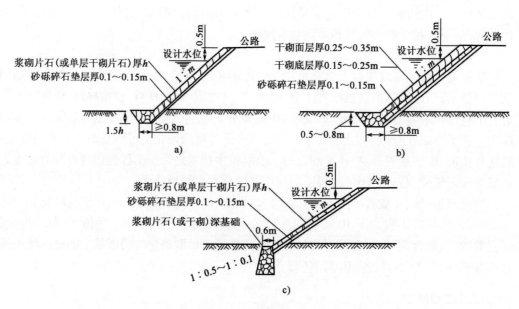

图 3-2 砌石防护示意图

注:m 值应缓于或等于 1:1.5;h 值干砌为 0.25~0.35m,浆砌为 0.25~0.4m。

易遭受雨、雪、水流冲刷的较缓土质边坡,风化较重的软质岩石坡,受水流冲刷较轻的河岸和路基,均可采用干砌片石防护。这些边坡应符合路基边坡稳定要求,坡度一般为 1:2~1:1.5。干砌片石护坡厚度不宜小于 0.25m,可分为单层铺砌与双层铺砌两种。为提高路基整体强度,防止水分浸入,干砌片石宜采用砂浆勾缝。

当水流速度较大,波浪作用强,有漂浮物等冲击时,宜采用浆砌片石护坡,边坡坡度应缓于1:1,护坡厚度不宜小于0.25m,并应设置泄水孔和伸缩缝。铺砌层下应设置厚度不宜小于0.10m的砂砾或碎石垫层,以起到整平作用,并可防止水流将片石层下的边坡细土颗粒带走,能使结构层具有一定弹性,增加对波浪、流冰及漂浮物的抵抗力。

砌石护坡坡脚应修筑墁石基础。在无河水冲刷时,基础的埋置深度一般为护坡厚度的1.5倍。沿河收水流冲刷时,基础应埋置在冲刷线以下0.5~1.0m处,或采用石砌深基础。

4. 护面墙

如图3-3所示,护面墙指为覆盖各种软质岩层和较破碎岩石的挖方边坡,以免其受自然因素影响,防止雨水渗入而修建的墙。护面墙应紧贴边坡坡面修建,只承受自重,不承受墙背土侧压力。故要求挖方边坡必须符合稳定性要求。护面墙厚度尺寸的设定可参照表3-1。护面墙基础应设置在稳定的地基上,在底面做成向内斜的反坡。冰冻地区应埋置在冰冻线以下不小于0.25m。护面墙前趾应低于边沟铺砌的底面。

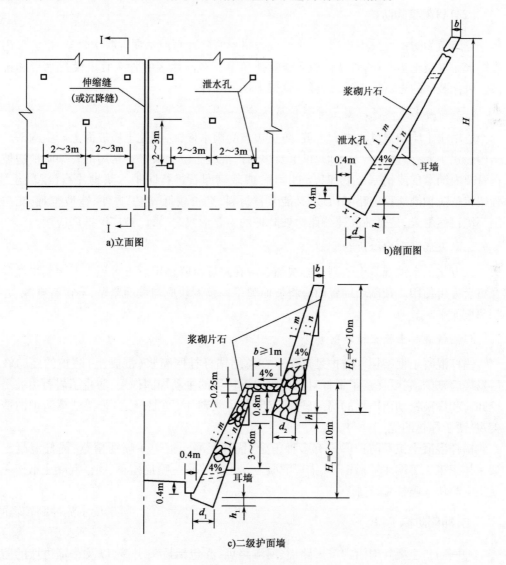

图3-3 护面墙示意图

护面墙厚度参考表　　　　　　　　　表 3-1

护面墙高 H(m)	路堑边坡	护面墙高(m)	
		顶宽 b	底宽 d
≤2	1∶0.5	0.40	0.40
≤6	>1∶0.5	0.40	$0.40 + H/10$
6<H≤10	1∶0.75~1∶0.5	0.40	$0.40 + H/20$
10<H≤16	1∶1~1∶0.75	0.60	$0.60 + H/20$

护面墙较高时,应分级修筑,单级护坡高度不宜大于10m(一般为6~10m),每一分级设不小于1m的平台,墙背每4~6m高设耳墙,耳墙一般宽0.5~1.0m。沿墙长每10m设一条伸缩缝,宽2cm,填以沥青麻筋。墙身应预留6cm×6cm或10cm×10cm的泄水孔,并在其后作反滤层。若坡面开挖后形成凹陷,应以石砌圬工填塞平整,此方法称为支补墙。

(三)骨架植物防护

骨架植物防护可采用拱形、人字形或方格形浆砌片石或水泥混凝土骨架,也可采用多边形水泥混凝土空心块,骨架内植草或喷播植草。多雨地区的骨架宜增设拦水带和排水槽。风化破碎的岩石挖方边坡,可在骨架中增设锚杆。

1. 浆砌片石或水泥混凝土骨架植草防护

适用于土质和强风化岩石边坡,防止边坡受雨水侵蚀,避免土质坡面上产生沟槽。其结构形式主要有方格形、人字形、拱形及多边形混凝土空心块等。常用的骨架防护边坡是在骨架内铺草皮或用三合土、四合土捶面,或栽砌卵石进行防护。浆砌片石(混凝土块)骨架植草防护既能稳定路基边坡,又能节省材料,造价较低、施工方便、造型美观,能与周围环境自然融合,是目前高速公路边坡防护的主要形式之一,已被广泛推广应用。

2. 水泥混凝土空心块护坡

该方法的水泥混凝土预制空心块铺置应在路堤沉降稳定后方可施工。预制块经验收合格后方可使用。预制块铺置前应将坡面整平。预制块应与坡面紧贴,不得有空隙,并与相邻坡面平顺。

3. 锚杆混凝土框架植物防护

锚杆混凝土框架植草防护是近年来在总结锚杆挂网喷浆(混凝土)防护的经验教训后发展起来的,它既保留了锚杆对风化碎岩石边坡的主动加固作用,防止了岩石边坡经开挖卸荷和爆破松动而产生的局部破坏,又吸收了浆砌片石(混凝土)骨架植草防护的造型美观、便于绿化的优点。

锚杆混凝土植草防护形式有多种组合:锚杆混凝土框架+喷播植草、锚杆混凝土框架+挂三维土工网+喷播植草、锚杆混凝土+土工格室+喷播植草、锚杆混凝土框架+混凝土空心块+喷播植草等。

二、冲刷防护工程

冲刷防护主要针对沿河滨海路堤、河滩路堤,亦包括桥头引道,以及路基边坡的防护堤岸等。此类堤岸常年或季节性浸水,受流水冲刷、拍击和淘洗,造成路堤浸湿、坡脚淘空或水位骤降时路基内细粒料流失,致使路基失稳,边坡崩塌。所以堤岸冲刷防护与加固,主要针对水流的破坏作用而设,起防水治害和加固堤岸双重功效。

冲刷防护措施有两种:一种是加固岸坡的直接防护,除坡面防护的植物防护和砌石防护外,还有如抛石防护、石笼防护等;另一种是改变水流性质的间接防护,主要指导治结构物,如丁坝、顺坝、防洪堤、拦水坝等。

(一)直接防护

直接防护措施直接加固稳定边坡,很少干扰或不干扰原来水流的性质。植物防护与砌石防护和坡面防护的做法相近,但要求更高。

当水流速度达到3.0~5.0m/s,路基经常浸水且水流方向平顺,河床承载力较好,无严重冲刷时,宜采用抛石防护。一般在枯水季节施工,附近盛产大块砾石、卵石以及废石方较多的路段,应优先考虑采用此种方法。缺乏石料的地区可用混凝土预制块代替。抛石防护不受气候条件限制,季节性浸水或长期浸水亦可采用。抛石垛的边坡坡度,不应陡于抛石浸水后的天然休止角。抛石粒径应大于0.3m,并小于设计抛石厚度的1/2。抛石厚度一般为粒径的3~4倍,或为最大粒径的2倍。

如果缺乏大石块或水流速度达到或超过5.0m/s时,可改用石笼防护,如图3-4所示。为防铁丝被磨损而破坏,可在石笼内浇灌混凝土,用钢筋混凝土框架石笼。临时工程可用竹石笼代替。

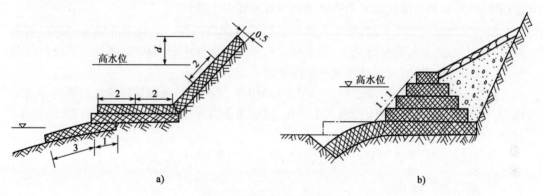

图3-4 石笼防护(尺寸单位:m)

石笼是用铁丝编织成框架,内填石料,设在坡脚处,以防急流和大风浪破坏堤岸,也可用来加固河床,防止淘刷。铁丝框架可以为箱形或圆形。笼内填石最好为密度大、坚硬、未风化的石块,粒径不能小于石笼网孔,最小不小于4cm,一般为5~20cm。外层应用大石块并使棱角突出网孔,内层用较小石块填充。石笼应平铺并与坡脚线垂直,必要时底层各角应用铁棒固定于基底土中。

另外,还有土工织物软体沉排、土工模袋、护坦防护、排桩防护等均属于直接防护。

(二)间接防护

间接防护是采用导流与调治构造物,改变水流方向,消除和减缓水流对堤岸直接破坏,同时可减轻堤岸近旁淤积,彻底解除水流对局部堤岸的损害作用,起安全保护作用。间接防护主要有丁坝、顺坝、拦河坝及改河工程等。导治结构物是桥涵和路基的重要附属工程,由于涉及水流方向,影响范围较大,工程费用亦较高,务必慎重。用于防护堤岸的改河工程,一般限于小型工程,如裁弯取直、挖滩改道、清除孤石等,可在小河的局部段落上进行。

导治结构物主要是设坝,按其与河道的相对位置,一般可分为丁坝、顺坝和格坝,如图3-5所示。

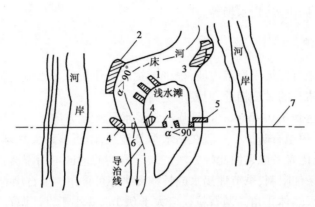

图3-5 河流导治构造物布置示意图
1-丁坝;2-顺坝;3-格坝;4-导流坝;5-拦水坝;6-桥墩;7-路中线

丁坝也叫挑水坝,是指坝根与岸滩相接,坝头伸向河槽,坝身与水流方向成某一角度,能将水流挑离河岸的结构物。丁坝一般用来束水归槽,改善水流状态,保护河岸,可用于宽浅性河段,保护河岸或路基不受水流直接冲蚀而产生破坏。

顺坝为坝根与岸滩相接,坝头大致与堤岸平行的结构物。主要用于导流、束水,调整河道,改变流态,也可称作导流坝、顺水坝。顺坝可用于河床断面狭窄、基础地质条件较差的河岸或沿河路基防护,以调整流水曲度和改善流态。

格坝为建于顺坝与河岸之间,一端与河岸相连,另一端与顺坝坝身相连的横向导治结构物。格坝的作用是将水流反射入主河床,同时防止洪水溢入顺坝冲刷坝后河床与河岸,并促进其间的淤积。

导治结构物的构造与要求,可查阅《路基设计手册》等有关文献。

三、路基挡土墙工程

(一)挡土墙的分类

挡土墙是指承受土体侧压力的墙式构造物。在路基工程中,挡土墙可用以稳定路堤和路堑边坡,减少土石方工程量和占地面积,防止水流冲刷路基,并经常用于整治塌方、滑坡等路基病害。在山区公路中,挡土墙的应用更为广泛。路基在遇到下列情况时可考虑修建挡土墙:

(1)陡坡地段。
(2)岩石风化的路堑边坡地段。
(3)为避免大量挖方及降低边坡高度的路堑地段。
(4)可能产生坍方、滑方的不良地段。
(5)高填方地段。
(6)水流冲刷严重或长期受水浸泡的沿河路基地段。

(7) 为节约用地、减少拆迁或少占农田的地段。

(8) 为保护重要建筑物、生态环境或其他特殊需要的地段。

挡土墙各部分的名称如图 3-6a) 所示。墙身靠填土(或山体)一侧称为墙背,大部分外露的一侧称为墙面(或墙胸),墙的顶面部分称为墙顶,墙的底面部分则称为墙底,墙背与墙底的交线称为墙踵,墙面与墙底的交线称为墙趾。墙背与竖直面的夹角称为墙背倾角,一般用 α 表示;工程中常用单位墙高与其水平长度之比来表示,即可表示为 $1:n$。墙踵到墙顶的垂直距离称为墙高,用 H 表示。

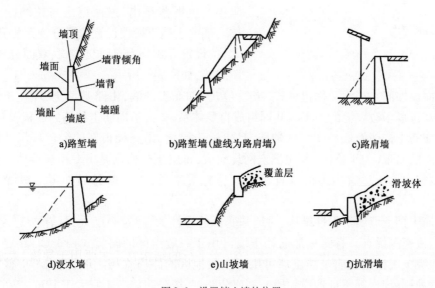

图 3-6 设置挡土墙的位置

按照挡土墙在路基横断面上的位置,挡土墙可分为路肩墙、路堤墙、路堑墙、浸水墙、山坡墙及抗滑墙等类型,如图 3-6 所示。

按照挡土墙的墙体材料,挡土墙可分为石砌挡土墙、砖砌挡土墙、混凝土挡土墙、钢筋混凝土挡土墙、钢板挡土墙等类型。

按照挡土墙的结构形式,挡土墙可分为重力式挡土墙、加筋土挡土墙、锚定式挡土墙、薄壁式挡土墙、桩板式挡土墙等类型。

(二)挡土墙的分类与使用条件

挡土墙应综合考虑工程地质、水文地质、冲刷深度、荷载作用情况、环境条件、施工条件、工程造价等因素,经论证后选择使用。

1.重力式挡土墙

重力式挡土墙是指依靠墙身自重抵抗土体侧压力来维持其稳定的挡土墙。一般多用片(块)石砌筑,在缺乏石料的地区有时也用混凝土修建。如图 3-6 所示的挡土墙均为重力式挡土墙。重力式挡土墙形式简单,施工方便,可就地取材,适应性较强,故被广泛应用。但其圬工数量较大,对地基的承载能力要求较高。适用于一般地区、浸水地区和高烈度区的路堤和路堑等支挡工程。墙高不宜超过 12m,干砌挡土墙的高度不宜超过 6m。高速公路、一级公路不应采用干砌挡土墙。

2. 加筋土挡土墙

加筋挡土墙可分为有面板式加筋土挡土墙和无面板土工格栅加筋土挡土墙。

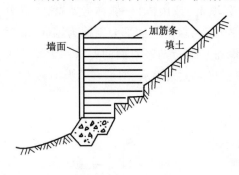

图3-7 加筋土挡土墙

有面板加筋土挡土墙是填土、拉筋、面板三者的结合体,如图3-7所示。填土和拉筋之间的摩擦力改善了土的物理力学性质,而使得填土与拉筋结合为一个整体。在这个整体中起控制作用的是填土与拉筋之间的摩擦力,面板的作用是阻挡填土坍落挤出,迫使填土与拉筋结合为整体。加筋土挡土墙按设置位置分为路堤式、路肩式,按设置方式分为双面交错式、双面分离式、台阶式等,如图3-8所示。

无面板加筋土挡墙又称包裹式(或反包式)加筋土挡墙,由路基填土、埋在土体内的加筋带及包裹于边坡上的土工袋共同组成自稳体系,省去了加筋土挡墙的面板及基础,并克服了加筋土挡墙面板易变形的缺陷,且更适于绿化,是一种很好的绿色环保节能型挡墙。墙面由筋带(土工格栅)反包填土网袋而成,每层土工格栅是由专用连接棒连接形成整体,网袋内填土适宜当地的草籽、灌木、花籽等生长,施工数月后即可形成绿色生态墙面。

加筋土挡土墙属于柔性结构,对地基变形适应性大,建筑高度大,具有省工、省料、施工方便、快速等优点。有面板加筋挡土墙可用于一般地区的路肩式挡土墙、路堤式挡土墙,无面板土工格栅加筋土挡土墙可用于一般地区的路肩式挡土墙,但均不应修建在滑坡、水流冲刷、崩塌等不良地质地段。高速公路、一级公路墙高不宜大于12m,二级及二级以下公路不宜大于20m。当采用多级墙时,每级墙高不宜大于10m,上、下级墙体之间应设置宽度不小于2m的平台。

a)双面交错式　　b)双面分离式　　c)台阶式

图3-8 加筋土挡土墙的形式

3. 锚定式挡土墙

锚定式挡土墙可分为锚杆挡土墙和锚定板挡土墙两种。

锚杆挡土墙是指由钢筋混凝土墙板和锚杆组成,依靠锚固在岩层内的锚杆的水平拉力来承受土体侧压力的挡土墙,如图3-9a)所示。锚杆的一端与立柱连接,另一端被锚固在山坡深处的稳定岩层或土层中。墙后侧向土压力由挡土板传给立柱,由锚杆与稳定岩层或土层之间的锚固力,使墙获得稳定。锚杆挡土墙宜用于墙高较大的岩质路堑地段,可用作抗滑挡土墙,可采用肋柱式或板壁式单级墙或多级墙,每级墙高不宜大于8m,多级墙的上下级间应设置宽度不小于2m的平台。

锚定板挡土墙是指由钢筋混凝土墙板、拉杆、锚定板以及其间的填土共同形成的一种组合挡土结构,如图 3-9b)所示。它借助于埋在填土内的锚定板的抗拔力抵抗侧向土压力,保持墙的稳定。锚定板挡土墙的特点在于构件断面小,工程量省,不受地基承载力的限制,构件可预制有利于实现结构轻型化和施工机械化。锚定板挡土墙宜用于缺少石料地区的路肩墙或路堤墙,但不应修建于滑坡、坍塌、软土及膨胀土地区。可采用肋柱式或板壁式,墙高不宜超过 10m,肋柱式锚定板挡土墙可采用单级墙或双级墙,每级墙高不宜超过 6m,上下级墙体之间应设置宽度不小于 2m 的平台,上下两级墙的肋柱宜交错布置。

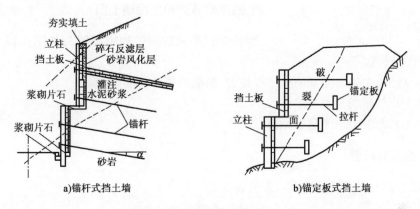

图 3-9 锚定式挡土墙

4. 薄壁式挡土墙

薄壁式挡土墙属于钢筋混凝土结构,可以分为悬臂式和扶壁式两种。

悬臂式挡土墙是指由立壁、墙趾板和墙踵板三个钢筋混凝土悬臂式构件组成的挡土墙,如图 3-10a)所示。扶壁式挡土墙是指沿悬臂式挡土墙的立壁,每隔一定距离加设一道扶壁(肋板),将立壁与踵板连接起来的挡土墙,如图 3-10b)所示。薄壁式挡土墙结构的稳定不是依靠本身的重量,而是主要依靠墙踵板上的填土重量来保证。他们具有断面尺寸小、自重轻、能修建在较弱的地基上等优点,适用于缺乏石料地区以及地基承载力较低的填方地段。悬臂式墙高不宜超过 5m,扶壁式墙高不宜超过 15m。其缺点是需耗用一定数量的水泥和钢筋,施工工艺较为复杂。

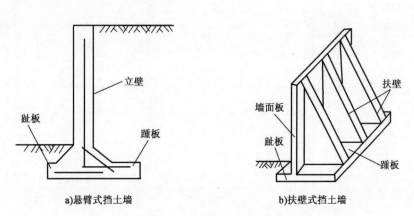

图 3-10 薄壁式挡土墙

5. 桩板式挡土墙

桩板式挡土墙由钢筋混凝土锚固桩和挡土板组成,如图 3-11 所示。它利用深埋的锚固段的锚固作用和被动抗力抵抗侧向土压力,从而维护挡土墙的稳定。桩板式挡土墙适用于表土及强风化层较薄的均质岩石地基,挡土墙高度可较大,也可用于地震区的路堑或路堤支挡或滑坡等特殊地段的治理。

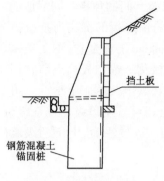

图 3-11 桩板式挡土墙

四、熟悉路基防护工程施工图

全面熟悉"路基防护工程施工图",如图 3-12 ~ 图 3-16 所示,对图分析如下:

(1)从图表中确定路基防护工程位置、断面形式和主要尺寸。
(2)工程数量表是否正确。
(3)工程数量表与图是否一致。

五、图纸复核表

路基防护工程图纸复核审查表见表 3-2。

××高速公路图纸复核审查表　　　　表 3-2

复查单位:××路桥建设集团有限公司　　　　编号:

合同段	ZB1-8	复查时间	
单项工程名称		复查人	
图表名称		复查负责人	
存在问题			
复查意见			

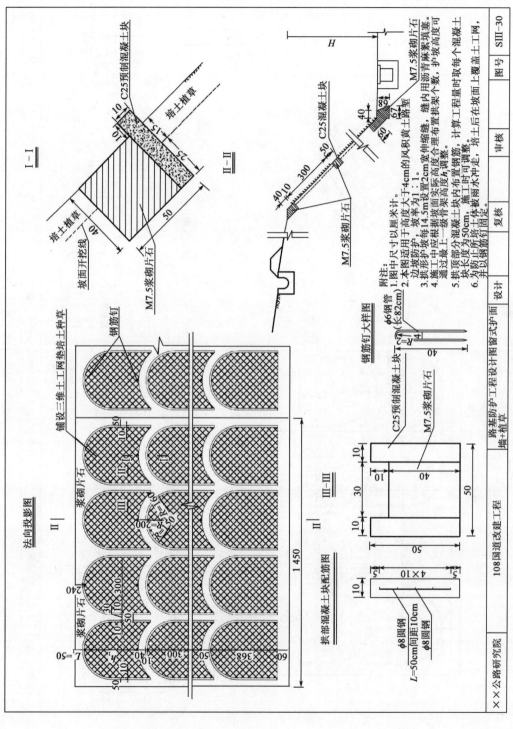

图3-12 路基防护施工图

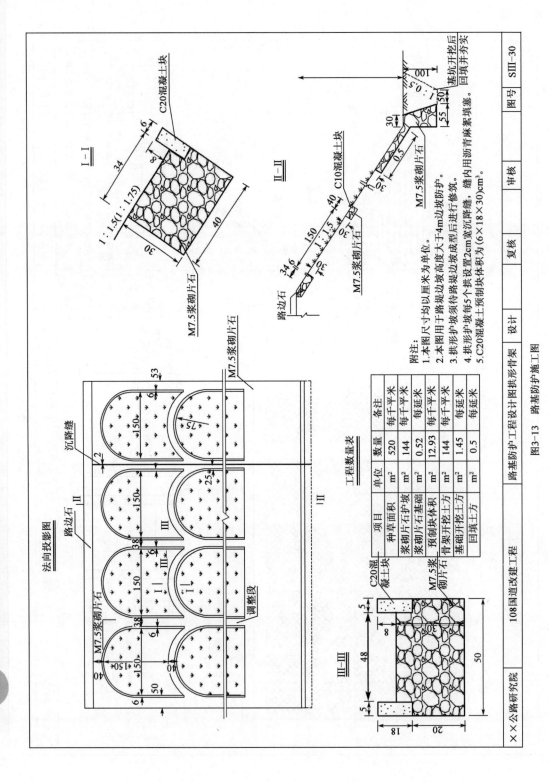

图3-13 路基防护施工图

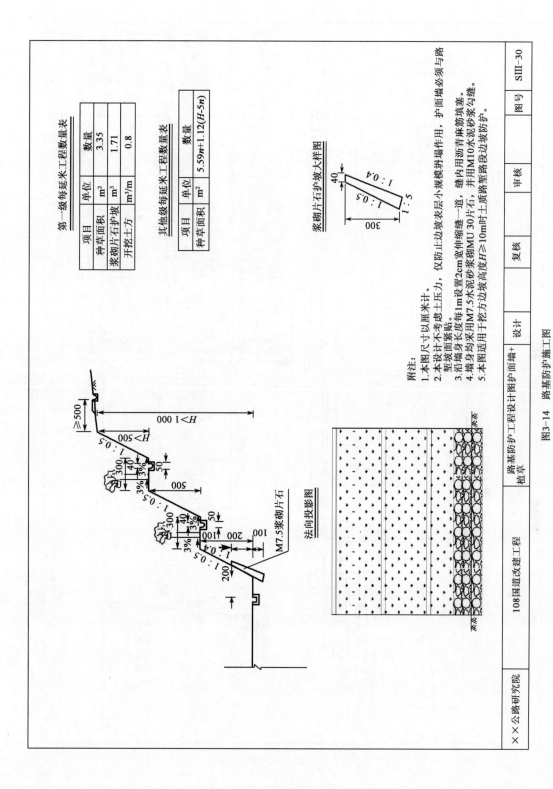

图3-14 路基防护施工图

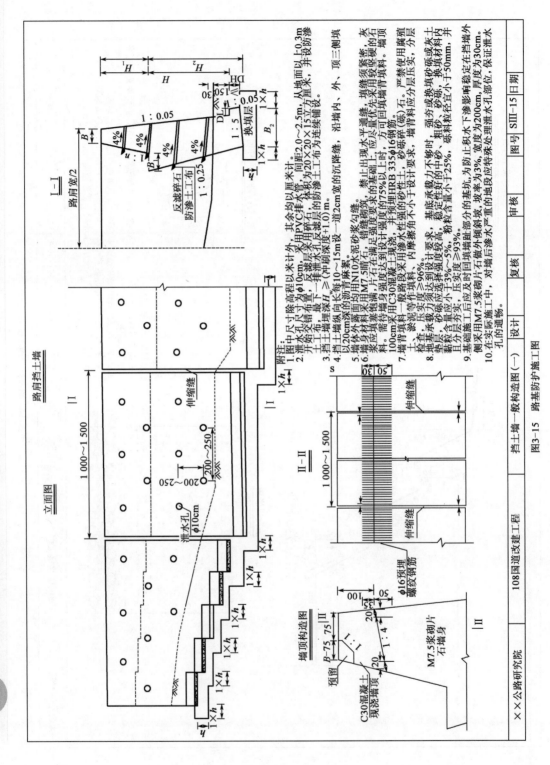

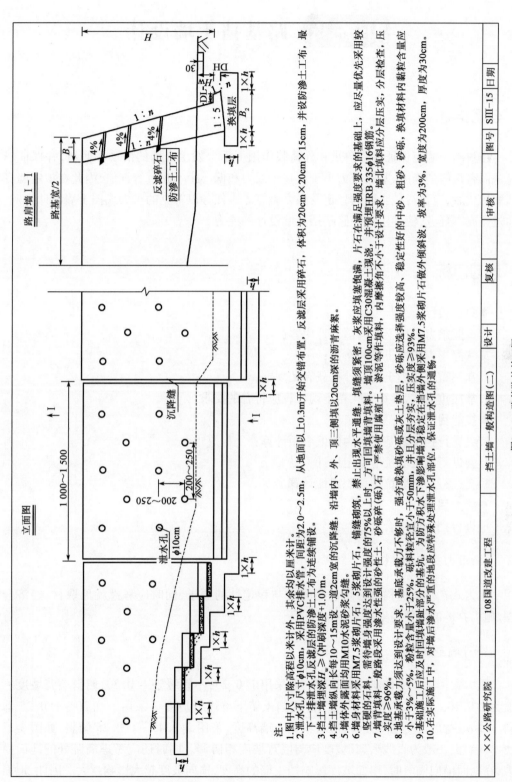

图3-16 路基防护施工图

任务二 路基挡土墙设计

任务描述

路基挡土墙应保证其在自重和外荷载作用下不会发生全墙的滑动和倾覆,并保证墙身截面有足够的强度、基底应力小于地基承载力和偏心距不超过容许值,因此在拟定墙身断面形式后,应进行挡土墙的稳定及强度验算。本任务以常见的重力式挡土墙设计为例,通过完成本任务,使学生具备路基挡土墙设计的能力。

学习目标

◆知识目标
1. 掌握重力式挡土墙构造设计内容;
2. 掌握重力式挡土墙的布置;
3. 掌握重力式挡土墙设计荷载有关规定;
4. 掌握重力式、半重力式挡土墙计算应符合的要求。

◆技能目标
1. 会进行挡土墙基底合力的偏心距计算;
2. 会进行挡土墙抗滑稳定性计算;
3. 会进行挡土墙抗倾覆稳定性计算。

◆能力目标
能进行挡土墙综合设计。

一、重力式挡土墙构造

重力式挡土墙的构造必须满足强度与稳定性的要求,同时应考虑就地取材,经济合理、施工养护的方便与安全。

(一)墙身构造

重力式挡土墙的仰斜墙背坡度一般采用1:0.25,不宜缓于1:0.30;俯斜墙背坡度一般为1:0.40~1:0.25,衡重式或凸折式挡土墙下墙墙背坡度多采用1:0.30~1:0.25仰斜,上墙墙背坡度受墙身强度控制,根据上墙高度,采用1:0.45~1:0.25俯斜,如图3-17所示。墙面一般为直线形,其坡度应与墙背坡度相协调。同时还应考虑墙趾处的地面横坡,在地面横向倾斜时,墙面坡度影响挡土墙的高度,横向坡度越大影响越大。因此,地面横坡较陡时,墙面坡度一般为1:0.20~1:0.05,矮墙时也可采用直立;地面横坡平缓时,墙面可适当放缓,但一般不缓于1:0.35。

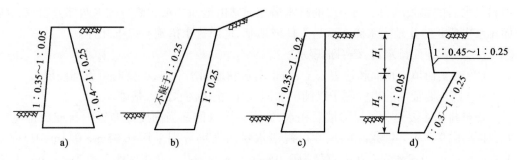

图 3-17 挡土墙墙背和墙面坡度

仰斜式挡土墙墙面一般与墙背坡度一致或缓于墙背坡度;衡重式挡土墙墙面坡度采用 1:0.05,所以在地面横坡较大的山区,采用衡重式挡土墙较经济。衡重式挡土墙上墙与下墙的高度之比,一般采用 4:6 较为经济合理。对一处挡土墙而言,其断面形式不宜变化过多,以免造成施工困难,并且应当注意不要影响挡土墙的外观。

混凝土块和石砌体挡土墙的墙顶宽度一般不应小于 0.5m,混凝土墙顶宽度不应小于 0.4m。路肩挡土墙墙顶应以粗料石或 C15 混凝土做帽石,其厚度不得小于 0.4m,宽度不小于 0.6m,突出墙外的飞檐宽应为 0.1m。如不做帽石或为路堤墙和路堑墙,应选用大块片石置于墙顶并用砂浆抹平。

在有石料的地区,重力式挡土墙应尽可能采用浆砌片石砌筑,片石的极限抗压强度不得低于 30MPa。在一般地区及寒冷地区,采用 M7.5 水泥砂浆;在浸水地区及严寒地区,采用 M10 水泥砂浆。在缺乏石料的地区,重力式挡土墙可用 C15 混凝土或片石混凝土建造;在严寒地区,采用 C20 混凝土或片石混凝土。

为避免因地基不均匀沉陷而引起墙身开裂,根据地基地质条件的变化和墙高、墙身断面的变化情况需设置沉降缝。在平曲线地段,挡土墙可按折线形布置,并在转折处以沉降缝断开。为防止圬工砌体因收缩硬化和温度变化而产生裂缝应设置伸缩缝。设计中一般将沉降缝和伸缩缝合并设置,沿线路方向每隔 10~25m 设置一道,如图 3-18 所示。缝宽为 2~3cm,自墙顶做到基底。缝内沿墙的内、外、顶三边填塞沥青麻筋或沥青木板,塞入深度不小于 0.2m,当墙背为岩石路堑或填石路堤时,可设置空缝。

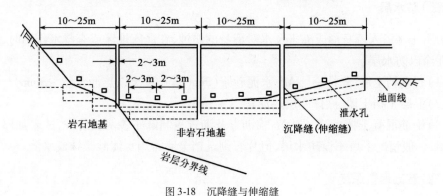

图 3-18 沉降缝与伸缩缝

(二)排水设施

挡土墙排水设施的作用在于疏干墙后土体中的水和防止地表水下渗后积水,以免墙后积水致使墙身承受额外的静水压力;减少季节性冰冻地区填料的冻胀压力;消除黏性土填料浸水后的膨胀压力。挡土墙的排水措施通常由地面排水和墙身排水两部分组成。地面排水主要是防止地表水渗入墙后土体或地基,地面排水措施有以下几种:

(1)设置地面排水沟,截引地表水。

(2)夯实回填土顶面和地表松土,防止雨水和地面水下渗,必要时可设铺砌层。

(3)挡土墙趾前的边沟应予以铺砌加固,以防止边沟水渗入基础。

墙身排水主要是为了排除墙后积水,通常在墙身的适当高度处布置一排或数排泄水孔,如图 3-19 所示。泄水孔的尺寸可视泄水量的大小分别采用 0.05m×0.1m、0.1m×0.1m、0.15m×0.2m 的方孔或直径为 0.05~0.1m 的圆孔。孔眼间距一般为 2~3m,干旱地区可予增大,多雨地区则可减小。浸水挡土墙则为 1.0~1.5m,孔眼应上下左右交错设置。最下一排泄水孔的出水口应高出地面 0.3m;如为路堑挡土墙,应高出边沟水位 0.3m;浸水挡土墙则应高出常水位 0.3m。泄水孔的进水口部分应设置粗粒料反滤层,以防孔道淤塞。泄水孔应有向外倾斜的坡度。在特殊情况下,墙后填土采用全封闭防水,一般不设泄水孔。干砌挡土墙可不设泄水孔。

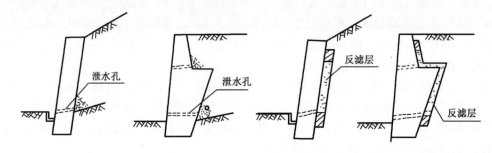

图 3-19 挡土墙泻水孔及反滤层

若墙后填土的透水性不良或可能发生冻胀,应在最低一排泄水孔至墙顶以下 0.5m 的高度范围内,填筑不小于 0.3m 厚的砂加卵石或土工合成材料反滤层。既可减轻冻胀力对墙的影响,又可防止墙后产生静水压力,同时起反滤作用。反滤层的顶部与下部应设置隔水层。

(三)防水层

为防止水渗入墙身形成冻害及水对墙身的腐蚀,在严寒地区或有浸水作用时,时常在临水面涂以防水层:

(1)石砌挡土墙,先抹一层 M5 水泥砂浆(2cm 厚),再涂以热沥青(2~3mm)。

(2)混凝土挡土墙,涂抹两层热沥青(2~3mm)。

(3)钢筋混凝土挡土墙,常用石棉沥青及沥青浸制麻布各两层防护,或者加厚混凝土保护层;一般情况下可不设防水层,但片石砌筑挡土墙需用水泥砂浆抹成平缝。

(四)基础埋置深度

挡土墙一般采用明挖基础。当地基为松软土层时,可采用加宽基础、换填或桩基础。水下基础挖基有困难时,可采用桩基础或沉井基础。

基础埋置深度应按地基的性质、承载力的要求、冻胀的影响、地形和水文地质等条件确定。

挡土墙基础置于土质地基上时,其基础埋深应符合下列要求:

(1)基础埋置深度不小于1m。当有冻结且冻结深度小于或等于1m时,应在冻结线以下不小于0.25m(不冻胀土除外);当冻结深度超过1m时,可在冻结线下0.25m内换填弱冻胀土或不冻胀土,但埋置深度不小于1.25m。不冻胀土层(例如碎石、卵石、中砂或粗砂等)中的基础,埋置深度可不受冻深限制。

(2)受水流冲刷时,基础应埋置在冲刷线以下不小于1m。

(3)路堑挡土墙基础底面应在路肩以下不小于1m,并应低于侧沟砌体底面不小于0.2m。

挡土墙基础置于硬质岩石地基上时,应置于风化层以下。当风化层较厚,难以全部清除时,可根据地基的风化程度及其相应的承载力将基底埋于风化层中。置于软质岩石地基上时,埋置深度不小于1m。挡土墙基础置于斜坡地面时,其趾部埋入深度和距地面的水平距离应符合表3-3的要求。

斜坡地面墙趾埋入的最小尺寸(单位:m)　　　　表3-3

地层类别	埋入深度	距斜坡地面上的水平距离 L	示意图
较完整的硬质岩层	0.25	0.25 ~ 0.50	
一般硬质岩层	0.60	0.60 ~ 1.50	
软质岩层	1.00	1.00 ~ 2.00	
土层	≥1.00	1.50 ~ 2.50	

二、重力式挡土墙的布置

挡土墙的布置是挡土墙设计的一个重要内容,通常在路基横断面图和墙趾纵断面图上进行。布置前应现场核对路基横断面图,不满足要求时应补测,并测绘墙址处的纵断面图,收集墙址处的地质和水文等资料。

(一)挡土墙位置的选定

(1)路堑挡土墙的位置通常设置在路基的侧沟边。山坡挡土墙应考虑设在基础可靠处,墙的高度应保证设墙后墙顶以上边坡稳定。

(2)路肩挡土墙因可充分收缩坡脚,大量减少填方和占地,当路肩与路堤墙的墙高或截面圬工数量相近、基础情况相似时,应优先选用路肩墙。若路堤墙的高度或圬工数量比路肩墙显著降低,而且基础可靠时,宜选用路堤墙。必要时应作技术经济比较,以确定墙的位置。

(3)当路基两侧同时设置路肩和路堑挡土墙时,一般应先施工路肩墙,以免在施工时破坏路堑墙的基础。同时要求过路肩墙墙踵与水平面成f角的平面不得伸入到路堑墙的基底面以下,否则应加深路堑墙的基础,或将两者设计成一个整体结构。

(4)沿河路堤设置挡土墙时,应结合河流的水文、地质情况以及河道工程来布置,注意应保证墙后水流顺畅,不致挤压河道而引起局部冲刷。

(5)滑坡地段的抗滑挡土墙,应结合地形、地质条件,滑面的部位、滑坡推力,以及其他工程,如抗滑桩、减载、排水等综合考虑。

(6)带拦截落石作用的挡土墙,应按落石范围、规模、弹跳轨迹等进行考虑;

(7)受其他建筑物如:房屋、公路、桥涵、隧道等控制的挡土墙,在满足特定的要求下,尚需考虑技术经济条件。

(二)纵向布置

纵向布置在墙址纵断面图上进行,布置后绘成挡土墙正面图,布置的内容有:

(1)确定挡土墙的起讫点和墙长,选择挡土墙与路基或其他结构物的衔接方式。

路肩挡土墙端部可嵌入石质路堑中,或采用锥坡与路堤衔接;当路肩挡土墙、路堤挡土墙兼设时,其衔接处可设斜墙或端墙;与桥台连接时,为防止墙后回填土从桥台尾端与挡土墙连接处的空隙中溜出,需在台尾与挡土墙之间设置隔墙及接头墙。

路堑挡土墙在隧道洞口应结合隧道洞门、翼墙的设置情况平顺衔接;与路堑边坡衔接时,一般将墙高逐渐降低至 2m 以下,使边坡坡脚不致伸入边沟内,有时也可用横向端墙连接。

(2)按地基、地形及墙身断面变化情况进行分段,确定伸缩缝和沉降缝的位置。

当墙身位于弧形地段,例如桥头锥体坡脚,因受力后容易出现竖向裂缝,宜缩短伸缩缝间距,或考虑其他措施。

(3)布置各挡土墙的基础。墙址地面有纵坡时,挡土墙的基底宜做成不大于 5% 的纵坡。但地基为岩石时,为减少开挖,可沿纵向做成台阶。台阶尺寸应随纵坡大小而定,但其高宽比不宜大于 1∶2。

(4)布置泄水孔的位置,包括数量、间隔和尺寸等。

此外,在布置图上应注明各特征断面的桩号,以及墙顶、基础、顶面、基底、冲刷线、冰冻线、常水位或设计洪水位的高程等。

(三)横向布置

横向布置选择在墙高最大处、墙身断面或基础形式有变异处。根据墙型、墙高、地基及填土的物理力学指标等设计资料,进行挡土墙设计或套用标准图,确定墙身断面、基础形式和埋置深度,布置排水设施等,并绘制挡土墙横断面图。

(四)平面布置

对于个别复杂的挡土墙,如高、长的沿河挡土墙和曲线挡土墙,除了纵、横向布置外,还应进行平面布置,绘制平面图,标明挡土墙与线路的平面位置及附近地貌和地物等情况,特别是与挡土墙有干扰的建筑物的情况。沿河挡土墙还应绘出河道及水流方向、其他防护与加固工程等。

在以上设计图中,还应标写简要说明。必要时可另编设计说明书,说明选用挡土墙方案的理由,选用挡土墙结构类型和设计参数的依据,对材料和施工的要求及注意事项,主要工程数量等。如采用标准图,应注明其编号。

三、重力式挡土墙的设计计算

挡土墙是用来承受土体侧压力的构造物,它应具有足够的强度和稳定性。挡土墙可能的破坏形式有:滑移、倾覆、不均匀沉陷和墙身断裂等。因此挡土墙的设计应保证在自重和外荷载作用下不发生全墙的滑动和倾覆,并保证墙身截面有足够的强度、基底应力小于地基承载力和偏心距不超过容许值。这就要求在拟定墙身断面形式及尺寸之后,对上述几个方面进行检算。

(一)荷载应符合的规定

挡土墙构件承载能力极限状态设计采用下列表达式:

$$\gamma_0 S \leqslant R \tag{3-1}$$

$$R = R\left(\frac{R_k}{\gamma_f}, \alpha_d\right) \tag{3-2}$$

式中:γ_0——结构重要性系数,按表3-4的规定采用;
  S——作用(或荷载)效应的组合设计值;
  $R(\cdot)$——挡土墙结构抗力函数;
  R_k——抗力材料的强度标准值;
  γ_f——结构材料、岩土性能的分项系数;
  α_d——结构或结构构件几何参数的设计值,当无可靠数据时,可采用几何参数标准值。

结构重要性系数 γ_0 表3-4

墙 高	公路等级	
	高速公路、一级公路	二级及以下公路
≤5.0m	1.0	0.95
>5.0m	1.05	1.0

(1)施加于挡土墙的作用(或荷载),按性质分为永久作用(或荷载)、可变作用或荷载、偶然作用或荷载,各类作用或荷载名称见表3-5。

(2)荷载效应组合应符合下列规定:作用在一般地区挡土墙上的力,可只计算永久作用(或荷载)和基本可变作用(或荷载),浸水地区、地震动峰值加速度值为 $0.2g$ 及以上的地区、产生冻胀力的地区等,尚应计算其他可变作用(或荷载)和偶然作用(或荷载),作用(或荷载)组合可按表3-6进行。

荷 载 分 类   表3-5

作用(或荷载)分类	作用(或荷载)名称
永久作用(或荷载)	挡土墙结构重力
	填土(包括基础襟边以上土)重力
	填土侧压力
	墙顶上的有效永久荷载
	墙顶与第二破裂面之间的有效荷载
	计算水位的浮力及静水压力
	预加力
	混凝土收缩及徐变
	基础变位影响力

续上表

作用(或荷载)分类		作用(或荷载)名称
可变作用(或荷载)	基本可变作用(或荷载)	车辆荷载引起的土侧压力
		人群荷载、人群荷载引起的土侧压力
	其他可变作用(或荷载)	水位退落时的动水压力
		流水压力
		波浪压力
		冻胀压力和冰压力
		温度影响力
	施工荷载	与各类型挡土墙施工有关的临时荷载
偶然作用(或荷载)		地震作用力
		滑坡、泥石流作用力
		作用于墙顶护栏上的车辆碰撞力

常用作用(或荷载)组合　　　　表3-6

组合	作用(或荷载)名称
Ⅰ	挡土墙结构重力、墙顶上的有效永久荷载、填土重力、填土侧压力及其他永久荷载组合
Ⅱ	组合Ⅰ与基本可变荷载相组合
Ⅲ	组合Ⅱ与其他可变荷载、偶然荷载相组合

注:1.洪水与地震力不同时考虑。
　　2.冻胀力、冰压力与流水压力或波浪压力不同时考虑。
　　3.车辆荷载与地震力不同时考虑。

(3)挡土墙上受地震力作用时,应符合《公路工程抗震规范》(JTG B02—2013)的规定。

(4)用于具有明显滑动面的抗滑挡土墙,荷载计算应符合规范的有关规定。泥石流地段的路基挡土墙,应符合规范的规定。

(5)浸水挡土墙墙背为岩块和粗粒土时,可不计墙身两侧静水压力和墙背动水压力。

(6)墙身所受浮力,应根据地基地层的浸水情况按下列原则确定:

①砂类土、碎石类土和节理很发育的岩石地基,按计算水位的100%计算。

②岩石地基按计算水位的50%计算。

(7)作用在墙背上的主动土压力,可按库仑理论计算。应进行墙后填料的土质试验,确定填料的物理力学指标,当缺乏可靠试验数据时,填料内摩擦角 φ 可参照表3-7选用。

填料内摩擦角或综合内摩擦角　　　　表3-7

填料种类		综合内摩擦角 φ_0 (°)	内摩擦角 φ (°)	重度 (kN/m³)
黏性土	墙高 $H \leq 6m$	35~40	—	17~18
	墙高 $H > 6m$	30~35	—	
碎石、不易风化的块石		—	45~50	18~19
大卵石、碎石类土、不易风化的岩石碎块		—	40~45	18~19
小卵石、砾石、粗砂、石屑		—	35~40	18~19
中砂、细砂、砂质土		—	30~35	17~18

注:填料重度可根据实测资料作适当修正,计算水位以下的填料重度采用浮重度。

(8)挡土墙前的被动土压力可不计算,当基础埋置较深且地层稳定、不受水流冲刷和扰动破坏时,可计入被动土压力,但应按表3-8的规定计入作用分项系数。

(9)车辆荷载作用在挡土墙墙背填土上所引起的附加土体侧压力,可按式(3-3)换算成等代均布土层厚度计算:

$$h_0 = \frac{q}{\gamma} \tag{3-3}$$

式中:h_0——换算土层厚度(m);

q——车辆荷载附加荷载强度,墙高小于2m,取20kN/m²;墙高大于10m,取10kN/m²;墙高在2~10m之内时,附加荷载强度用直线内插法计算;作用于墙顶或墙后填土上的人群荷载强度规定为3kN/m²,作用于挡墙栏杆顶的水平推力采用0.75kN/m,作用于栏杆扶手上的竖向力采用1kN/m;

γ——墙背填土的重度(kN/m³)。

(10)挡土墙按承载能力极限状态设计时,除另有规定外,常用作用(或荷载)分项系数可按表3-8的规定采用。

承载能力极限状态作用(或荷载)分项系数　　　　表3-8

情况	荷载增大对挡土墙结构起有利作用时		荷载增大对挡土墙结构起不利作用时	
组合	Ⅰ,Ⅱ	Ⅲ	Ⅰ,Ⅱ	Ⅲ
垂直恒载 γ_G	0.90		1.20	
恒载或车辆荷载、人群荷载的主动土压力 γ_{Q1}	1.00	0.95	1.40	1.30
被动土压力 γ_{Q2}	0.30		0.50	
水浮力 γ_{Q3}	0.95		1.10	
静水压力 γ_{Q4}	0.95		1.05	
动水压力 γ_{Q5}	0.95		1.20	

(二)基底合力的偏心距 e_0 计算

$$e_0 = \frac{M_d}{N_d} \tag{3-4}$$

式中:M_d——作用于基底形心的弯矩组合设计值(MPa);

N_d——作用于基底上的垂直力组合设计值(kN/m)。

(1)挡土墙地基计算时,各类作用(或荷载)组合下,作用效应组合设计值计算式中的作用分项系数,除被动土压力分项系数 $\gamma_{Q2} = 0.3$ 外,其余作用(或荷载)的分项系数规定均等于1。

(2)基底压应力 σ 应按下列公式计算:

$$|e_0| \leq \frac{B}{6} 时, \sigma_{1,2} = \frac{N_d}{A}\left(1 \pm \frac{6e_0}{B}\right) \tag{3-5}$$

位于岩石地基上的挡土墙:

$$e_0 > \frac{B}{6} 时, \sigma_1 = \frac{2N_d}{3\alpha_1}, \sigma_2 = 0 \tag{3-6}$$

$$\alpha_1 = \frac{B}{2} - e_0 \tag{3-7}$$

式中:σ_1——挡土墙趾部的压应力(kPa);

σ_2——挡土墙踵部的压应力(kPa);

B——基底宽度(m),倾斜基底为其斜宽;

A——基础底面每延米的面积,矩形基础为基础宽度 $B \times 1 (\mathrm{m}^2)$。

基底合力的偏心距 e_0,对土质地基不应大于 $B/6$;岩石地基不应大于 $B/4$。基底压应力不应大于基底的容许承载力$[\sigma_0]$;基底容许承载力值可按《公路桥涵地基与基础设计规范》(JTG D63—2007)的规定采用,当为作用(或荷载)组合Ⅲ及施工荷载时,且$[\sigma_0] > 150$kPa 时,可提高 25%。

(三)挡土墙的滑动稳定方程与抗滑稳定系数的计算

1. 滑动稳定方程

$$[1.1G + \gamma_{Q1}(E_y + E_x\tan\alpha_0) - \gamma_{Q2}E_p\tan\alpha_0]\mu + (1.1G + \gamma_{Q1}E_y)\tan\alpha_0 - \gamma_{Q1}E_x + \gamma_{Q2}E_p > 0 \tag{3-8}$$

式中:G——作用于基底以上的重力(kN),浸水挡土墙的浸水部分应计入浮力;

E_y——墙后主动土压力的竖向分量(kN);

E_x——墙后主动土压力的水平分量(kN);

E_p——墙前被动土压力的水平分量(kN),当为浸水挡土墙时,$E_p = 0$;

α_0——基底倾斜角(°),基底为水平时,$\alpha_0 = 0$;

γ_{Q1}、γ_{Q2}——主动土压力分项系数、墙前被动土压力分项系数,可按表3-8的规定采用;

μ——基底与地基间的摩擦系数,当缺乏可靠试验资料时,可按表3-9的规定采用。

基底与基底土间的摩擦系数 μ　　　　表3-9

地基土的分类	摩擦系数 μ
软塑黏土	0.25
硬塑黏土	0.30
砂类土、黏砂土、半干硬的黏土	0.30～0.40
砂类土	0.40
碎石类土	0.50
软质岩石	0.40～0.60
硬质岩石	0.60～0.70

2. 抗滑动稳定系数 K_c 的计算

$$K_c = \frac{[N + (E_x - E'_p)\tan\alpha_0]\mu + E'_p}{E_x - N\tan\alpha_0} \tag{3-9}$$

式中:N——作用于基底上合力的竖向分力(kN),浸水挡土墙应计浸水部分的浮力;

E'_p——墙前被动土压力水平分量的 0.3 倍(kN)。

(四)挡土墙的倾覆稳定方程与抗倾覆稳定系数的计算

1. 倾覆稳定方程

$$0.8GZ_G + \gamma_{Q1}(E_yZ_x - E_xZ_y) + \gamma_{Q2}E_pZ_p > 0 \tag{3-10}$$

式中:Z_G——墙身重力、基础重力、基础上填土的重力及作用于墙顶的其他荷载的竖向力合力重心到墙趾的距离(m);

Z_x——墙后主动土压力的竖向分量到墙趾的距离(m);

Z_y——墙后主动土压力的水平分量到墙趾的距离(m);

Z_p——墙前被动土压力的水平分量到墙趾的距离(m)。

2. 抗倾覆稳定系数 K_0 的计算

$$K_0 = \frac{GZ_G + E_yZ_x + E'_pZ_p}{E_xZ_y} \tag{3-11}$$

(五)稳定系数的规定

在本规范规定的墙高范围内,验算挡土墙的抗滑动和抗倾覆稳定时,稳定系数不宜小于表 3-10 的规定。

抗滑动和抗倾覆的稳定系数　　　　　　表 3-10

荷载情况	验算项目	稳定系数
荷载组合Ⅰ、Ⅱ	抗滑动 K_c	1.3
	抗倾覆 K_0	1.5
荷载组合Ⅲ	抗滑动 K_c	1.3
	抗倾覆 K_0	1.3
施工阶段验算	抗滑动 K_c	1.2
	抗倾覆 K_0	1.2

(六)稳定性验算

设置于不良土质地基、表土下为倾斜基岩地基及斜坡上的挡土墙,应对挡土墙地基及填土的整体稳定性进行验算,其稳定系数不应小于 1.25。

四、重力式、半重力式挡墙的计算要求

(1)重力式、半重力式挡墙的作用(或荷载)计算,应符合上述有关规定。

(2)重力式、半重力式挡墙应满足上述基础设计与稳定性计算的规定。

(3)重力式挡土墙、半重力式挡土墙的墙身材料强度可按《公路圬工桥涵设计规范》(JTG D61—2005)的规定采用。必要时应做墙身的剪应力检算。

(4)重力式挡土墙按承载能力极限状态设计时,在某一类作用(或荷载)效应组合下,作用效应的组合设计值,可按公式(3-12)计算。圬工构件或材料的抗力分项系数 γ_f,按表 3-11 采用。

$$S = \psi_{ZL}\left(\gamma_G \sum S_{Gik} + \sum \gamma_{Qi}S_{Qik}\right) \tag{3-12}$$

式中 S——作用(或荷载)效应的组合设计值;
γ_G、γ_{Qi}——作用(或荷载)的分项系数,按表 3-11 采用;
S_{Gik}——第 i 个垂直恒载的标准值效应;
S_{Qik}——土侧压力、水浮力、静水压力、其他可变作用(或荷载)的标准值效应。
ψ_{ZL}——荷载效应组合系数,按表 3-12 采用。

圬工构件或材料的抗力分项系数 γ_f 表 3-11

圬工种类	受力情况	
	受压	受弯、剪、拉
石料	1.85	2.31
片石砌体、片石混凝土砌体	2.31	2.31
块石、粗料石、混凝土预制块、砖砌体	1.92	2.31
混凝土	1.54	2.31

荷载效应组合系数 ψ_{ZL} 值   表 3-12

荷载组合	ψ_{ZL}	荷载组合	ψ_{ZL}
Ⅰ、Ⅱ	1.0	施工荷载	0.7
Ⅲ	0.8		

①挡土墙构件轴心或偏心受压时,正截面强度和稳定按下列公式计算。
计算强度时:

$$\gamma_0 N_d \leqslant \frac{\alpha_k A R_a}{\gamma_f} \tag{3-13}$$

计算稳定时:

$$\gamma_0 N_d \leqslant \frac{\psi_k \alpha_k A R_a}{\gamma_f} \tag{3-14}$$

式中:N_d——验算截面上的轴向力组合设计值(kN);
γ_0——重要性系数,按表 3-4 采用;
γ_f——圬工构件或材料的抗力分项系数,按表 3-11 取用;
R_a——材料抗压极限强度(kN);
A——挡土墙构件的计算截面面积(m^2);
α_k——轴向力偏心影响系数,按公式(3-15)计算;
ψ_k——偏心受压构件在弯曲平面内的纵向弯曲系数,按公式(3-17)采用;轴心受压构件的纵向弯曲系数,可采用表 3-13 的规定。

轴心受压构件纵向弯曲系数 ψ_K 表 3-13

2H/B	混凝土构件	砌体砂浆强度等级	
		M10、M7.5、M5	M2.5
≤3	1.00	1.00	1.00
4	0.99	0.99	0.99
6	0.96	0.96	0.96

续上表

2H/B	混凝土构件	砌体砂浆强度等级	
		M10、M7.5、M5	M2.5
8	0.93	0.93	0.91
10	0.88	0.88	0.85
12	0.82	0.82	0.79
14	0.76	0.76	0.72
16	0.71	0.71	0.66
18	0.65	0.65	0.60
20	0.60	0.60	0.54
22	0.54	0.54	0.49
24	0.50	0.50	0.44
26	0.46	0.46	0.40
28	0.42	0.42	0.36
30	0.38	0.38	0.33

$$\alpha_k = \frac{1 - 256\left(\frac{e_0}{B}\right)^8}{1 + 12\left(\frac{e_0}{B}\right)^2} \tag{3-15}$$

式中：e_0——轴向力的偏心距(m)，按公式(3-16)采用；

B——挡土墙计算截面宽度(m)。

挡土墙墙身或基础为圬工截面时，其轴向力的偏心距 e_0 应符合表3-15的规定。

$$e_0 = \left|\frac{M_0}{N_0}\right| \tag{3-16}$$

式中：M_0——在某一类作用(或荷载)组合下，作用(或荷载)对计算截面形心的总力矩(kN·m)；

N_0——某一类作用(或荷载)组合下，作用于计算截面上的轴向力的合力(kN)。

$$\psi_k = \frac{1}{1 + \alpha_s \beta_s (\beta_s - 3)\left[1 + 16\left(\frac{e_0}{B}\right)^2\right]} \tag{3-17}$$

$$\beta_s = \frac{2H}{B} \tag{3-18}$$

式中：H——墙高(m)；

α_s——与材料有关的系数，按表3-14采用。

α_s 取 值　　　　　　　　　表3-14

圬工名称	浆砌砌体采用以下砂浆强度等级			混凝土
	M10、M7.5、M5	M2.5	M1	
α_s 值	0.002	0.002 5	0.004	0.002

偏心受压构件除验算弯曲平面内的纵向稳定外,还应按轴心受压构件验算非弯曲平面内的稳定。

②重力式挡土墙轴向力的偏心距 e_0 应符合表 3-15 的规定。

圬工结构轴向力合力的容许偏心距 e_0　　　　表 3-15

荷载组合	容许偏心距	荷载组合	容许偏心距
Ⅰ、Ⅱ	$0.25B$	施工荷载	$0.33B$
Ⅲ	$0.3B$		

注:B 为沿力矩转动方向的矩形计算截面宽度。

任务三　路基坡面防护施工

任务描述

坡面防护作为路基工程常见防护形式之一,是确保路基边坡稳定的重要措施,坡面防护的形式多样,如植物防护、工程防护、骨架植物防护等。本任务以常见的坡面防护类型施工为基础,完成本任务,使学生具备坡面防护工程施工、现场质量检测及记录的能力,能完成防护工程施工细则编写工作。

学习目标

◆知识目标

1. 掌握路基坡面防护施工的方法;
2. 掌握路基坡面防护施工的施工工序;
3. 掌握路基坡面防护施工测量的内容与步骤;
4. 掌握路基坡面防护施工质量控制的要点和方法。

◆技能目标

1. 会进行路基坡面施工放样;
2. 会初步判断防护工程混凝土、石料、土可用性;
3. 会填写施工记录表和中间质量检查表。

◆能力目标

能进行路基坡面防护施工,能编写路基坡面防护施工细则。

一、植物防护施工

本书以铺草皮、三维植被网、客土喷播为例介绍植物防护施工。

(一)铺草皮施工

1. 草皮防护施工工艺流程

草皮防护施工工艺流程见图3-20。

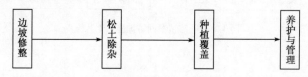

图3-20　草皮防护施工工艺流程

2. 施工要点

1)边坡修整

人工或人工配合挖掘机修整边坡,以达到设计边坡。如果是框格梁内铺草皮,框格梁内应进行平整,清理混凝土垃圾等杂物。

2)松土除杂

边坡修整好后,用人工对坡面土层进行松土,并铺筑10cm厚耕植土,松土厚度不大于30cm。在松土过程中还应将土层中的杂草物清除干净,并将大块土击碎。

3)种植草皮

(1)铺栽草皮的草源应生长良好,密度高,而且有足够面积的草。

(2)草块切成30cm×30cm,厚2~3cm的方块。铺设草块可采取密铺或间铺,密铺应互相衔接不留缝隙,要求快速成坪,间铺草块,各草块间的缝隙不得超过4~6cm,当草缝隙宽为4cm时,草块必须占草坪总量的70%以上,间隙间回填好草,草块铺设后应压实、浇水。

4)草皮养护

草皮种植施工完毕后,开始洒水养护管理。

3.草皮护坡的质量要求

播种草皮全覆盖率达到90%。密铺草皮无枯死,生长正常,覆盖率达到95%。

(二)三维植被网防护施工

1.工艺流程

三维植被网防护施工工艺流程见图3-21。

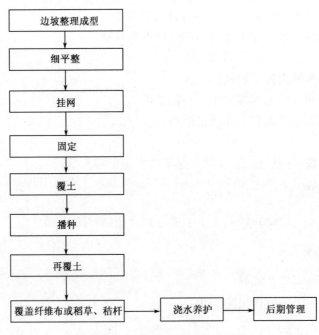

图3-21 三维植被网防护施工工艺流程

2.施工要点

1)边坡整理成型

(1)在路基土方完工后,放出路基边坡坡脚桩,以保证路基边坡线平滑、顺直。

(2)定出路基边桩及坡脚桩后,用白灰标出控制线,然后开始刷坡。刷坡时可以用人工配合挖掘机按1∶1.5的坡度进行。用挖掘机刷坡时要预留约20cm宽由人工清除,以保证路基边坡的密实度,人工刷坡时要挂线,并用坡度尺检验路基边坡坡度,以确保基边坡的外观线形,刷坡后将边坡上的土块粉碎、平整,并施入底肥。

2)开挖沟槽

在坡顶及坡脚处,按照施工图纸设计尺寸,人工开挖预埋植被网的沟槽,并平整。

3)覆网

人工铺设三维植被网时,先将网置于坡顶沟槽内,然后从坡顶到坡脚依次进行。网应与坡面贴附紧密,防止悬空,使网保持平整,不产生皱褶。网块之间要重叠搭接,搭接部分应在10cm左右。

4)固定三维植被网

覆网后按照一定的密度和方式,采用竹钉(长25cm)或R形钢筋(长25cm)打入边坡进行固定,然后将植被网预埋在沟槽中,再回填土夯实。

5)覆土

在三维植被网固定好以后,在网上覆一薄层土进入网包(可以用木条刮入),而土壤要求细碎、肥沃、pH值适中。

6)播撒草籽

根据气候、土质、含水量等因素,选择易于成活、枝叶茂盛、根系发达、茎低矮、多年生、便于养护和经济的草籽种类。撒播草籽应在无风、气温15℃以上的天气进行,避免干燥的风季和暴雨季播种。为使草籽均匀分布,草籽应掺加细砂或细土,搅拌均匀后播撒。

7)再覆土

撒播草籽后,网上面再均匀覆盖一薄层土,并适当拍实,使边坡表面平整,并保证使土盖住草籽。网上覆上总厚度约为2cm。

8)覆盖纤维布或稻草、秸秆

为了让草籽尽快发芽,边坡上面应考虑采用纤维布或稻草、秸秆等进行覆熏,使土壤保持湿润和适宜草籽生长的温度。

9)浇水养护

种植草籽后应适时进行洒水施肥,清除杂草等养护管理,直到草籽成活并覆盖坡面。浇水时最好采用雾状喷施,防止形成径流,以免造成草籽分布不均匀而影响覆盖率和美观。

10)养护期加强管理

应有效地养护所有种植面上的植物,直到养护期终止。

(三)客土喷混植生施工

1. 施工工艺流程

客土喷混植生施工工艺流程见图3-22。

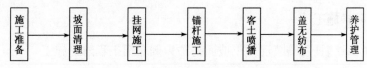

图3-22 客土喷混植生施工工艺流程

2. 施工要点

1)施工准备

设安全防护区:施工现场附近,禁止行人、车辆通过,界定安全防护区,在施工场地两头设施工标志。

2）坡面清理

施工前应对路基施工队移交的边坡进行全面检查，施工人员应佩戴安全带、悬挂安全绳，清理工作自上而下，清除坡面浮石、危石、泥土、碎石，对凸出较多的坡面进行平整，尽可能清除不利草籽生长的石块和建筑垃圾等杂物。

3）挂网施工

为有效防止岩石表面局部崩塌的发生，给岩石坡面植被提供一个稳定的生长基础，在岩石边坡表面需铺设双层菱形 $\phi 2mm$ 号镀锌铁丝网，网孔规格为 $5cm \times 5cm$。挂网时网面应尽量紧贴岩面，自上而下放卷，两张网重叠部分不小于 $10cm$。镀锌网的铺设应保持坡顶处及坡体两侧覆盖不小于 $1m$，小于 $1m$ 时应用更多锚杆固定，局部岩石面不平整处应加密锚杆。铺设双层镀锌网可以有效地防止水土流失，对保持客土稳定性具有良好的效果，两层网之间应相隔 $3 \sim 5cm$。

4）锚杆施工

用风钻在坡面钻孔，打 $\phi 16mm$ 长度为 $80cm$ 的锚杆，间距为 $0.5m$，呈梅花形布置，用于固定镀锌网，同时与镀锌网一起对岩面进行加固，防止坡面局部崩塌。锚杆与网连接处用绑扎铁丝固定。

5）客土喷播

喷射有机材料混合物，配置好基材，控制好喷射的力度及喷身速度，喷身厚度必须符合设计要求，做到厚度均匀，不能在降雨、暴风、台风时施工。喷射施工后几小时内如有降雨，必须采取防护措施。喷植厚度为 $7 \sim 9cm$，分基层和面层两层，面层含有种子。

6）盖无纺布

为保证多雨季节，植物种子生根前免受雨水冲刷；寒冷季节，植物种子和幼苗免受冻伤害；正常施工季节的保温保湿及提高种子的发芽率和成活率，要求采用无纺布（或遮阴网）覆盖，覆盖时应用U形钉或细铁丝固定，这样可防止早期无纺布被风吹跑，其目的一是预防成型后的作业面被雨冲刷；二是可保温保湿，促进植物的生长。覆盖后应注意观察种子发芽和生长情况，待植株长到 $5 \sim 6cm$ 或 $2 \sim 3$ 个叶片后，揭掉遮阴网或无纺布，揭布之前应适当露苗锻炼，然后逐步揭布，禁止晴天猛然揭布。

7）养护管理

植物种子从出芽到幼苗期间，必须浇水养护，保持土壤湿润。从开始坚持每天早晨浇一次水（火热夏季早晚各浇水一次），浇水时应将水滴雾化（有条件的地方可以安装雾化喷头），随后随植物的生长可逐渐减少次数，并根据降水情况调整。

在草坪逐渐生长过程中，应对其适时施肥和防治病虫害，施肥坚持"多次少量"的原则。喷播完成后一个月，应全部检查植草生长情况，对生长明显不均匀的位置予以补播。

二、工程防护施工

本书以护面墙、挂网锚喷混凝土坡面防护为例介绍工程防护施工。

（一）护面墙施工

1. 施工工艺流程

护面墙施工工艺流程见图3-23。

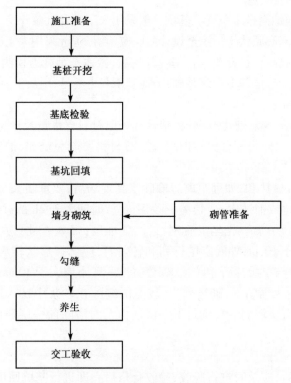

图 3-23 护面墙施工工艺流程

2. 施工要点

1)施工准备

(1)技术准备。

①认真学习施工设计图纸,复核图纸有无错误及标识不清楚之处。学习招标文件、施工规范及国家标准要求,确定施工所需材料及设备,编制施工方案及劳动力需求计划。

②确定各种材料的参数及水泥砂浆配比参数。

③对参加施工的全体人员进行技术交底和安全技能教育,做到"施工工艺人人懂,安全生产大家知"。

④测量人员对浆砌、干砌石护砌的区域进行定位放线,保证结构尺寸,并负责监控其高程及坡度。

(2)场地准备。

准备足够的原材料、现场发电设备及搅拌机械设备堆放场地。对浆砌、干砌石护砌施工工作面进行整理,保证足够的施工空间和施工畅通。

(3)材料准备。

①根据进度要求,提前列出详细的材料计划,备足所需的各种材料。

②各种原材料分区放在搅拌机械设备周围的堆料区,并且保证材料质量。

(4)机械设备的准备。

①施工使用设备进场后进行检修调试,满足开工后设备保持正常运转。

②现场所需生产用水通过水车运至现场砌筑的水池,现场所需生产用电通过 30kW 发电机提供,并配备漏电保护装置。

2)基坑开挖及基底检验

基坑开挖前疏通地面排水系统。基坑一般采用人工配合机械开挖。采用挖掘机开挖时严禁超挖,避免扰动基底原状土。挖至设计基底应预留20cm采用人工刷底、修整,确保基底平整,几何尺寸及基底高程符合要求。基坑开挖后,做地基承载力检测试验,若地基承载力满足要求,可直接在天然地基上砌筑基础;若地基承载力不足,用灰土换填夯实处理。

3)浆砌片石基础

(1)基础采用M7.5浆砌片石砌筑,结合现场原材料含水量及计量器具换算出相应的施工配合比,现场挂示砂浆配合比标识牌;砂、石材料要避免受泥、油污染,水泥要做好防水防潮工作。

(2)砂浆采用机械拌和,如远距离运输砂浆到现场后,要重新人工拌匀。砌筑现场堆放砂浆的场地应硬化或铺铁皮,严禁污染砂浆,存放时间大于2h的砂浆禁止使用。

(3)片石必须分层砌筑,先坐浆后砌石,严禁堆砌,每2~3层为一工作层,各工作层竖缝应相互错缝大于10cm;外圈定位行列和转角石,应选择形状较为方正及尺寸较大的片石,并长短相间地与里层片石相咬接,砌缝宽度一般不应大于40mm。

(4)砌筑时片石大面朝下,砌筑稳当,较宽的缝隙在砂浆中挤入适当的小石块填充,严禁单纯用砂浆或石块填满。每砌筑下一层前应及时清除前一层表面余渣并洒水,严禁其他杂质留在砌筑层。

4)基坑回填

基础砌筑完成后,应及时进行验收,验收合格后立即进行基坑回填。基坑回填要求分层填筑压实。

5)墙身砌筑

(1)墙身采用M7.5浆砌片石砌筑,砌筑要求同基础。

(2)用做镶面的片石选择表面平整、尺寸较大者,并稍加修整,砌筑时棱角尽可能咬合。

(3)墙身错缝砌筑,不得做成水平和垂直的通缝。

(4)墙身砌筑现场必须竖有坡度线,横有水平线。坡度线稳固准确,水平线层层见平,保证几何尺寸准确。

(5)砌体分段位置设于沉降缝处。分段长度为10~15m或按图纸的要求进行设置。砌筑前先用木板按设计结构断面和坡度置于沉降缝位置,计算层数选好用料,以控制平面高度和坡度。伸缩缝(沉降缝)用沥青麻絮填塞,深入墙体10~20cm。

(6)砌体封顶层严禁砂浆抹面,要求挑选好的两面片石压顶,既要保证正面平整又要保证顶层线形顺畅,大面平整。压顶适当嵌入墙背,防止渗水。

(7)砌体采用M10砂浆勾凹缝,石砌体勾缝应嵌入砌缝内约20mm深。缝槽深度不足时,应凿够深度后再勾缝,宽度不大于2cm。并勾缝前洒水湿润,经现场报验合格后,方可开始。

(8)砌体在浆砌和勾缝中要及时养护,洒水养生时间为7~14d。

6)排水设施

(1)护面墙施工时做好墙身排水系统,保持基坑干燥。

(2)泄水孔间距为2~3m,最下一排泄水口设置离地面高度不得小于30cm,上下交错布置,横坡坡度采用4%。

(二)挂网锚喷混凝土坡面防护施工

1. 施工工艺流程

挂网锚喷混凝土坡面防护工程施工工艺流程见图3-24。

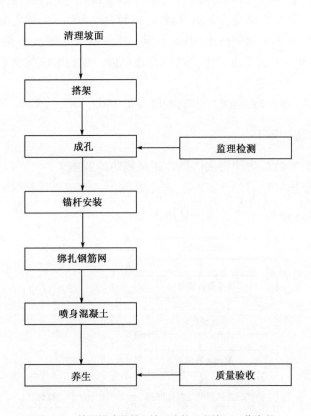

图3-24 挂网锚喷混凝土坡面防护工程施工工艺流程

2. 施工要点

1)清理坡面

将坡面上的危石、杂草、树木、松土、浮渣清理,并用高压水冲洗坡面,并使岩面保持一定湿度。

2)搭架

喷射混凝土是高空作业,所以要求排架必须牢固稳定,必须备有安全绳及安全防护网。

3)锚杆孔及排水孔成孔

除满足设计要求外,还要注意成孔角度,锚杆孔尽量垂直于自然坡面,利于挂网,排水孔要水平位置上仰10°,以保证排水通畅。

4)锚杆安装

成孔后先进行注浆,注浆按照配合比制备。锚杆使用前应平直、除锈、除油。注浆时若孔上无砂浆溢出应及时补浆,之后插入锚杆,注意锚杆稳定后,不要随意敲击,3d内不准悬挂重物。每段工程应对锚杆进行抗拔试验。

5)绑扎钢筋网

铺设钢筋网时要随坡面起伏而变化。搭接要牢固,并注意与锚杆连接牢固。

6)喷射混凝土

喷射混凝土前要做好排水孔保护,以保证喷混凝土后排水通畅。喷前受喷面要设立控制喷射厚度的标志,喷射时应分段,分片由下而上进行,先凹后凸进行作业,并不得漏喷。喷射混凝土每次喷射厚度为5cm,喷射距离为80~100cm。喷射时做20~25cm圆圈运行,一圈压一圈,应尽量避免回弹,不流不淌。喷射混凝土厚度不得小于设计厚度。气温低于5℃,或大风妨碍射手进行工作时应停止喷射。喷射时应按要求设置伸缩缝。

7)养生

喷射终凝后2h即开始养生,养生期不得少于14d。

三、骨架植物防护施工

本书以拱形骨架植草防护为例讲解骨架植物防护的施工。

1.施工工艺流程

拱形骨架植草防护施工工艺流程见图3-25。

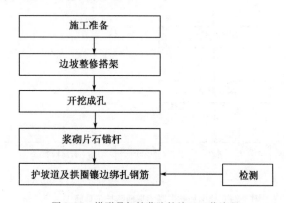

图3-25 拱形骨架植草防护施工工艺流程

2.施工要点

1)施工准备

组织技术人员对拱形护坡图纸进行了复核,并与现场实地情况进行了核对,施工图纸与实际相符。对施工班组进行了技术交底,明确了技术和质量控制要点。对拱形护坡进行了施工放样工作。完成了原材料(片石、砂、碎石、水泥等)的各项标准试验,并对进场材料进行了抽样检验。

2)边坡整修

拱形护坡路基段成型后,施放路基边线,人工对边坡进行整修,使坡度符合设计要求,做到坡面平整、无虚土。在整修边坡前做好坡度尺以便随时检查和复核边坡坡度。

3)基础及拱圈、直墙开挖

按照设计图纸放出基础及拱圈、直墙开挖线,人工进行开挖,确保位置准确,深度及宽度符合要求。

4)浆砌片石

采用M7.5浆砌片石砌筑,结合现场计量器具换算出相应的施工配合比,现场挂示砂浆配合比标识牌;砂、石材料要避免受泥、油污染,水泥要做好防水防潮工作。

砂浆采用机械拌和,对于远距离运输的砂浆,到现场后,要重新人工拌匀。砌筑现场堆放砂浆的场地应硬化或铺铁皮,严禁污染砂浆,存放时间大于 2h 的砂浆禁止使用。

片石采用挤浆法施工,分层砌筑,先坐浆后砌石,严禁堆砌,选择形状较为方正及尺寸较大的片石(片石厚度不宜小于 15cm,片石强度不小于 30MPa),并长短相间地与里层片石相咬接,错缝一般为 7~8cm,砌缝宽度一般不大于 20mm。用作镶面的片石选择表面平整、尺寸较大者,并稍加修整,砌筑时棱角尽可能咬合。

每道直墙均挂坡度线,保证拱圈和直墙在同一平面内。砌筑时片石大面朝下,砌筑稳当,较宽的缝隙在砂浆中挤入适当的小石块填充,严禁单纯用砂浆或石块填满。

砌体采用 M10 砂浆勾平缝或突缝,宽度不大于 2cm。砌体在勾缝前须认真清理或凿刻石料缝隙,并清理干净洒水湿润,经监理工程师同意后方可勾缝。

砌体在浆砌和勾缝中要及时养护,洒水养生时间为 7~14d。

拱形护坡每隔 14.5m 设一道伸缩缝,缝宽 2cm,缝内用沥青麻絮或沥青木板条填塞,填塞深度不小于 10cm。顶面用大平整的片石整平或用 M10 砂浆抹面。

5)护坡道及拱圈镶边

C20 混凝土预制块在预制场预制成型,模具使用定型钢模板,预制完成后,及时进行养护,养护时间不得低于 7d,浆砌拱形骨架完成后用 C20 预制块(预制块强度不得低于75%)进行镶边,镶边后保证拱圈线形圆滑,混凝土块安放牢固,砂浆饱满、密实。

6)骨架内植草

(1)骨架砌筑完成后,应将坡面整平,清除杂草,铺设固土网垫与坡面密贴,然后在固土网垫上覆盖植被土 2~3cm 厚,再次进行坡面平整拍实。

(2)根据选取的土壤肥力、肥料种类、土质特点、当地气候及水文等具体情况,选定喷播物料,并通过试验分析确定配比,以改善路基边坡土壤的酸碱度和土壤肥力。

(3)把水、喷播物料和种子人工拌和均匀,并送至高压喷射机内,喷射机尽可能与边坡面成垂直,注意喷射厚度要均匀,不留死角。

(4)喷播完毕后,采用黑色无纺布覆盖喷水养护,根据天气情况,采取高压喷雾器喷洒水养护。喷水时注意控制喷头与坡面的距离和移动速度,保证坡面不形成径流,冲走混合物料及草种。

任务四 路基挡土墙施工

任务描述

挡土墙作为路基工程常见防护形式之一,是确保路基边坡稳定的重要措施,挡土墙形式多样,如重力式挡土墙、加筋土挡土墙、锚定式挡土墙等。本任务以重力式挡土墙施工为基础,完成本任务,使学生具备挡土墙施工、现场质量检测及记录的能力,能完成挡土墙施工细则编写工作。

学习目标

◆知识目标
1. 掌握路基挡土墙施工的方法;
2. 掌握路基挡土墙的施工工序;
3. 掌握路基挡土墙施工测量的内容与步骤;
4. 掌握路基挡土墙施工质量控制的要点和方法。

◆技能目标
1. 会进行路基挡土墙施工放样;
2. 会初步判断防护工程混凝土、石料、土的可用性;
3. 会填写施工记录表和中间质量检查表。

◆能力目标
能进行路基挡土墙施工,能编写路基挡土墙施工细则。

一、重力式(砌体)挡土墙施工

(一)施工工艺

重力式挡土墙施工工艺流程见图3-26。

(二)施工要点

1. 测量放样

根据施工图划分施工段,精确测定挡土墙墙趾处路基中心线及基础主轴线、墙顶轴线、挡土墙起讫点和横断面,每根轴线均应在基线两端延长线上设4个桩点(每端两点),并分别以素混凝土包封保护。路基中轴线应加密桩点,一般在直线段每15~20m设一桩,曲线段每5~10m设一桩,并应根据地形和施工放样的实际需要增补横断面。放桩位时,应测定中心桩及挡土墙的基础地面高程,临时水准点应设置在施工干扰区域之外,施测结果应符合精度要求并与相邻路段水准点相闭合。

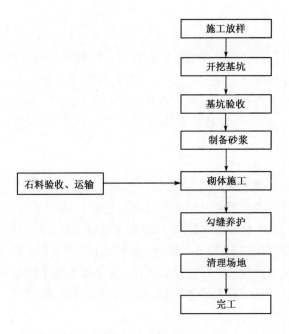

图 3-26　重力式挡土墙施工工艺流程

2. 开挖基坑

开挖前应在上方做好截、排水设施，坑内积水应及时排干。挡土墙应随挖、随下基、随砌筑，及时进行回填。在岩体破碎或土质松软、有水地段，修建挡土墙宜在旱季施工；并应结合结构要求适当分段、集中施工，不应盲目全面展开。开挖基坑时应核查地质情况，挡土墙墙基嵌入岩层应符合设计要求。挖基时遇到地质不符合、承载力不足时，应及时报批，处理合格后再施工。墙基位于斜坡地面时，其趾部进入深度和距地面的水平距离应符合设计要求；墙基高程不能满足施工图要求时，必须通过变更设计后施工。采用倾斜基底时，应准确挖凿成型，不得用填补方法筑成斜面。明挖基础基坑，应及时回填夯实，顶面做成不小于 4% 的排水横坡。对湿陷性黄土地基，应注意采取防止水流下渗的措施。

3. 拌制砂浆

砌体工程所用砂浆的强度等级应符合施工图要求，当施工图未提出要求时，主体工程不得小于 M10，一般工程不得小于 M5。砂浆应用机械拌制。拌制时，宜先将 3/4 的用水量和 1/2 的用砂量与全部胶结材料在一起稍加拌制，然后加入其余的砂和水。拌制时间不少于 2.5min，一般为 3～5 min，时间过短或过长均不适宜，以免影响砌筑质量；砂浆按施工配合比配制，应具有适当的流动性和良好的和易性，其稠度宜为 10～50mm。现场也可用手捏成小团，以指缝不出浆，松手后不松散为宜，每批砂浆均应抽检一组试块；运输一般使用铁桶、斗车等不漏水的容器运送。炎热天气或雨天运送砂浆时，容器应加以覆盖，以防砂浆凝结或受雨淋而失去应有的流动性；冬期（昼夜平均气温低于 +5℃）施工时，砂浆应加保温设施，防止受冻而影响砌体强度。砂浆应随拌随用，应根据砌筑进度决定每次拌制量，宜少拌快用。一般宜在 3～4h 内使用完毕，气温超过 30℃ 时，宜在 2～3h 内用完。在运输过程中或在储存器中发生离析、泌水的砂浆，砌筑前应重新拌制。已凝结的砂浆不得使用。

4. 砌筑施工

1) 砌筑基础

砌筑前,应将基底表面风化、松软的土石清除。砌筑要分段进行,每隔 10～20m 或在基坑地质变化处设置沉降缝。硬石基坑中的基础,宜紧靠坑壁砌筑,并插浆塞满间隙,使与地层结为一体。雨季在土质或风化软石基坑中砌筑基础时,应在基坑挖好后,立即铺砌一层。采用台阶式基础时,台阶转折处不得砌成竖向通缝;砌体与台阶壁的缝隙应插浆塞满。

2) 搭设脚手架

搭脚手架应根据负载要求进行工艺设计,并对作业人员进行技术交底。采用的茅竹、杉木、钢管、跳板等材料都应经质量检验符合有关规定,一般搭设平台高为 1.9～2.0m,宽 0.8～1.2m。搭脚手架时主杆要垂直,立杆时先立角柱,然后立主柱,主力柱完成后,再开始绑扎大小横杆。脚手架搭至 3～5m 高时,就要加十字撑,十字撑与地面的角度控制在 45°以内,十字撑的交叉点宜绑扎在柱或横杆上,确保脚手架牢固稳定。由于脚手架的侧向刚度差,为了加强稳定性,可与墙体连接,使用中要定期检查,发现问题及时加固处理。

3) 挂线找平

按照墙面坡度、砌体厚度、基底和路肩高程可以设两面立杆挂线或固定样板挂线,对高度超过 6m 的挡土墙宜分层挂线。所挂外面线应顺直整齐,逐层收坡,内面线应大致适顺,以保证砌体各部尺寸符合施工图要求,并在砌筑过程中经常校正线杆。

4) 选修片石

石块在砌筑前浇水湿润,表面泥土、水锈应清洗干净。根据铺砌的位置选择合适的块石,并进行试放。砌体外侧定位石与转角石应选择表面平整、尺寸较大的石块,浆砌时,长短相间并与里层石块咬紧,分层砌筑应将大块石料用于下层,每处石块形状及尺寸搭配合适。缝较宽者可塞以小石子,但不能在石块下部用高于砂浆层的小石块支垫。排列时,石块应交错,坐实挤紧,尖锐凸出部分应用手锤敲除不贴合的棱角。

5) 砌筑墙身

砌筑墙身采用挤浆法分层、分段砌筑。分段位置设在沉降缝或伸缩缝处,每隔 10～20m 设一道,缝中用 2～3cm 厚的木板隔开。沉降缝和伸缩缝可合并设置。分段砌筑时,相邻层的高差不宜超过 1.2m。片石分层砌筑时以 2～3 层砌块组成一个工作层,每一个工作层的水平缝应大致找平,各工作层竖缝相互错开,不得贯通。砌缝应饱满,表层砌缝宽度不得大于 4cm,铺砌表面与三块相邻石料相切的内切圆直径不得大于 7cm,两层间的错缝不得小于 8cm。一般砌石顺序为先砌角石,再砌面石,最后砌腹石。角石应选择比较方正、大小适宜的石块,否则应稍加清凿。角石砌好后即可将线移挂到角石上,再砌筑面石(即定位行列)。面石应留一送腹石料缺口,砌完腹石后再封砌缺口。腹石宜采取往运送石料方向倒退砌筑的方法,先远处,后近处。腹石应与面石一样按规定层次和灰缝砌筑整齐、砂浆饱满。砌块底面应坐浆铺砌,立缝填浆补实,不得有空隙和立缝贯通现象。砌筑工作中断时,可将砌好的砌块层空隙用砂浆填满。再砌时,表面要仔细清扫干净,洒水湿润。砌体勾凸缝时,墙体外表浆缝需留出 1～2cm 深的缝槽,以便砂浆勾缝。砌筑上层砌块时,应避免振动下层砌块;砌筑中断后恢复时,应将砌体表面加以清扫、湿润,再坐浆砌筑。浆砌片石应及时覆盖,并经常洒水保持湿润。砌体在当地昼夜平均气温低于

+5℃时不能洒水养护,应覆盖保温、保湿,并按砌体冬期施工规定执行。

6)安设泄水管

墙身砌筑过程中应按施工图要求做好墙背防渗、隔水、排水设施。砌筑墙身时应沿墙高和墙长设置泄水孔,按上下左右每隔2~3m交错布置。折线墙背的易积水处亦应设置。泄水孔的进水侧应设置反滤层,厚度不小于0.3m。在最低排泄水孔的下部,应设置隔水层,不使积水渗入基底。泄水孔一般采用梅花形等间距布置,孔径为100mm,材料采用毛竹或PVC塑料管。挡土墙顶面一般采用砂浆抹面或面石作顶。挡土墙顶面内侧与山体连接处要用黏土夯实,防止渗水。当墙背土为非渗水土时,应在最低排泄水孔至墙顶以下0.5m高度内,填筑不小于0.3m厚的砂砾石等过滤层。挡土墙地段侧沟,采用与挡土墙同强度等级的水泥砂浆砌筑,并与挡土墙一同砌成整体。当挡土墙较高时,应根据需要设置台阶或检查梯,以利检查、维修、养护。

5. 勾缝养护

砌体勾缝,除设计规定者外,一般采用平缝或平缝压槽。平缝应随砌随用灰刀刮平。勾缝砂浆不得低于砌体砂浆强度,对勾缝砂浆应注意压实和外表美观。勾缝应嵌入砌体内约2cm深,缝槽深度不足时,应凿够深度,勾缝前应清扫和湿润墙面。浆砌片石挡土墙砌筑完后,砌体应及时以浸湿的草帘、麻袋等覆盖,经常保持湿润。一般气温条件下,在砌完后的10~12h以内,炎热天气在砌完后2~3h以内即须洒水养护,洒水养护期不得少于7d。在养护期间,一般砂浆在强度尚未达到施工图标示强度的70%以前,不可使其受力。已砌好但砂浆尚未凝结的砌体,不可使其承受荷载。如砂浆凝结后砌块有松动现象,应予拆除,刮净砂浆,清洗干净后,重新安砌。

6. 墙背回填

(1)墙背填筑按施工图要求分层回填、夯实。

(2)一般情况下,应尽可能采用透水性好、抗剪强度高且稳定、易排水的砂类土或碎(砾)石类土等。严禁使用腐殖质土、盐渍土、淤泥等作为填料,填料中不得含有有机物、冰块、草皮、树根等杂物和生活垃圾。

(3)墙背填料的填筑,需待砌体砂浆或混凝土强度达到75%以上方可进行。

(4)墙后回填要均匀,摊铺要平整,并设不小于3%的横坡,逐层填筑,逐层碾压夯实,不允许向墙背斜坡填筑。

(5)墙背回填应由最低处分层填起,若分几个作业段回填,两段交接处不在同一时间填筑,则先填地段应按1:1的坡度分层留台阶;若两个地段同时填筑,则应分层相互交叠衔接,其搭接长度不得小于2m。

(6)每一压实层均应检验压实度,合格后方可填筑其上一层,否则应检明原因,采取措施进行补充压实,直至满足要求。

二、锚杆挡土墙施工

(一)施工工艺

锚杆挡土墙施工工艺见图3-27。

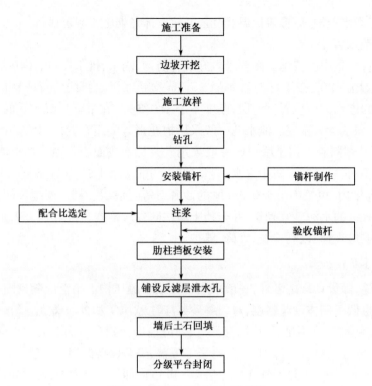

图 3-27 锚杆挡土墙施工工艺流程

(二)施工要点

1. 施工准备

复核设计图纸,领会设计意图,拟定施工方案,组织三级技术交底及安全交底;根据设计图纸,选择砂浆及混凝土配合比,按设计坡率清理边坡。

构件可采用工厂或就地预制,采用何种形式要根据现场实际和施工单位条件而定。一般当施工现场场地狭窄,选择工厂预制,可保证面板质量,但在运输过程中要采取有效措施防止构件破损。面板在运输和堆放时要竖立,不可平放堆叠。

预制场地要平整加固,当采用底垫时也可不设置混凝土地面;面板预制模板以组合钢模板为佳,若采用木模时应内衬铁皮;模具要涂刷隔离剂,使用后要及时清理。

按规范要求做好钢筋及预埋件的下料、弯制、绑扎、焊接等工作,预制时应控制好预埋件(预埋孔)位置和混凝土保护层厚度,不得有露筋现象。

按照配合比配置干硬性或半干硬性混凝土,严格控制用水量。采用混凝土振动器振捣混凝土,边角处辅以人工捣固,确保混凝土密实;按规定做好构件的脱模、养护,当混凝土达到一定强度后可集中养护28d。

2. 边坡开挖

锚杆挡土墙应自下而上进行施工,施工前,应清除岩面松动石块,整平墙背坡面;边坡开挖,一般要跳槽开挖,除尽量缩短工期外,还应根据情况考虑临时支撑,以免山坡坍塌,影响锚杆抗滑力。

3. 施工放样

复测定线,恢复中心线,定出肋柱的基线桩,准确定出挡土墙位置和高程;测定孔位,用仪器测出各个锚孔的位置,并设置孔位方向桩,以便校正。

4. 钻孔

根据施工图所规定的孔位、孔径、长度与倾斜度,可采用冲击钻或旋转钻钻孔,钻孔采用干作业法,要做好钻孔地质记录,成孔孔壁必须顺直、完整。

钻孔深度需超过挡土墙后的主动土压力区和已有的滑动面,并需在稳定土层中达到足够的有效锚固长度。当岩层风化程度严重或其性质接近土质地层时,可加用套管钻进,以保证钻孔质量。

在岩石低端钻至要求的深度成孔后,用高压风清孔,将孔内壁及根部残留废土清除干净。严禁用水冲洗。

5. 锚杆制作安装

锚杆类型规格及性能应与设计相符合,应按施工图尺寸下料、调直、除污、制作。

插入钻孔的锚杆要顺直,并应除锈,在锚固段部分一般用水泥砂浆防护;锚杆孔外部分需做防锈层,采用在钢筋表面涂防锈底漆,再包扎沥青麻布两层或塑料套管及化学涂料等方法进行防锈。如防锈层局部遭到破坏,应及时加以处理。

锚杆放入孔内,为使在孔内居中,可沿锚杆长度间隔2m左右焊接以对定位支架。孔位允许偏差为±50mm,深度允许偏差为+50mm、-10mm。

清孔完毕后应及时安装锚杆,把预制好的锚杆钢筋缓慢地送入钻孔内,定位支架在锚杆下部撑住孔壁,插入锚杆时应将灌浆管与锚杆钢筋同时放至钻孔底部。预制的锚杆钢筋应保持顺直。

有水地段安装锚杆,应将孔内水排除或采用早强速凝药包式锚杆。

6. 注浆

按施工配合比采用搅拌机拌制砂浆,随拌随用,经过2.5mm×2.5mm的滤网倒入储浆桶,桶内水泥砂浆在使用前仍需低速搅拌,以防止砂浆离析。

压浆用砂子以中砂为宜,配合比一般为1:1(质量比)、水胶比不大于0.50的水泥砂浆,同时尽可能采用膨胀水泥。为避免孔内产生气垫,压浆泵料仓内要始终有一定的砂浆。

采用重力灌浆与压力灌浆相结合的方法灌注。先将内径5cm的胶管与锚杆同时送入距锚孔底10cm处,用灌浆泵(灌浆压力为0.3MPa左右)使砂浆在压力下自孔底向外充满。随浆灌注,把灌浆管从孔底朝孔口缓慢匀速拔出,但要保持出管口始终埋入砂浆1.5~2.0m。当砂浆灌至孔口时立即减压为零,以免在孔口形成喷浆。灌浆管拔出后立即将制作好的封口板塞进孔口,灌浆结束。

砂浆锚杆安装后,不得敲击、摇动,普通砂浆在3d、早强砂浆在12h内不得在杆体上悬挂重物。

7. 肋柱挡板安装

待锚杆孔内砂浆达到设计强度70%以后,方可进行立柱和挡板安装工作。安装挡板时,应随时做反滤层和墙背回填。

挡板安装前应将飞边打掉,防止安装后超出柱顶,对立柱、挡板的倒运、安装,应符合混凝土强度要求,并防止碰撞和剧烈振动,以免损坏构件。

锚杆挡土墙立柱间距应要求正确或用卡尺固定,以使挡板和柱搭接部分尺寸符合施工图要求;挡板与立柱搭接部分接触面应保持平整,可填入少量砂浆,避免产生集中受力。

锚杆焊接、锚固及防锈是锚杆施工中的关键工序,应严格按施工工艺操作。

8. 铺设反滤层泄水孔

泄水孔按施工图要求设置,孔径为100mm,当墙背土为非渗水土时,应在最低排泄水孔至墙顶以下0.5m高度内,填筑不小于0.3m厚的砂砾石等反滤层。

9. 墙后土石回填

挡板后填料应均匀,不应填入大块石料以免挡墙集中受力。

10. 分级平台封闭

分级式挡土墙平台应回填密实,并做好泄水坡或设排水护板。

任务五　路基防护工程质量检验评定

任务描述

本任务是对路基防护工程质量的全面检查,通过本任务的学习,使学生能够进行路基防护工程的外观检测、实测项目的检测,能够对路基防护工程进行检验评定,并能够完成相关内业资料的整理与归档,组织路基防护工程的交工验收。

学习目标

◆知识目标
1. 掌握路基防护工程质量检测的内容和程序;
2. 掌握路基防护工程质量检测资料整理的原则和要求;
3. 掌握路基防护工程外观检查内容和要求;
4. 掌握路基防护工程实测项目和检测方法;
5. 掌握路基防护工程质量评定的要求和程序。

◆技能目标
1. 会进行路基防护工程外观检查;
2. 会进行路基防护工程几何尺寸检查;
3. 会填写路基防护工程施工质量检测资料。

◆能力目标
1. 能进行路基防护工程施工质量检测;
2. 能进行路基防护工程质量评定;
3. 能进行路基防护工程内业资料整理和归档。

一、路基防护工程质量检验

(一)路基坡面防护工程质量检验

1. 坡面砌石防护工程质量检验

1)基本要求

(1)石料质量、规格及砂浆所用材料的质量应符合设计要求。

(2)砌块应错缝砌筑、相互咬紧;浆砌时砌块应坐浆挤紧,嵌缝后砂浆饱满,无空洞现象;干砌时不松动,无叠砌和浮塞。

2)外观鉴定

砌体边缘直顺,外露表面平整。勾缝平顺,缝宽均匀,无脱落现象。

3)实测项目、检验方法及频率

浆砌砌体实测项目见表3-16。

浆砌砌体实测项目　　　　　　　表3-16

项次	检查项目	规定值或允许偏差		检查方法与频率	权值
1△	砂浆强度	在合格标准内		按《公路工程质量检验评定标准　第一册　土建工程》(JTG F80/1—2010)附录F检查	3
2	顶面高程(mm)	料、块石	±15	水准仪：每20m抽查3点	1
		片石	±20		
3	坡度或竖直度(%)	料、块石	0.3	吊锤线：每20m检查3点	2
		片石	0.5		
4△	断面尺寸(mm)	料石、混凝土块	±20	尺量：每20m检查2处	2
		块石	±30		
		片石	±50		
5	表面平整度(mm)	料石、混凝土块	10	2m直尺：每20m检查5处×3尺	2
		块石	20		
		片石	30		

注：△为关键检测项目。

2. 挖方边坡锚喷防护工程质量检验

1) 基本要求

(1) 锚杆、钢筋和土工格栅的强度、数量、质量和规格必须符合设计和有关规范的要求。

(2) 混凝土及砂浆所用的水泥、砂、石、水和外掺剂必须符合有关规范的要求，按规定的配合比施工。

(3) 边坡坡度、坡面应符合设计要求。岩面应无风化、无浮石，喷射前必须用水冲洗。

(4) 钢筋应清除污锈，钢筋网与锚杆或其他锚固装置连接牢固，喷射时钢筋不得晃动。

(5) 锚杆插入锚孔深度不得小于设计长度的95%，孔内砂浆应密实、饱满。

(6) 喷射前应做好排水设施，对个别漏水空洞的缝隙应采用堵水措施，确保支护质量。

(7) 钢筋、土工格栅或锚杆不得外露，混凝土不得开裂脱落。

2) 外观鉴定

混凝土表面密实，不得有突变；与原表面结合紧密，不应起鼓。

3) 实测项目、检验方法及频率

锚喷防护实测项目见表3-17。

锚喷防护实测项目　　　　　　　表3-17

项次	检查项目	规定值或允许偏差	检查方法和频率	权值
1△	混凝土强度(MPa)	在合格标准内	按《公路工程质量检验评定标准　第一册　土建工程》(JTG F80/1—2004)附录E检查	3

续上表

项次	检查项目	规定值或允许偏差	检查方法和频率	权值
2△	砂浆强度(MPa)	在合格标准内	按《公路工程质量检验评定标准 第一册 土建工程》(JTG F80/1—2004)附录F检查	3
3	锚孔深度(mm)	不小于设计值	尺量;抽查10%	1
4	锚杆(索)间距(mm)	±100	尺量;抽查10%	1
5△	锚杆拔力(kN)	拔力平均值≥设计值,最小拔力≥0.9设计值	拔力试验;锚杆数1%,且不少于3根	3
6	喷层厚度(mm)	平均厚≥设计厚,60%检查点的厚度≥设计厚度,最小厚度≥0.5设计厚度,且不小于设计规定	尺量(凿孔)或雷达断面仪;每10m检查1个断面,每3m检查1点	2
7△	锚索张拉应力(MPa)	符合设计要求	油压表:每索由读数反算	3
8	张拉伸长率(%)	±6或按设计要求	尺量:每索	2
9	断丝、滑丝数	每束1根,且每断面不超过钢线总数的1%	目测:逐根(束)检查	2

注:1. 实际工程中未涉及的项目不参与评定。
2. △为关键检测项目。

(二)路基挡土墙防护工程质量检验

1．砌体挡土墙质量检验

1)基本要求

(1)石料或混凝土预制块的强度、规格和质量应符合有关规范和设计要求。
(2)砂浆所用的水泥、砂、水的质量应符合有关规范的要求,按规定的配合比施工。
(3)地基承载力必须满足设计要求,基础埋置深度应满足施工规范要求。
(4)砌筑应分层错缝。浆砌时坐浆挤紧,嵌填饱满密实,不得有空洞;干砌时不得松动、叠砌和浮塞。
(5)沉降缝、泄水孔、反滤层的设置位置、质量和数量应符合设计要求。

2)外观鉴定

(1)砌体表面平整,砌缝完好、无开裂现象,勾缝平顺,无脱落现象。
(2)泄水孔坡度向外,无堵塞现象。
(3)沉降缝整齐垂直,上下贯通。

3)实测项目、检验方法及频率

浆砌挡土墙施工质量标准见表3-18。

浆砌挡土墙施工质量标准　　　　表3-18

项次	检查项目	规定值或允许偏差	检查方法和频率	权值
1△	砂浆强度(MPa)	在合格标准内	按《公路工程质量检验评定标准 第一册 土建工程》(JTG F80/11—2004)附录F检查	3
2	平面位置(mm)	50	经纬仪:每20m检查墙顶外边线3点	1

续上表

项次	检查项目		规定值或允许偏差	检查方法和频率	权值
3	顶面高程(mm)		±20	水准仪:每20m检查3点	1
4	竖直度或坡度(%)		0.5	吊垂线:每20m检查2点	1
5△	断面尺寸(mm)		不小于设计值	尺量:每20m量2个断面	3
6	底面高程(mm)		±50	水准仪:每20m检查1点	1
7	表面平整度(mm)	混凝土块、料石	10	2m直尺:每20m检查3处,每处检查竖直和墙长两个方向	1
		块石	20		
		片石	30		

注:△为关键检测项目。

2. 锚杆、锚碇板和加筋土挡土墙质量检验

1)基本要求

(1)混凝土所用的水泥、砂、石、水和外掺剂的规格和质量必须符合有关规范的要求,按规定的配合比施工。

(2)地基强度应符合设计要求。

(3)锚杆、拉杆或筋带的强度、质量和规格,必须满足设计和有关规范的要求,根数不得少于设计数量。

(4)筋带须理顺,放平拉直,筋带与面板、筋带与筋带连接牢固。

(5)混凝土不得出现露筋和空洞现象。

2)外观鉴定

(1)预制面板表面平整光洁,线条顺直美观,不得有破损翘曲、掉角啃边等现象。

(2)蜂窝、麻面面积不得超过该面面积的0.5%,深度超过1cm的必须处理。

(3)混凝土表面不出现非受力裂缝。裂缝宽度不得超过设计规定或设计未规定时不得超过0.15mm。

(4)墙面直顺,线形顺适,板缝均匀,伸缩缝贯通垂直。

(5)露在面板外的锚头应封闭密实、牢固,整齐美观。

3)实测项目、检验方法及频率

锚杆、锚碇板和加筋土挡土墙总体测项目见表3-19。

锚杆、锚碇板和加筋土挡土墙总体实测项目　　表3-19

项次	检查项目		规定值或允许偏差	检查方法和频率	权值
1	墙顶和肋柱平面位置(mm)	路堤式	+50,-100	经纬仪:每20m检查3处	2
		路肩式	±50		
2	墙顶和柱顶高程(mm)	路堤式	±50	水准仪:每20m测3点	2
		路肩式	±30		
3	肋柱间距(mm)		±15	尺量:每柱间	1
4	墙面倾斜度(mm)		+0.5%H且不大于+50,-1%H且不小于-100	吊垂线或坡度板:每20m测2处	2
5	面板缝宽(mm)		10	尺量:每20m至少检查5条	1

续上表

项次	检查项目	规定值或允许偏差	检查方法和频率	权值
6	墙面平整度(mm)	15	2m 直尺:每20m 测3处,每处检查竖直和墙两个方向	1

注:1. 平面位置和倾斜度中"+"指向外,"−"指向内。
　　2. H 为挡土墙高度。

二、路基防护工程质量评定

路基防护工程质量评定方法、工程等级评定可参考项目一中路堤填筑工程质量评定相关内容。

三、路基防护工程内业资料整理归档

路基防护工程内业资料整理顺序见表3-20。

路基防护工程内业资料整理顺序　　表3-20

序号	名称	所用表格
1	开工报告	监表　工程分项开工申请批复单
		施工技术方案报审表
		施工技术方案
		工程技术交底卡片
		自检表　施工放样自检表
		监表　施工放样报验单
		记录表　施工放线测量记录表
		监表　材料合格签认单(水泥、砂、碎石、片石强度、配合比试验报告)
2	挡土墙	监表　检验申请批复单
		自检表　基础开挖自检表
		记录表　基础开挖施工记录表
		记录表　高程现场检查记录表
		监表　检验申请批复单
		自检表　砌石和混凝土挡墙施工自量检表
		记录表　砌石工程记录表
		记录表　高程现场检查记录表
		附件　××天砂浆强度报告
3	护坡	中间交工证书
		××浆砌片石网形、拱形护坡分项工程质量检验评定表
		工程分项开工申请批复
		检验申请批复单
		基础开挖施工质量自检表

续上表

序号	名称	所用表格
3	护坡	检验申请批复单
		浆砌片石网形、拱形护坡施工质量检查自检表
		砂浆试块强度试验报告
		××高程现场检查记录表
4	中间交工证书	监表 中间交工证书
		分项工程质量检验评定表

四、组织路基防护工程中间交工验收

路基防护工程中间交工验收必须具备的条件可参考项目一中路堤填筑工程质量评定相关内容。

路基防护工程中间交工验收可按分项工程组织中间交工验收,现场检测项目按照具体实施项目参照《公路工程质量检验评定标准 第一册 土建工程》(JTG F80/1—2004)确定。

中间交工验收现场组织可参考项目一中路堤填筑工程质量评定相关内容。

任务六 路基防护工程计量

任务描述

公路建设中,路基防护工程形式多样,使得计量支付变得相对复杂。完成本任务,使学生具备计算路基防护工程计量工程量的能力,能进行路基防护工程计量并填写计量表。

学习目标

◆知识目标
1. 掌握路基防护工程计量工程量的计算方法;
2. 掌握路基防护工程计量的依据、内容、原则和方法。

◆技能目标
会计算计量工程量。

◆能力目标
能进行工程计量并填写计量表。

一、护坡、护面墙工程的计量与支付

1. 计量

(1)干砌片石、浆砌片石护坡、护面墙等工程的计量,应以图纸所示和监理工程师的指示为依据,根据实际完成并经验收的数量,按不同工程子目及不同的砂浆砌体分别以立方米计量。

(2)预制空心砖和拱形、方格骨架护坡,按其铺筑的实际体积以立方米计量。所有垫层、嵌缝材料、砂浆勾缝、泄水孔、滤水层、回填种植土以及基础的开挖和回填等有关作业,均作为承包人应做的附属工作,不另行计量与支付。

(3)种草、铺草皮、三维植被网、客土喷播等应以图纸要求和所示面积为依据实施,经监理工程师验收的实际面积以平方米计量。整修坡面、铺设表土、三维土工网、锚钉、客土、草种(灌木籽)、草皮、苗木、混合料、水、肥料、土壤稳定剂等(含运输)及其作业均作为承包人应做的附属工作,不另行计量。

2. 支付

按上述规定计量,经监理工程师验收的列入工程量清单的不同工程子目的工程量,其每一计量单位将以合同单价支付。此项支付包括材料、劳力、设备、运输等及其他为完成地面排水工程所必需的所有费用,是对完成工程的全部偿付。

3. 计量清单及内容

护坡、护面墙工程计量清单及内容见表3-21。

护坡、护面墙工程计量清单及内容　　　　　表3-21

子目号	子目名称	单位	工作内容
208-1	植物护坡		经验收的实际面积,含整修坡面、铺设表土、三维土工网、锚钉、客土、草籽(灌木籽、草皮、苗木、混合料、水、肥料、土壤稳定剂等),含运输
-a	种草	m²	
-b	三维植被网护坡	m²	
-c	客土喷播护坡	m²	
208-2	干砌片石	m³	经验收的数量
208-3	M…浆砌片石护坡		经验收的数量,按不同工程子目的不同砂浆砌体
-a	拱形护坡	m³	
-b	方格骨架护坡	m³	
208-4	预制混凝土块护坡	m³	按其铺筑的实际体积,含垫层、嵌缝材料、砂浆勾缝、泄水孔、滤水层、回填种植土以及基础的开挖和回填等
-a	预制空心砖护坡	m³	
-b	拱形骨架护坡	m³	
-c	方格骨架护坡	m³	
-d	预制六棱砖护坡	m³	
208-5	护面墙		经验收的数量,不同工程子目的不同砂浆砌体
-a	M…浆砌片(块)石	m³	
-b	C…混凝土	m³	
208-6	封面	m²	经验收合格,包括了上述工作相关的工料机全部费用

二、挡土墙工程的计量与支付

1. 计量

(1)砌体挡土墙、干砌挡土墙和混凝土挡土墙工程应以图纸所示或监理工程师的指示为依据,按实际完成并经验收的数量,按砂浆强度等级及混凝土强度等级分别以立方米计量。砂砾或碎石垫层按完成数量以立方米计量。

(2)混凝土挡土墙的钢筋,按图纸所示经监理工程师验收后,以千克(kg)计量。

(3)嵌缝材料、砂浆勾缝、泄水孔及其滤水层,混凝土工程的脚手架、模板、浇筑和养生、表面修整,基础开挖、运输与回填等有关作业,均作为承包人应做的附属工作,不另行计量与支付。

2. 支付

按上述规定计量,经监理工程师验收的列入工程量清单的不同工程子目的工程量,其每一计量单位将以合同单价支付。此项支付包括材料、劳力、设备、运输等及其他为完成地面排水工程所必需的所有费用,是对完成工程的全部偿付。

3. 计量清单及内容

挡土墙工程计量清单及内容见表3-22。

挡土墙工程计量清单及内容　　　　表3-22

子目号	子目名称	单位	工 作 内 容
209-1	砌体挡土墙		
-a	M…浆砌片(块)石	m³	
-b	M…浆砌混凝土块	m³	
-c	M…浆砌料石	m³	
-d	砂砾垫层	m³	经验收的数量，按砂浆强度等级及混凝土强度等级分列。砂砾或碎石垫层按完成数量，含嵌缝材料、砂浆勾缝、泄水孔及其滤水层，混凝土工程的脚手架、模板、浇筑和养生、表面修整,基础开挖、运输与回填等
209-2	干砌挡土墙		
-a	片(块)石	m³	
-b	砂砾垫层	m³	
209-3	混凝土挡土墙		
-a	C…混凝土	m³	
-b	钢筋	kg	
-c	砂砾垫层	m³	
210-1	锚杆挡土墙		
-a	混凝土立柱	m³	
-b	混凝土挡板	m³	
-c	锚杆	kg	
-d	钢筋	kg	经验收的数量，含锚孔的钻孔、锚杆的制作和安装、锚孔灌浆、钢筋混凝土立柱和挡土板的换季安装、墙背回填、防排水设置及锚杆的抗拔力试验等，以及一切未提及的相关工作
210-2	锚定板挡土墙		
-a	混凝土锚定板	m³	
-b	钢筋混凝土肋柱	m³	
-c	混凝土挡板	m³	
-d	拉杆	m³	
-e	钢筋	kg	

任务七 编制路基防护工程施工方案

任务描述

通过路基防护工程施工方案的编制,学生能熟悉路基防护工程施工方案编制的步骤和方法,巩固和掌握路基防护工程专业知识,并进一步学会综合运用已学到的理论知识。通过查阅有关的资料,提高学生独立分析和解决本专业复杂问题的能力,为今后参加工作打下坚实的基础。

学习目标

◆ **知识目标**

掌握路基防护工程施工方案的内容和编制要点。

◆ **能力目标**

能编制路基防护工程施工方案。

路基防护的形式多样,下面以××路基重力式挡土墙施工为例,说明路基防护工程施工方案的编制内容和编制要点。

一、编制依据

(1)××路基重力式挡土墙工程相关施工图设计文件。
(2)项目部制定的总体施工组织设计。
(3)××路基重力式挡土墙工程所在合同段的招投标文件、施工合同文件和有关补充协议书等技术文件资料。
(4)《公路路基施工技术规范》(JTG F10—2006)、《公路工程质量检验评定标准 第一册 土建工程》(JTG F80/1—2004)。

二、编制原则

见项目一相关内容。

三、编制内容及方法

1. 工程概况

××路基重力式挡土墙工程概况。

2. 施工工艺及施工方法

见本项目任务四相关施工工艺及施工方法。

3. 工程质量保证计划

(1)重力式挡土墙质量控制要点,见本项目任务四相关内容。

(2)重力式挡土墙施工质量检验,见本项目任务五相关内容。

(3)重力式挡土墙常见质量问题及预防措施。

①挡墙砌体砂浆不饱满。

现象:撬开挡墙砌石可见空洞。

防治措施:浆砌块石、片石内外应坐浆砌筑,中间应一层砂浆一层石块砌筑,石块与石块之间应有一定间距,便于砂浆灌填,并用捣棒捣实,使石块被砂浆包裹。严禁干砌灌浆。

②挡墙砌体面层平整度差。

现象:单块石料平面差,墙面整体有凹进凸出,上下层有错缝隙现象。

防治措施:

a. 挂线砌筑,以线定层厚度和平整度,砌块贴线安放,整齐顺直。

b. 镶面石应挑选有一侧平面的石料,宽度、厚度不应小于20cm,以保证砌筑的稳定性;表面应修造平整,凿除水锈。

c. 砌筑时应间层相互压缝砌筑,施工员应随时检查砌筑面的线位准确度。

③挡墙凸缝空裂脱落。

现象:勾好的凸缝与墙面局部脱离,严重的呈节状脱落。

防治措施:

a. 勾缝砂浆强度等级应等于或高于砌筑砂浆强度等级。

b. 按平缝压槽勾缝,禁止勾凸缝。

c. 勾缝前,应修凿缝槽,剔除深度2cm以上,并洒水浸湿,使勾缝砂浆与砌块和缝底黏结牢固。

d. 勾缝砂浆终凝后应洒水养护。

④泄水孔不通、不排水。

现象:钢筋插不进泄水孔;水从其他部位流出,泄水孔无水。

防止措施:

a. 用PVC管制做泄水孔管,砌筑时安放,防止石块或砂浆堵塞孔眼。

b. PVC管周边用砂浆囤实,内端管口及以上铺设粒径1~3cm的碎石层。

c. 内管口用稍大的碎石填筑,防止碎石和砂浆进入管内。

d. 管子安放应将内端垫砂浆抬高2cm以上,使管体倾斜,以利排水。

e. 完善挡墙上部边坡的防护,防止冲刷的泥土淤塞砂石反滤层和泄水管。

4. 安全环保技术措施

1)施工安全措施

(1)对开挖较深且边坡稳定性较差的基坑,应分段跳槽开挖,加强临时支护。

(2)基坑弃土或坑边材料的堆放位置与高度应不影响基坑的稳定。

(3)不得重叠作业。大型压实机械与墙背的距离不应小于1m,且应采用静压方式。

(4)当路基两侧同时设置路堤和路堑挡土墙时,一般应先施工路肩墙,以免在施工路肩墙时破坏路堑墙的基础。

(5)加工石料时要戴防护镜,并控制石屑飞出方向,避免伤人;砌石时要轻拿轻放,防止挤手;工作面上待用石料应放稳,防止滑落。

2)环保措施

(1)路基护坡工程要符合有关环保规定,沿河路堤设置挡土墙时,应结合河流的水文、地质情况以及河道工程来布置,注意设墙后仍应保持水流顺畅,防止水流、雨水、波浪、风力、不良地质和其他因素对路基形成危害。改善环境,保护生态平衡。

(2)在路基土石方施工的同时,应及时组织挡土墙施工,防止路基受雨水冲刷而影响周围环境。

5. 人员、材料、机械设备使用计划

1)主要机具设备

单筒快速卷扬机≤10kN,1台,提升砌石及砂浆。

砂浆搅拌机≤400L,1台,拌制砂浆。

机械生产砂浆,与人工拌制相比,能提高生产率,加快工程进度;还可以减轻工人劳动强度,提高砂浆拌制质量,节约灰料用量。因此,应采用搅拌机生产砂浆,不宜人工拌制。

为保证砂浆拌制质量,应采用强制式混凝土搅拌机。不宜采用自落式搅拌机。

2)劳动力组织

重力式挡土墙施工一般可以根据伸缩缝位置或每15~30m划分为一个施工段,按每施工段组织劳动力、机械设备以及材料进行施工。

一般每工班可配备技工3~4名、普工10~15名、搅拌机1台。

6. 施工进度计划

施工进度计划应包括开工及完工日期,段落划分及横道图。

项目四　路基排水施工

项目描述

水是公路产生病害的主要原因之一,受水的影响容易引起土质松软、边坡坍塌、基身沉陷或产生滑动,继而导致道路冻胀与翻浆的产生。因此为保证路基的强度与稳定性,在路基路面设计、施工和养护中,必须重视路基路面的排水工程。本项目的学习,旨在使学生在领会设计意图、明确工程内容、掌握工程特点的基础上,通过正确选择排水设施类型,按照《公路工程技术标准》(JTG B01—2014)、《公路路基施工技术规范》(JTG F10—2006)和《公路工程质量检验评定标准 第一册 土建工程》(JTG F80/1—2004)的相关规定,进行路基排水设施施工,培养学生路基施工的职业能力。

本项目包括识读路基排水施工图、地表排水施工、地下排水施工、路基排水工程质量检验评定、路基排水工程计量、编制路基排水工程施工方案共 6 个任务。

任务一　识读路基排水施工图

任务描述

施工单位在接到路基排水施工图设计文件后,应组织有关技术人员对施工图设计文件进行复核,充分领会设计意图。完成本任务,使学生具备识读图的能力,能完成复核路基排水施工图表,复核工程量,根据图纸正确施工,并正确填写图纸复核表的工作。

学习目标

◆知识目标
1. 掌握地表排水的作用及构造;
2. 掌握地下排水设施的作用及构造。

◆技能目标
1. 会识读路基排水图;
2. 会识读路基排水工程数量表;
3. 会发现其图表中存在的一般性问题。

◆能力目标
1. 能复核路基排水施工图表;
2. 能复核工程量,并正确填写图纸复核表。

一、地面排水设施

排除地面水的各种设施应充分考虑多方面进入路基范围的水,包括因降雨、降雪以及从公路附近地区流向道路范围的水流,还应包括路堑边坡排水和农田横跨道路的排水工程,由此确定排水设施。地面水对路基产生冲刷和渗透,冲刷可能导致路基整体稳定性受损害,形成水毁现象。渗入路基土体的水分,会使土体过湿而降低路基强度。地面排水设施主要有边沟、截水沟、排水沟、跌水与急流槽、蒸发池、油水分离池、排水泵站等,应结合地形和天然水系进行布设,并做好进出口的位置选择和处理,防止产生堵塞、遗留、渗漏、淤积、冲刷和冻结。

（一）边沟

1. 边沟的设置与作用

边沟在路堑、矮路堤、零填零挖路基、陡坡路堤边缘外侧或坡脚外侧以及路基边缘高度小于边沟深度时均应设置。其作用主要用来汇集和排除流向路基范围内的少量地表水。边沟流量不大,一般不需要进行水力水文计算,可直接套用标准横断面形式,当流量较大时,断面则应根据水力计算确定。

2.边沟的横断面形式及尺寸

边沟的断面形式及尺寸(图4-1)应根据降雨强度、汇水面积、地形地质条件以及对路侧安全与环境景观的影响程度确定。常用的边沟的断面形式有梯形、矩形、三角形、浅碟形、U形、带盖板的矩形、暗埋式边沟等。通常,原地面为土质时,可采用梯形断面。原地面为石质时,可采用矩形断面。在矮路堤施工或采用机械化施工时,可采用三角形断面。防积砂和积雪路段,可采用浅碟形边沟,并可改善道路的景致、美观、舒顺。《公路路基设计规范》(JTG D30—2015)规定,条件许可时,宜采用三角形或浅碟形边沟。

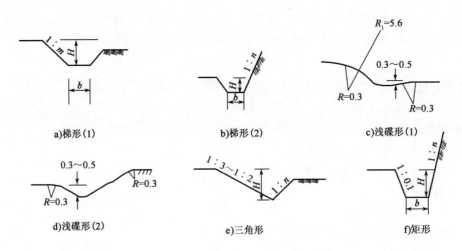

图4-1 边沟的横断面形式示意图(尺寸单位:m)

高速公路、一级公路边沟的底宽、深度不应小于0.6m,其他等级公路不应小于0.4m。当流量较大时,可根据水流量的大小加大边沟断面尺寸。

梯形边沟的内侧边坡一般为1:1.5～1:1;岩石边坡一般为1:0.5～1:0;浆砌边沟内侧边坡可直立;三角形边沟内侧边沟一般为1:3～1:2。

高速公路、一级公路挖方路段矩形边沟宜增设带泄水孔的钢筋混凝土盖板或增设路侧护栏,钢筋混凝土盖板的强度和厚度应满足承载汽车荷载能力的要求。

季节性冰冻地区,浅碟形边沟下的暗埋管(沟)应设置在大地最大冻深线之下,暗埋管(沟)出水口应采取保温防冻措施。

3.边沟的纵坡与长度

边沟的纵坡应与路线的纵坡一致,并不宜小于0.3%,以防淤积,在特殊情况下容许减至0.1%。路线纵断面设计时,为兼顾边沟的设置,在横向排水不畅路段及各级公路的长路堑路段,均应采用不小于0.3%的纵坡。路堑边沟的水流,不应流经隧道排出。

边沟的水应顺势排至低洼地段或天然河流,受地形的限制为防止水流漫溢或冲刷,边沟的单向排水长度一般不宜超过300～500m。若超过此值,则加设排水沟和涵洞,将水引出路基范围以外。

4.边沟出水口处理

边沟水流流向桥涵进水口时,为避免边沟流水产生冲刷,应做适当处置,如在涵洞进口设置窨井。此外还应根据地形等条件,在桥涵进口前或在其他水流落差较大处,设置急流槽与跌水等结构物,将水流引入桥涵或其他指定地点。

当边沟水流流至回头曲线处,一般边沟水较满,且流速较大,此时宜顺着边沟方向沿山坡设置引水沟,将水引至路基范围以外的自然沟中,或设急流槽或涵洞等结构物,将水引下山坡或路基另一侧,以免对回头曲线路段冲刷。

(二)截水沟(又称天沟)

1. 截水沟的设置和作用

截水沟应根据地形条件及汇水面积等进行设置。挖方路基的堑顶截水沟应设置在坡口5m以外,并宜结合地形进行布设;填方地段斜坡上方的路堤截水沟距填方坡脚的距离应不小于2m,有时还设有边坡平台截水沟。在多雨地区,视实际情况可设一道或多道截水沟。其作用是拦截路基上方流向路基的地面水流,保护挖方边坡和填方坡脚不受水流冲刷。

2. 截水沟的构造和布置

如图4-2所示,路堑段挖方边坡上方设置的截水沟,图中距离 $d \geq 5.0$ m,土质不良地段可取10.0m或更大。截水沟下方一侧,可堆置挖沟的土方,要求做成顶部向沟倾斜2%的土台。路堑上方设置弃土堆时,截水沟的位置及断面尺寸如图4-3所示。山坡填方路段可能遭到上方水流的破坏作用,此时必须设截水沟,以拦截山坡水流保护路堤。如图4-4所示,截水沟与坡脚之间的距离应不小于2.0m,并做成2%向沟倾斜的横坡,确保路堤不受水害。

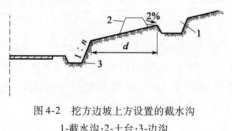 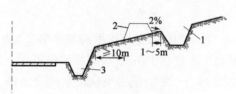

图4-2 挖方边坡上方设置的截水沟　　　图4-3 截水沟的位置及断面尺寸
1-截水沟;2-土台;3-边沟　　　　　　　1-截水沟;2-弃土堆;3-边沟

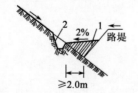 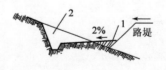

图4-4 填方路段上的截水沟示意图
1-土台;2-截水沟

截水沟的横断面形式一般为梯形,其边坡坡度因岩土条件而定。沟底纵坡不宜小于0.3%,如图4-5所示。

沟底宽度 b 不小于0.5m,沟深 h 按设计流量而定,亦不应小于0.5m。

为尽快截住上方的水流,截水沟的布置应尽可能与水流的方向垂直。

截水沟的出水口,可用排水沟或跌水、急流槽相连接,将水引至山坡一侧的自然沟中或桥涵进水口处,不宜引入路堑边沟。截水沟在转弯处应以曲线相连,使水流畅通。为防止水流的冲刷和渗漏,应对截水沟进行防渗加固,必要时设跌水或急流槽。

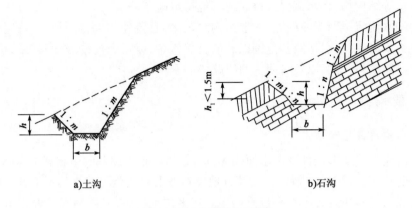

a)土沟 　　　　　b)石沟

图 4-5　截水沟的横断面图例

(三) 排水沟

1. 排水沟的作用

排水沟的作用是将边沟、截水沟、取(弃)土场和路基附近低洼处汇集的水,引至路基范围以外。

2. 排水沟的横断面形式

排水沟的断面形式应结合地形和地质条件确定。一般可采用梯形,尺寸大小应通过水利计算选定,底宽、沟深均不宜小于 0.5m,边坡坡度一般定为 1∶1.5~1∶1。

3. 排水沟的布置

排水沟的布置可根据需要并结合当地地形条件而定,距路基尽可能远一点,一般距路基坡脚不宜小于 3m。沟底纵坡应不小于 0.3%,以 1%~3% 为宜,纵坡大于 3% 时沟渠应加固,大于 7% 时则必须修跌水或急流槽。排水沟连续长度一般不宜超过 500m,线形要求平顺、直捷,需要转弯时可做成弧形,其半径尽量采用较大值,应不小于 10~20m。当排水沟与其他水道连接,除顺畅外,要求连接处至构造物的距离应不小于 2 倍的河床宽度。易受水流冲刷的排水沟应视实际情况采取防护、加固措施。

(四) 跌水与急流槽

1. 跌水与急流槽的作用

在陡坡或深沟地段设置的沟底为阶梯,水流呈瀑布式跌落的沟槽称为跌水。在陡坡或深沟地段设置的坡度较陡,水流不离开槽底的沟槽称为急流槽。水流通过坡度大于 10%、水头高差大于 1.0m 的陡坡地段或特殊陡坎地段时,宜设置跌水或急流槽,并对其采取加固措施。

跌水的作用是在较短距离内降低水流流速,消减水流能量。急流槽的作用是将上下游水位差较大的水流引致桥涵进口或路基下方。

2. 跌水、急流槽的布置

跌水、急流槽的形式、断面尺寸和位置的确定应结合当地土质、地形及水流量的大小,必须保证能够宣泄全部的水流,适时予以加固并在适当地点与桥涵进口连接。

1)跌水的一般构造与布置

跌水分两种,即单级跌水和多级跌水。单级跌水适用于连接沟渠的水位落差较大,需要消能或改善水流方向,如图4-6所示,为边沟水进入涵洞前所设置的单级跌水——窖井。当陡坡较长时。为减缓水流速度,并予以消能,可采用多级跌水,如图4-7所示。其构造分为进水口、消力池和出水口三部分,如图4-8所示。

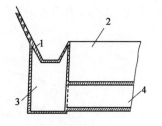

图4-6 边沟与涵洞单级跌水连接图
1-边沟;2-路基;3-跌水井;4-涵洞

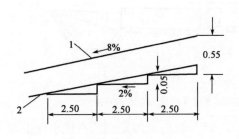

图4-7 多级跌水纵剖面图(尺寸单位:m)
1-沟顶线;2-沟底线

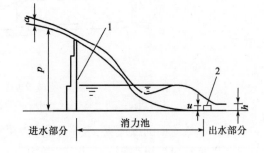

图4-8 跌水构造示意图
1-护墙;2-消力槛

跌水各组成部分的尺寸,由水力计算而定。一般情况下,如果地质条件良好,地下水位较低,设计流量小于 $1.0 \sim 2.0 \text{m}^3/\text{s}$,跌水台阶(护墙)高度 P 最大不超过 2.0m。常用简易多级跌水,P 值为 $0.3 \sim 0.6 \text{m}$,每阶高度与长度之比一般应大致等于地面坡度。护墙要求石砌或混凝土浇筑。墙基埋置深度约为水深 a 的 $1.0 \sim 1.2$ 倍,并不得小于 1.0m,且埋入冰冻线以下;石砌墙厚不小于 0.4m,混凝土为 $0.25 \sim 0.30 \text{m}$。消力池起消能作用,要求坚固耐用,槽底有 $2\% \sim 3\%$ 的纵坡,底厚 $0.2 \sim 0.4 \text{m}$,槽底高出计算水深以上 0.2m,壁厚与护墙相类似;消力池末端设消力槛,其高度 C 依计算而定,比池内水深低点,为 $(0.2 \sim 0.3)P$,一般取 $0.15 \sim 0.20 \text{m}$;槛顶厚度为 $0.3 \sim 0.4 \text{m}$,底部预留 $5 \sim 10 \text{cm}$ 孔径的泄水口,间距 $1 \sim 2 \text{m}$,以便断流时池内不致积水。跌水两端的土质沟渠,宜适当加固,保留水流畅通,不致使跌水产生淤塞或冲刷。

2)急流槽的布置

为在较短距离内起到降速、消能的作用,且其纵坡比跌水的平均纵坡更陡,因此要求急流槽的结构宜坚固、稳定、耐用。一般要求用石砌或混凝土修筑,也可在岩石坡面上开槽。急流槽的结构由进口、槽身和出水口三部分组成,如图4-9所示。

急流槽的主要尺寸由水力计算而定。若设计流量 $1.0 \text{m}^3/\text{s}$ 及槽底纵坡 $1:1.5 \sim 1:1$,也可参照经验确定。急流槽的纵坡一般不宜超过 $1:2$。槽壁厚度:浆砌块石为 $0.3 \sim 0.4 \text{m}$;混凝土为 $0.2 \sim 0.3 \text{m}$。槽底厚度为 $0.2 \sim 0.4 \text{m}$,水槽壁应高出计算水位至少 0.2m,每隔 $2.5 \sim 5.0 \text{m}$ 设 $0.3 \sim 0.5 \text{m}$ 深的耳墙(凸榫)嵌入基底,以防止滑动。进水口与出水口应予以加固。若急流槽较长时,应分段砌筑,每段长度不宜超过 $5 \sim 10 \text{m}$,预留伸缩缝,接头处用防水材料填缝。进水口与槽身连接处因断面不同需设过渡段,为使出水口水流流速与下游的容许流速相适应,槽底可用几个不同坡度,上坡较陡,向下逐渐放缓,若流速过大,可在出水口处设置消力池或与跌水联合使用。

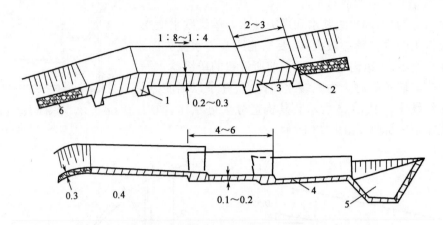

图4-9 急流槽构造示意图(尺寸单位:m)
1-耳墙;2-消力池;3-混凝土槽底;4-钢筋混凝土槽底;5-横向沟底;6-砌石护底

跌水、急流槽的纵坡大、水流冲刷较为严重,二者一般均须用浆砌片石或水泥混凝土砌筑,且基础应埋设牢固。因此,二者均为人工排水沟渠的特殊形式,既可单独使用,也可与其他排水构造物联合使用,形成完整的排水系统。

(五)蒸发池

蒸发池是指在气候干燥地区的排水困难地段,于公路两侧每隔一定距离,为汇集边沟流水任其蒸发所设置的集水池。一般蒸发池边缘距路基边沟外缘的距离应以保证路基的稳定和安全为原则,并不应小于5m,湿陷性黄土地区不得小于湿陷半径,且池中设计水位应低于排水沟的沟底。池的容积按汇水流量决定,一般应以一个月内路基汇流入池中的雨水能及时完成渗透与蒸发作为设计依据,深可达$1.5\sim2.0m$。池周围可用土埂围护,防止其他水流进入池内。蒸发池应视具体情况采取适当的防护加固措施,并注意其设置不应使附近地面盐渍化或沼泽化。

(六)其他的地表排水设施

1. 水环境敏感地段的排水

水环境敏感地段路基排水沟出口宜设置油水分离池。排泄的水质应满足《污水综合排放标准》(GB 8978—1996)的有关规定。油水分离宜采用沉淀法处理。污水进入油水分离池前,应先通过格栅和沉砂池。油水分离池的大小应根据所在路段排水沟汇入水量确定,并保证流入分离池的油水能有足够的时间分离或过滤净化。

2. 下挖式通道排水

下挖式通道应设置独立、完善的排水系统,排除汇水区域的地表径流水和影响道路功能的地下水。排水设施的布设应与周围其他排水设施相协调。有条件时,宜采用自流排水方式。条件受限时,可采用泵站排水方式、渗井排水方式、蒸发池排水方式。排水泵站包括集水池和泵房。集水池的容积应根据汇水量、水泵能力和水泵工作情况等因素确定。水泵抽出的水应排至路界之外。在下挖段的两端,应设置泄水口、排水沟等排水设施,拦截和引排上游方向的地表水,以减少地表水流入下挖段。

二、地下排水工程的施工

地下排水设施是指处治地下水的设施,具有拦截、汇集、排除地下水或降低地下水位,或能兼排地面水的作用。对危及路基稳定或影响路基强度的地下水,应根据地下水类型、含水层埋藏深度、地层的渗透性等条件及对环境的影响,采取拦截、引排、疏干、降低或隔离等措施,地下排水设施应与地表排水设施相协调。地下排水设施形式多样,当地下水埋藏浅或无固定含水层时,可采用排水垫层、防渗隔离层、明沟、暗沟、渗沟等;当地下水埋藏较深或存在固定含水层时,可采用渗井、仰斜式排水孔、排水隧洞等。

(一)排水垫层和隔离层

(1)当黏质土地段地下水位小于0.5m或粉质土地段地下水位小于1.0m时,低路堤底部应设置排水垫层和隔离层,以阻断毛细水上升对路基工作区的影响。

(2)排水垫层厚度不应小于0.30m,垫层材料宜选用天然砂砾或中粗砂。采用复合防排水板作为防渗隔离层时,可不设排水垫层。

(3)隔离层可选用土工膜、复合土工膜、复合防排水板等土工合成材料,防渗材料的厚度、材质及类型应根据气候、地质条件确定。

(二)暗沟(管)

暗沟是指在路基或地基内设置的充填碎砾石等粗粒材料(有的其中埋设透水管形成暗管)的排水、截水暗沟。当路线无法绕避泉眼或高速公路、一级公路中央分隔带有雨水浸入时,通过雨水口将地面水引入设在地面以下引导水流的暗沟,如图4-10所示。它的主要作用是把路基范围内的泉水或渗沟所拦截、汇集的集中水流排到路基范围以外,而其本身无汇水、渗水的作用。沟底纵坡不宜小于1.0%,出水口处应加大纵坡,并应高出地表排水沟常水位0.2m以上。暗沟可采用浆砌片石或水泥混凝土预制块砌筑,沟顶应设置混凝土或石盖板,盖板顶面上的填土厚度不应小于0.50m。暗沟断面尺寸应根据排水量及地形、地质条件确定。

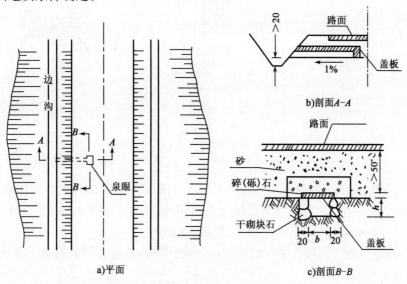

图4-10 暗沟结构示意图(尺寸单位:cm)

(三)渗沟

1.渗沟的作用和适用范围

渗沟是公路路基最常见的一种地下排水沟渠,主要用来吸收降低地下水位,汇集和拦截流向路基的地下水,并将其排除路基范围之外,使路基土保持干燥。

有地下水出露的挖方路基、斜坡路堤、路基填挖交界结合部以及地下水位埋深小于0.5m的低路堤等路段,应设置排水渗沟。边沟下设置渗沟的排水示意图如图4-11所示。

图4-11 边沟下设置渗沟的排水示意图

2.渗沟的分类及使用条件

根据构造的不同,渗沟通常可分为填石渗沟(盲沟)、管式渗沟和洞式渗沟三类,如图4-12所示。应根据地下水赋存条件、渗流量、使用部位及排水距离等确定渗沟类型,渗沟横断面尺寸应按地下水渗流量计算确定。

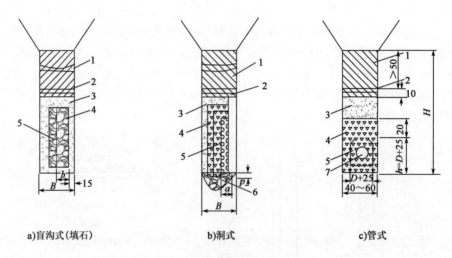

a)盲沟式(填石)　　b)洞式　　c)管式

图4-12 渗沟结构图示(尺寸单位:cm)

1-黏土夯实;2-双层反铺草皮;3-粗砂;4-石屑;5-碎石;6-浆砌片石沟洞;7-预制混凝土管

(1)填石渗沟、无砂混凝土渗沟适用于地下水流量不大、排水距离较短的地段。

(2)管式渗沟适用于地下水流量较大、地下水位埋藏浅、地下排水距离较长的地段。

(3)洞式渗沟适用于地下水流量大、埋藏深的路段。

另外,无砂混凝土既可作为反滤层,也可作为渗沟,是近几年公路地下排水设施中应用的新型排水设施。

边坡渗沟、支撑渗沟则主要用于疏干潮湿的土质路堑边坡坡体和引排边坡局部出露的上层滞水或泉水,坡面采用干砌片石覆盖,以确保边坡干燥、稳定。边坡渗沟、支撑渗沟应垂直嵌入边坡坡体,其平面宜采用条带形布置;对范围较大的潮湿坡体,可采用增设支沟的分岔形布置或拱形布置。

3. 渗沟的构造

渗沟由排水层(或管、洞)、反滤层、封闭层组成,如图4-13所示。

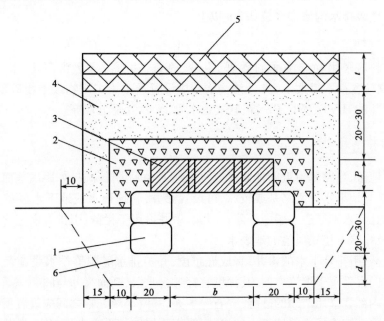

图4-13 洞式渗沟结构示意图(尺寸单位:cm)
1-浆砌块石;2-碎砾石;3-盖板;4-砂;5-双层反铺草皮;6-基础

1) 排水层(或管、洞)

(1) 填石渗沟的排水层,可采用石质坚硬的较大碎石或卵石(粒径3～5cm)填充,以保证具有足够的空隙度排除设计流量。

(2) 洞式渗沟的排水层采用浆砌片石砌洞,其作用与水管相似,能比较大水流。

(3) 管式渗沟的泄水管一般采用混凝土预制管,或用陶土、石棉等材料制成,管壁应设泄水孔并交错布置,间距不宜大于20cm。

2) 反滤层

汇集水流时,为防止砂、土挤入渗沟,应设反滤层。

反滤层应用筛洗过的中砂、粗砂、砾石等渗水材料分层填筑,颗粒粒径由上而下,自外向内逐渐增大,相邻层的粒径比一般不小于1:4,每层厚度不小于15cm。也可以采用渗水土工织物作反滤层。

3) 封闭层

为防止地面水流入渗沟,渗沟顶部应设封闭层。封闭层可用双层反铺草皮或其他材料铺成隔层,并在其上夯填厚度不小于0.5m的防水层或用浆砌片石筑成。

4. 渗沟的埋置深度

渗沟的埋置深度应根据地下水位的高程、地下水位需下降的深度以及含水层介质的渗透系数等因素确定。渗沟的排水孔(管),应设在冻结深度以下不小于0.25m处。截水渗沟的基底宜埋入隔水层内不小于0.5m。边坡渗沟、支撑渗沟的基底,宜设置在含水层以下较坚实的土层上。

5.渗沟的纵坡与出口处理

填石式渗沟、无砂混凝土渗沟的最小纵坡不宜小于1%,无砂混凝土渗沟、管式及洞式渗沟最小纵坡不宜小于0.5%。渗沟出口段宜加大纵坡,出口处宜设置栅板或端墙,出水口应高出地表排水沟槽常水位0.2m以上。

6.渗沟材料

渗沟材料应采用筛选洗净的砂砾、粗砂、碎石、片石或无砂混凝土,其中粒径小于0.15mm的颗粒含量不得大于5%。渗沟沟壁应设置透水土工织物或中粗砂反滤层,渗水管可选用带孔的HPPE、PVC、PE管、软式透水管、无砂混凝土管等。

(四)渗井

在平坦地区,当路基附近的地面水或浅层地下水无法排除时,如距离地面不深处有渗透性土层,而且地下水背离路基或较深,可设置渗井,将地面水或地下水经渗井通过不透水层中的钻孔流入下层透水层中排除。因此,渗井可用于拦截、引排有固定含水层的深层地下水,以及排除下挖式通道的地表水。

用于拦截、引排地下水的渗井,宜成群布设,并与排水隧洞等排水设施配合使用。渗井的排列方向宜垂直于渗流方向,其深度宜穿过含水层,断面尺寸与间距应通过渗流计算确定。渗井内部宜采用洁净的砂砾、碎石等填充,井壁与填充料之间应设置反滤层。

用于排除下挖式通道的地表水的渗井,距离路堤坡脚不宜小于10m,渗井尺寸大小应根据下挖通道的排水量通过水力计算确定。渗井宜采用钢筋混凝土管或波纹管,上部为集水井,下部为渗透井。渗透井应选用洁净的砂砾、片碎石等填充,其中粒径小于2.36mm的颗粒含量不得大于5%,井壁与填充料之间应设置反滤层。

渗井施工比较麻烦,造价较高,因易淤塞故一般不宜采用,确因地面水较多而其他地下排水较为困难时,在与其他方案做经济技术比较后,有条件地进行选用。

从构造上看,渗井上部为集水结构,下部为排水结构。

(1)上部构造。渗井断面一般采用直径为1.0~1.5m的圆形,或边长为1.0~1.5m的方形。渗水井的顶部四周(进口除外)用黏土夯实筑堤围护,顶部加筑混凝土盖。

(2)下部结构。渗水井的下部,必须穿过不透水层而深达透水层,井内填充砂石料。

(3)渗水井结构图见图4-14。

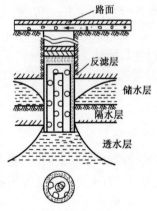

图4-14 渗井结构与布置

(五)仰斜式排水孔

1.作用及使用条件

仰斜式排水孔是排泄挖方路基边坡上地下水的有效措施,当坡面上有集中地下水时,采用成群布置的仰斜式排水孔。

2. 构造与布置

仰斜式排水孔钻孔直径一般为 75~150mm,仰角不小于 6°,长度应伸至地下水富集或潜在滑动面层,并宜根据边坡渗水情况成群分布。孔内透水管直径一般为 50~100mm。仰斜式排水孔进水口及渗水管段应包裹透水土工布,防止堵塞渗水孔。仰斜式排水孔排出的水宜引入路堑边沟排除。

三、熟悉路基排水工程施工图

全面熟悉"路基排水工程施工图",如图 4-15、图 4-16 所示,对图分析如下:
(1)从图表中确定地表排水、地下排水设施位置、断面形式和主要尺寸。
(2)审查工程数量表是否正确。
(3)审查工程数量表与图是否一致。
(4)审查排水设施段落与综合排水图是否一致。

四、图纸复核表

路基排水设施图纸复核审查表见表 4-1。

××高速公路图纸复核审查表　　　　　　表 4-1

复查单位：　　　　　　　　　　　　　　　　编号：

合同段	ZB1-8	复查时间	
单项工程名称		复查人	
图表名称		复查负责人	
存在问题			
复查意见			

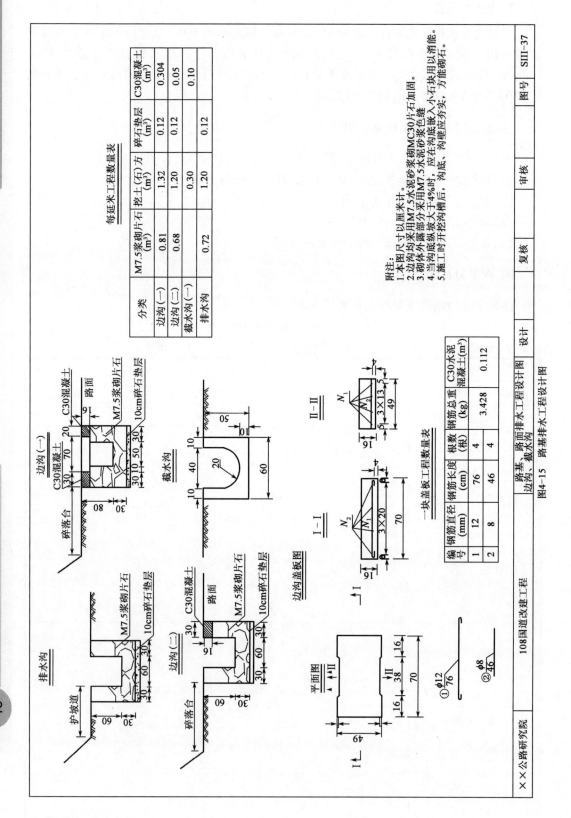

图4-15 路基排水工程设计图

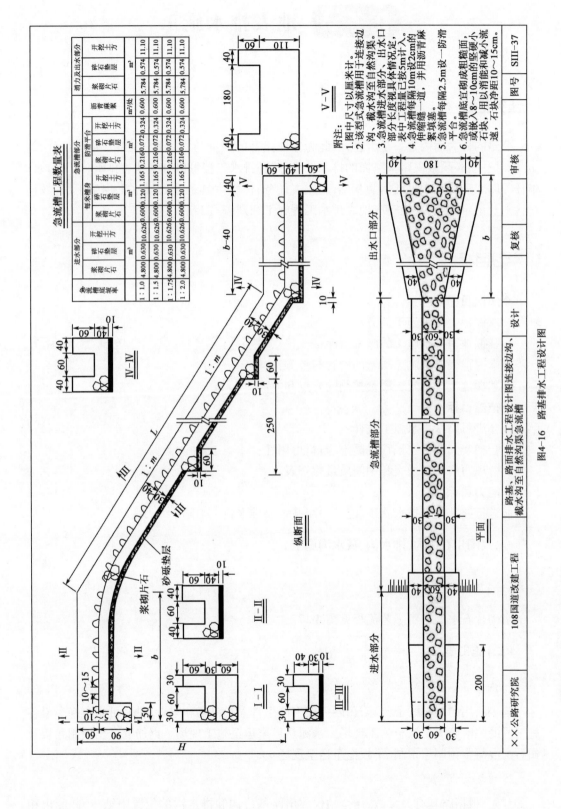

图4-16 路基排水工程设计图

任务二　地表排水施工

任务描述

公路的最大病因之一是水害,因此为保证路基的强度与稳定性,在路基路面设计、施工和养护中,必须重视路基路面的排水工程,路基排水工程可以分为地表排水、地下排水。本任务以地表排水常见结构为基础,完成本任务,使学生具备地表排水工程施工、现场质量检测及记录的能力,能完成地表排水工程施工细则编写工作。

学习目标

◆知识目标
1. 掌握地表排水施工的方法;
2. 掌握地表排水施工的施工工序;
3. 掌握地表排水施工测量的内容与步骤;
4. 掌握地表排水施工质量控制的要点和方法。

◆技能目标
1. 会进行路基排水施工放样;
2. 会初步判断排水工程混凝土、石料可用性;
3. 会填写施工记录表和中间质量检查表。

◆能力目标
能进行路基地表排水施工,能编写路基地表排水施工细则。

一、浆砌片石边沟、排水沟、截水沟施工

(一)施工工艺

浆砌片石水沟施工工艺流程见图4-17。

(二)施工要点

1. 施工准备

施工所用的片(块)石、碎石、砂一般来源于自采石料场和附近料场,可用自卸车沿各施工段的临时施工便道至施工现场。水泥从厂家运至施工现场。钢筋混凝土预制盖板及帽石由混凝土预制厂预制,平板拖车运至现场。

2. 测量放线

首先,根据路基有关参数,用全站仪放出路基边沟和排水沟的位置中轴线,并测出相

应高程,在地面上标出里程桩号以及高程,并根据所交底结果,用白灰或线绳拉出沟的相应轮廓线,示出相应的开挖深度。

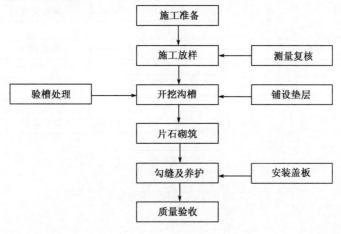

图4-17 浆砌片石水沟施工工艺流程

3. 开挖沟槽

边沟、排水沟的开挖采用反铲开挖,人工配合清理,开挖废料用自卸车运至选定弃土场,山坡截水沟采用人工挖掘运送方式。

4. 片石砌筑

自制一批尺寸与设计相符的边沟钢筋或木质骨架大样,土方开挖后,将大样中心与边沟轴线控制点对齐,下底放置在设计高程处,稳固后带上线,根据带线后的边沟大样断面进行片石砌筑。砌筑用砂浆必须严格按照实验室提供的配合比进行配制。砌筑时,片石间距一般控制在1~2cm,采用坐浆法(挤浆法)施工,使片石能够被砂浆充分包裹。砌筑表面必须紧靠着所拉的线,以确保其表面平整。

施工中,沟底纵坡应符合设计要求,石料平整,砂浆饱满,沟侧线顺直,曲线圆滑,线条美观,保证水流畅通。同时,必须做好不同位置排水设施的衔接及截水沟与泄水槽、泄水槽与排水沟的衔接。

5. 勾缝与养护

沟体砌筑完毕后,用水泥砂浆进行勾缝,缝宽2cm,底部砌筑的页岩砖,可用砂浆找平。

每砌好一段,待浆砌砂浆初凝后,用湿草帘覆盖定时洒水养护,覆盖养生7~14d。养护期间避免外力碰撞、振动或承重。

砂浆试验和报请检验:在砌筑页岩砖时,要根据适当的方量或台班数进行砂浆试块的制作。通常情况下一个台班制作两组或100m³制作两组。试块要在拆模后,立即进行标准养生,到龄期后,应进行试压,并报请监理工程师进行验收。

二、急流槽(混凝土预制块)施工

(一)施工工艺

急流槽施工工艺流程见图4-18。

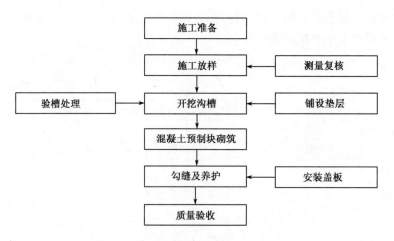

图4-18　急流槽(混凝土预制块)施工工艺流程

(二)施工要点

1. 施工放样

施工时根据设计要求,用钢尺放出所要浆砌的结构尺寸,然后进行定点、挂线。

2. 开挖沟槽

在施工放样完成后,开挖沟槽。在人工开挖沟槽的过程中,根据急流槽的高程开挖,开挖时注意控制好深度,不要多挖或少挖。沟槽开挖好后要对沟槽进行夯实,达到设计要求。

3. 铺设砂砾垫层

根据挂好的结构尺寸线,进行铺设砂砾垫层(设计厚度5cm),铺设砂砾垫层要均匀。

4. 现浇混凝土

防滑平台、进水口、出水口一般可用C25现浇混凝土。

根据控制点在基坑底部放出底板外边线,沿边线支设模板,模板支设完成后在模板外侧进行加固。

按设计要求现浇C25混凝土,混凝土坍落度宜控制在14~16mm,浇筑时应该设流槽使混凝土由混凝土运输车缓慢流入模板内,减小混凝土对模板的冲击;混凝土振捣时,要振捣均匀,宜选用30型振捣棒,应避免振捣棒接触模板使模板变形,振捣完成后派专人进行收面。

急流槽槽底应镶嵌卵石使其表面粗糙,泄水槽底做成消能齿。

混凝土浇筑完成后应立即用毡布进行覆盖,在第2d后即可拆除模板进行养生,养生采用毡布或土工布覆盖养生,一般养生周期为7d。

5. 浆砌预制块

(1)在浆砌预制块时,预制块咬口紧密,嵌缝饱满、密实,勾缝平顺无脱落,缝宽一致。

(2)急流槽沟形应平顺,采用直线形,转弯处做成弧形。

(3)沟底纵坡不允许有积水或外溢现象发生。曲线处要适当加深。

(4)急流槽沟底部坡度,符合地形坡度,达到流水畅通,几何尺寸符合设计需求。

(5)急流槽的安装。

①需安装的构件沿一侧依次排好,先将底部预制块就位并调整好高程和位置,然后压线,以此作为控制点,随后以此两点为标准将其余构件按设计位置和高程安砌并加以调整。

②铺砌时轻轻平放,用橡胶锤敲打稳定,但不得损伤构件边角。下层不平时应拿起构件重新用砂浆找平,严禁垫碎石块。

③构件铺好后应检查是否稳固及面层平整度,发现构件有活动现象时,应立即修正。

④用水泥砂浆将缝间灌注饱满。随后要在潮湿状态下养生3d,在此期间严禁碰撞。

砌完的急流槽顶面应平整,不能出现错台,接缝两侧高差不得大于3mm;接缝宽度允许误差范围为±3mm;勾缝砂浆要饱满,宽度一致,不得有活动及参差不齐的现象,砂浆强度在合格标准内;整体效果要达到整齐顺直,顺直度误差要求不得大于30mm;坡度不陡于图纸规定。

6.边沟片石砌筑

砌石排水工程在砌筑前每一石块均应用水冲净,垫层应干净并湿润。所有石块均应坐于新拌砂浆之上,在砂浆凝固前,所有缝应满浆,石块固定就位。垂直缝的满浆系先将已砌好的石块侧面拌浆。

浆砌工程如果石块松动或砌缝开裂,应将石块提起,将砂浆与砌缝清扫干净,然后将石块重新铺砌在新砂浆上。片石一般2~3层组成一个工作层,每一工作层应找平,选用具有比较整齐的表面的大尺寸石块作为角隅石及镶面石。相对较大和较短的石块应交错铺在同一层并和帮衬石或腹石交错锁结。竖缝与邻层的竖缝应错开。片石砌缝不宜大于40mm,砂浆饱满,片石砌筑用捣棒进行捣浆,捣浆应密实。

边沟与急流槽衔接处保持平滑顺畅以利排水。

勾缝缝宽均匀、美观,并注意排水流畅。勾缝采用凹缝或平缝,勾缝砂浆强度不得小于砌体所用砂浆强度。勾缝完毕后及时覆盖,并经常洒水保持湿润,常温下养护期不得低于7d。

任务三 地下排水施工

任务描述

路基地下排水设施有暗沟、渗沟、渗井、仰斜式排水孔等。本任务以地下排水常见的渗沟为基础，完成本任务，使学生具备渗沟施工、现场质量检测及记录的能力，能完成渗沟施工细则编写工作。

学习目标

◆知识目标

1. 掌握地下排水施工的方法；
2. 掌握地下排水施工的施工工序；
3. 掌握地下排水施工测量的内容与步骤；
4. 掌握地下排水施工质量控制的要点和方法。

◆技能目标

1. 会进行路基排水施工放样；
2. 会初步判断排水工程混凝土、石料的可用性；
3. 会填写施工记录表和中间质量检查表。

◆能力目标

能进行路基地下排水施工，能编写路基地下排水施工细则。

一、渗沟施工工艺

渗沟施工工艺流程见图4-19。

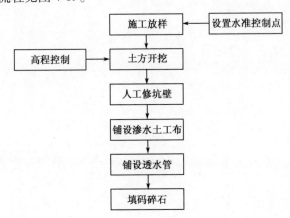

图4-19　渗沟施工工艺流程

二、渗沟施工要点

(一)施工测量

按照图纸要求,将地下渗沟的边线、控制线放出来。

在地下渗沟周围设置高程控制点,控制点要求设置明显、便于利用。水准点设置好后需要进行保护,设置明显标志以免破坏。水准点应在每段地下渗沟位置设置。

(二)土方开挖

放线及水准控制点设置好以后,开始进行地下渗沟的土方开挖。土方开挖要求垂直开挖,由于开挖深度较大,因此要求机械操作员要控制好,避免开挖时触及边坡导致边坡塌方。土方挖至接近设计高程时,采用人工清槽的方式挖土至设计高程。开挖出的土方要求至少距离坑边 2m 以上,避免荷载过大导致坑壁塌方。基础开挖后,工程施工人员应时刻把好质量关,每道工序经质检、试验、测量等检测人员到场,检查他们责任范围内的工程质量合格,并经监理工程师签证认可后,方可进行下一道工序。

(三)人工修坑壁

机械开挖完成后,由于机械开挖时坑壁较为粗糙,因此要采取人工方式进行坑壁的修顺修直。

(四)铺贴渗水土工布

采用人工滚铺土工布时,布面要平整,并适当留有变形余量。土工布的安装通常用搭接、侧壁钉固,搭接宽度一般为不小于 0.2m。铺固完成后要在底面及侧面涂抹 20cm 厚的沥青,一定要保证涂抹率 100%,避免渗水从渗沟底侧面较低处向路基内溢出。

(五)铺设透水管

在铺垫好的垫层上安装铺设有孔波纹管,管道接口应严密,搭接长度不小于 10cm,有孔管身应朝向上部,调整顺直后,铺垫卵石前应固定管道,并铺出汇水坡。

(六)填码碎石

碎石在填筑前必须保证表面洁净没有杂物。

任务四 路基排水工程质量检验评定

任务描述

本任务是对路基排水工程施工质量的全面检查,通过本任务的学习,学生能够进行路基排水工程的外观检测、实测项目的检测,能够对路基排水工程进行检验评定,并能够完成相关内业资料的整理与归档,组织路基排水工程的交工验收。

学习目标

◆知识目标
1. 掌握路基排水工程质量检测的内容和程序;
2. 掌握路基排水工程质量检测资料整理的原则和要求;
3. 掌握路基排水工程外观检查内容和要求;
4. 掌握路基排水工程实测项目和检测方法;
5. 掌握路基排水工程质量评定的要求和程序。

◆技能目标
1. 会进行路基排水工程外观检查;
2. 会进行路基排水工程几何尺寸检查;
3. 会填写路基排水工程施工自检资料。

◆能力目标
1. 能进行路基排水工程施工质量检测;
2. 能进行路基排水工程质量评定;
3. 能进行路基排水工程内业资料整理和归档。

一、路基排水工程质量检验

(一)土质边沟

1. 基本要求

(1)土沟边坡必须平整、坚实、稳定,严禁贴坡。
(2)沟底应平顺整齐,不得有松散土和其他杂物,排水畅通。

2. 外观鉴定

沟底无明显凹凸不平和阻水现象。不符合要求时,每处减1~2分。

3. 实测项目、检验方法及频率

土质边沟实测项目见表4-2。

土质边沟实测项目　　　　　　　　　　　　　　　　　　　　表4-2

项次	检查项目	规定值或允许偏差	检查方法和频率	权值
1	沟底高程(mm)	0，-30	水准仪：每200m测4处	2
2	断面尺寸(mm)	不小于设计	尺量：每200m测2处	2
3	边坡坡度	不陡于设计	尺量：每200m测2处	1
4	边棱直顺度(mm)	50	尺量：20m拉线，每200m测2处	1

(二)浆砌水沟质量检验

1. 基本要求

(1)砌体砂浆配合比准确，砌缝内砂浆均匀饱满，勾缝密实。
(2)浆砌片(块)石、混凝土预制块的质量和规格应符合设计要求。
(3)基础中缩缝应与墙身缩缝对齐。
(4)砌体抹面应平整、压光、直顺，不得有裂缝、空鼓现象。

2. 外观鉴定

(1)砌体内侧及沟底应平顺。
(2)沟底不得有杂物。

3. 实测项目、检验方法及频率

浆砌排水沟实测项目见表4-3。

浆砌排水沟实测项目　　　　　　　　　　　　　　　　　　　　表4-3

项次	检查项目	规定值或允许偏差	检查方法和频率	权值
1△	砂浆强度(MPa)	在合格标准内	按《公路工程质量检验评定标准 第一册 土建工程》(JTG F80/1—2004)附录F检查	3
2	轴线偏位(mm)	50	经纬仪或尺量：每200m测5处	1
3	沟底高程(mm)	+15	水准仪：每200m测5点	2
4	墙面直顺度(mm)或坡度	30或不陡于设计	20m拉线、坡度尺：每200m测2处	1
5	断面尺寸(mm)	±30	尺量：每200m测2处	2
6	铺砌厚度(mm)	不小于设计	尺量：每200m测2处	1
7	基础垫层宽(mm)、厚(mm)	不小于设计	尺量：每200m测2处	1

注：△为关键项目。

(三)盲沟质量检验

1. 基本要求

(1)盲沟的设置及材料规格、质量等应符合设计要求和施工规范规定。
(2)反滤层应用筛选过的中砂、粗砂、砾石等渗水性材料分层填筑。
(3)排水层应采用石质坚硬的较大粒料填筑，以保证排水孔隙度。

2. 外观鉴定

(1)反滤层应层次分明。

(2)进出水口应排水通畅。

3. 实测项目、检验方法及频率

盲沟实测项目见表4-4。

盲沟实测项目　　　　　　　表4-4

项次	检查项目	规定值或允许偏差	检查方法和频率	权值
1	沟底高程(mm)	±15	水准仪:每10~20m测1处	1
2	断面尺寸(mm)	不小于设计	尺量:每20m测1处	1

排水沟、截水沟、急流槽、暗沟、渗沟及渗井等其他排水工程可按照上述标准进行评定。

二、路基排水工程质量评定

路基排水工程质量评定方法、工程等级评定可参考项目一中路堤填筑工程质量评定相关内容。

三、路基排水工程内业资料整理归档

路基排水工程内业资料整理顺序见表4-5。

路基排水工程内业资料整理顺序　　　　　　　表4-5

序号	名称	所用表格	备注
1	开工报告	监表　工程分项开工申请批复单	
		施工技术方案报审表	
		施工技术方案	
		工程技术交底卡片	
		自检表　施工放样自检表	
		监表　施工放样报验单	
		记录表　施工放线测量记录表	
		监表　材料合格签认单(水泥、砂、碎石、片石强度、配合比试验报告)	
2	排水(边)沟	监表　检验申请批复单	
		自检表　排水沟施工质量自检表	
		记录表　排水沟施工记录表	
		附件　天砂浆强度报告	
3	盲沟	监表　检验申请批复单	
		自检表　盲沟(渗沟)施工质量自检表	
		记录表　砌石工程记录表	
		附件　天砂浆强度报告	

续上表

序号	名称	所用表格	备注
4	急流槽	监表 检验申请批复单	
		自检表 边坡急流槽施工质量自检表	
		记录表 边坡急流槽施工记录表	
		记录表 高程现场检查记录表	
		附件 天砂浆强度报告	
5	中间交工证书	监表 中间交工证书	
		分项工程质量检验评定表	

四、组织路基排水工程中间交工验收

路基排水工程中间交工验收必须具备的条件可参考项目一中路堤填筑工程质量评定相关内容。

路基排水工程中间交工验收可按分项工程组织中间交工验收,现场检测项目按照具体实施项目参照《公路工程质量检验评定标准 第一册 土建工程》(JTG F80/1—2004)确定。

中间交工验收现场组织可参考项目一中路堤填筑工程质量评定相关内容。

任务五 路基排水工程计量

任务描述

公路建设中,路基排水工程是计量工作中比较容易出现问题的分项工程之一。由于公路排水形式多样,使得计量支付变得错综复杂。完成本任务,使学生具备计算路基排水工程计量工程量的能力,能进行路基排水工程计量并填写计量表。

学习目标

◆ 知识目标
1. 掌握路基排水工程计量工程量的计算方法;
2. 掌握路基排水工程计量的依据、内容、原则和方法。

◆ 技能目标
会计算计量工程量。

◆ 能力目标
能进行工程计量并填写计量表。

一、计量

(1)边沟、排水沟、截水沟的加固铺砌,按图纸施工经监理工程师验收合格的实际长度,分不同结构类型以米计量。由于边沟、排水沟、截水沟加固铺砌而需扩挖部分的开挖,均作为承包人应做的附属工作,不另计量与支付。

(2)改沟、改渠护坡铺砌按图纸施工,经监理工程师验收合格的不同圬工体积,以立方米计量。

(3)急流槽按图纸施工,经验收合格的断面尺寸计算体积(包括消力池、消力槛、抗滑台等附属设施),以立方米计量。

(4)路基盲沟按图纸施工,经验收合格的断面尺寸及所用材料,按长度以米(m)计量。

(5)所用砂砾垫层或基础材料、填缝材料、钢筋以及地基平整夯实及回填等土方工程均含入相关子目单价之中,不另行计量与支付。

(6)土工合成材料的计量、支付按计量清单第205节规定执行。

(7)渗井、检查井、雨水井的计量、支付按计量清单第314节规定执行。

二、支付

按上述规定计量,经监理工程师验收的列入工程量清单的以下工程子目的工程量,其每一计量单位将以合同单价支付。此项支付包括材料、劳力、设备、运输等及其他为完成地面排水工程所必需的所有费用,是对完成工程的全部偿付。

三、计量清单及内容

路基排水工程计量清单及内容见表4-6。

路基排水工程计量清单及内容　　　　　表4-6

子目号	子目名称	单位	工 作 内 容
207-1	M…浆砌片石边沟	m	按图纸施工经验收合格的实际长度,分不同结构类型。含边沟、排水沟、截水沟加固铺砌而需扩挖部分以及砂砾垫层基础材料、填缝材料、钢筋以及地基平整夯实及回填等
207-2	M…浆砌片石排水沟	m	
207-3	M…浆砌片石截水沟	m	
207-4	M…浆砌片石急流槽	m³	经验收合格的断面尺寸计算体积(包括消力池、消力槛、抗滑台等附属设施),含砂砾层或基础材料、填缝材料、钢筋以及地基平整夯实及回填等
207-5	…mm×…mm路基盲沟	m	经验收合格的断面尺寸及用材料,按长度计。含砂砾层或基础材料、填缝材料、钢筋以及地基平整夯实及回填等
207-6	涵洞上下游改沟、改渠铺砌	m³	经验收合格的不同圬工体积,含砂砾层或基础材料、填缝材料、钢筋以及地基平整夯实及回填
207-7	现浇混凝土坡面排水结构物	m³	同207-1

任务六 编制路基排水工程施工方案

任务描述

通过路基排水工程施工方案的编制,使学生熟悉路基排水工程施工方案编制的步骤和方法,巩固和掌握路基排水工程专业知识,并进一步学会综合运用已学到的理论知识。通过查阅有关的资料,提高学生独立分析和解决本专业复杂问题的能力,为今后参加工作打下坚实的基础。

学习目标

◆知识目标

掌握路基排水工程施工方案的内容和编制要点。

◆能力目标

能编制路基排水工程施工方案。

路基排水工程结构形式多样,下面以×××路基边沟工程为例,说明路基排水工程施工方案的编制内容和编制要点。

一、编制依据

(1)×××路基边沟工程相关施工图设计文件。

(2)项目部制定的总体施工组织设计。

(3)×××路基边沟工程所在合同段的招投标文件、施工合同文件和有关补充协议书等技术文件资料。

(4)《公路路基施工技术规范》(JTG F10—2006)、《公路工程质量检验评定标准 第一册 土建工程》(JTG F80/1—2004)

二、编制原则

见项目一相关内容。

三、编制内容及方法

1. 工程概况

×××路基边沟工程概况。

2. 施工工艺及施工方法

见本项目任务二、任务三相关施工工艺及施工方法。

3．工程质量保证计划

1）边沟砌筑质量控制要点

见本项目任务二相关内容。

2）边沟质量保证措施

（1）要对所有材料进行检测。水泥必须有出厂合格证,并严格控制其质量规格符合施工要求。对砂、石料等地材进行材质、强度试验,并严格控制砂子粒径及含泥量等指标不超过设计要求,石料强度符合设计要求。

（2）坚持施工过程中的试验制度。保证砂浆强度试验的频数、试件组数达到规定要求。

（3）及时请监理工程师和业主进行有关项目的质量检测,如有缺陷达不到设计要求,应及时进行处理。

（4）基础施工前要精确定出基础的平面位置。地基承载力必须符合设计及规范要求。

（5）在施工过程中,做好地表的防排水工作,基坑开挖后及时施工,防止雨水浸泡。石料使用前应洒水,确保砌筑质量。

（6）严格控制施工配合比,施工中砌缝砂浆饱满,不得有空洞现象。

（7）选派熟练的技术工人进行施工作业,严格按技术规范做好各项记录、试验并及时进行养生。

（8）边沟纵坡顺适,沟底平顺,伸缩缝应采用防水材料填塞。

4．安全环保技术措施

（1）施工前,组织全体施工人员学习,加强安全教育,强化安全意识,每人必须签订安全教育卡。

（2）如出现危及或可能伤及人员的危险时,所有相关的工作应停止,直至危险状态得到消除。

（3）任何表现出不安全因素的设备和工具必须立即停止使用,直至处于安全状态或从施工区域移出或更换。

（4）安全带必须定期更换。

（5）施工用电都是用柴油机发电,发电时必须检查好柴油机是否漏油、电线是否完好。

（6）施工现场要有明显安全标志。与别的施工队交叉作业时,应协调好双方之间的合作。

（7）施工前对坡面要进行详细调查发现不稳定的坡体应通知监理工程师,同时做好人员疏散,设立警告标记。

（8）搬运石块时要注意配合,步调协调一致,互相用力均匀,保证安全。

（9）施工队是过程中所使用的柴油机、运输车排放达到当地标准。且合理使用机械,尽量减小对大气的污染,节约能源,控制油耗。

（10）严格岗位责任制,加强生产技术管理,提高设备完好率,严格控制跑、冒、滴、漏,使泄漏率符合国家标准。

（11）对工业生产中的"三度"要认真搞好综合利用。目前无法回收利用的,要进行妥善处理。

5.人员、材料、机械设备使用计划

实例见表4-7、表4-8。

主要人员及劳动力配备　　　　　　　　　　表4-7

编号	姓名	职称	编号	备注
1		工程师	专业工程师	
2		工程师	施工队负责人	
3		工程师	质检工程师	
4		工程师	测量工程师	
5		工程师	试验工程师	
6		工人		20人

主要机具及设备　　　　　　　　　　表4-8

序号	机械名称	型号	数量	备注
1	砂浆搅拌机	350L	2	
2	水车	解放	2	
3	挖掘机		1	
4	发电机	25kW	1	

6.施工进度计划

包括开工及完工日期,施工进度计划。

项目四　路基排水施工

项目描述

特殊路基指区别于一般土石方路基的路基。在公路路基施工中,特殊路基所占的比例越来越大,特殊路基施工质量的好坏往往也决定了整个路基甚至整个公路施工质量的好坏。学生学习本项目,旨在使其领会设计意图、明确工程内容、掌握工程特点的基础上,通过正确选择特殊路基施工方法,按照《公路工程技术标准》(JTG B01—2014)、《公路路基施工技术规范》(JTG F10—2006)和《公路工程质量检验评定标准 第一册 土建工程》(JTG F80/1—2004)的相关规定,进行特殊路基施工,培养学生路基施工的职业能力。

本项目包括识读特殊路基施工图、特殊路基施工、特殊路基工程质量检验评定、特殊路基施工工程计量、编制特殊路基工程施工方案共5个任务。

任务一 识读特殊路基施工图

任务描述

施工单位在接到特殊路基施工图设计文件后,应组织有关技术人员对施工图设计文件进行复核,充分领会设计意图。完成本任务,使学生具备识读图的能力,能完成复核特殊路基施工图表,复核工程量,根据图纸正确施工,并正确填写图纸复核表工作。

学习目标

◆ 知识目标
掌握特殊路基施工图和工程数量表的作用及组成。

◆ 技能目标
发现特殊路基施工图表中存在的一般性问题。

◆ 能力目标
能复核特殊路基施工图表,复核工程量,并正确填写图纸复核表。

《公路路基设计规范》(JTG D30—2015)对特殊路基涵盖的范围作了解释,包括滑坡地段路基、崩塌地段路基、岩堆地段路基、泥石流地段路基、岩溶地区路基、软土地区路基、红黏土与高液限土地区路基、膨胀土地区路基、黄土地区路基、盐渍土地区路基、多年冻土地区路基、风沙地区路基、雪害地段路基、涎流冰地段路基、采空区路基、滨海路基、水库地段路基、季节冻土地区路基等。限于篇幅,本书仅以软土地区路基、黄土地区路基、采空区路基为例阐述。

一、软土地区路基

湿软地基泛指天然含水率过大,孔隙率大,胀缩性高,承载能力低的土质地基,如软土泥沼、湿陷性黄土、松散杂填土、膨胀土等。土是一种松散介质,作为路基本身或其支撑体,明显的缺点就是强度太低,对于湿软路基更是如此。特别是高填路堤,由于其自身荷载较大,在修筑高等级公路时,如果对湿软地基不加处理或处理不当,往往会导致路基失稳或过量沉降。因此,要保持地基稳定,保证地基具有足够的承载能力,不致产生过大沉降变形,就必须对湿软地基进行加固处理。湿软地基处理的方法很多,各种方法有各自的特点,可得到不同的效果。这里介绍几种常见的处理方法。

(一)换填土层法

换填土层法是指将影响路基范围内的湿软土层挖除,换填上强度较高、稳定性好的砂、碎(砾)石、工业废渣、灰土或素土等土类,并分层压实的方法。此法主要用于路基工程中低洼区域填筑、高填方路基以及挡土墙、涵洞地基处理等。不同的换填材料,其应力分布虽然有所差异,但极限承载力比较接近,而且沉降特点基本相似,因此大致按砂垫层的计算方法,结果相差不大。砂以中、粗砂较好,并且要求级配良好,颗粒的不均匀系数不大于5,含泥量不超过3%~5%。

砂垫层的厚度宜为0.5m,太厚施工困难,太薄效果差。铺设宽度应为路堤底宽且两侧各外加0.5~1.0m。当垫层兼有排淤作用时,其厚度尚应适当加大。砂垫层可提高承载力,减少沉降量,加速软弱土层的排水固结,防止冻胀,消除膨胀土的胀缩作用,也可处理暗穴。砂垫层的作用,因工程性质而有所不同,对路基而言,主要是排水固结;素土(或灰土)垫层,可以消除湿陷性黄土3.0m深度范围内的湿陷性。

工程中情况允许的话,应该优先考虑工业废渣换填土层。工业废渣占用土地、污染环境,采用废渣作垫层,一方面可变废为宝,另一方面也可降低路基工程造价。同时,这种垫层材料也有诸多优点:渗透排水效果较好;由于颗粒粗糙,压实后嵌锁牢固,稳定性好,强度高;废渣料具有一定的胶结性,其后期强度和整体性好;施工方便。

(二)挤密法

土基中成孔后,在孔中灌以砂、石、土、石灰等材料,捣实而成直径较大的桩体,利用桩体间的横向挤压作用,使地基土粒彼此靠紧,孔隙减少,而且孔被填满和压紧,形成桩体。桩体具有较高的承载能力,以至桩和原土组成复合地基,达到加固的目的。

孔中灌砂,形成砂桩,它与砂井相比,形式相近,但作用不同。砂井的作用是排水固结,井径较小而间距较大,适用于过湿软土层。砂桩的作用是将地基土挤密,井径较大而间距较小,适用于处理松砂、杂填土和黏粒含量不大的普通黏性土,也可有效地防止砂土基底的振动液化。

孔中填石灰而成石灰桩,石灰桩用来挤密加固湿软地基具有自己的优势。除了挤密作用外,此方法还可利用生石灰的吸水、膨胀、发热及离子交换作用使桩体硬化,改善了原地基土的性质,另外,还可减少因周围土的蠕变所引起的侧向位移,达到加固的目的。石灰桩吸水膨胀和对土体的挤压作用,是石灰桩加固地基的特殊功能。石灰桩施工的基本要求是:生石灰必须密封储存,最好选新鲜灰块;灰块必须粉碎至一定粒径要求。

砂桩和石灰桩的布置与尺寸,需通过设计计算而定,一般桩径为20~30cm,桩的间距约为桩径的3.5倍,可在平面上按梅花形布置,桩的长度与加固土层厚度及加固要求有关。桩孔的施工方法,有冲击和振动力等方法,在湿陷性黄土中还可用爆破成孔法,即先钻孔,孔直径约10cm,孔内每隔50cm置炸药筒,引爆扩孔挤压,再灌以黄土或灰土,分层捣实,可以消除黄土的湿陷性。

20世纪30年代在国外开始采用振动水冲洗法加固松砂地基,50年代开始用于加固软黏土地基。我国70年代后期开始引进,用以提高地基承载力,减少地基沉降和差异沉降,提高抗地震液化能力,均取得满意效果。

振冲法是以起重机吊起振冲器、电动振冲器产生高频振动,水泵喷射高压水流,在振动和高压水的联合作用下,振冲器沉入土中预定深度,经过清孔用循环水带出孔中稠泥浆,向孔中逐段添加填料、予以振动挤密,在地基土中形成振冲桩。振冲器的起重能力为10~15t,水压力宜大于500kPa,供水量大于20m^3/h,加料量的供应能力不小于0.4~0.8m^3/min。

(三)化学加固法

采用压力灌注或搅拌混合等措施,将化学溶液或胶结剂均匀注入软土层中,使土颗粒胶结起来,达到对土基加固的目的,称为化学加固法,又称胶结法。目前化学溶液主要有以水玻璃溶液为主的浆液,丙烯酸氨为主的浆液,水泥浆液和以纸浆溶液为主的浆液。其中以水泥浆液使用较多,纸浆液有毒性,且易污染地下水。今后应研制使用高效、无毒、易渗的化学浆液。

化学加固的施工工艺有灌浆法、旋喷法和深层搅拌法。灌浆法是利用机械压力将浆液通过注入管,均匀注入地层,浆液以填充和渗透方式,排挤土粒间或石隙中的水分和空气,占据其位置,一定时间后,浆液凝固,使原土层或缝隙固结成整体。此法用途很广,路基中除用于防护坡面和堤岸外,还可用于改善地下工程的开挖条件等。

旋喷法又称化学搅拌成型法,是用钻机钻孔至设计深度后,用高脉冲泵并通过安装在钻杆下端的特殊喷射装置,向土中喷射化学浆液,同时,钻杆以一定速度旋转并逐渐往上提升,高压射流使一定范围内的土体结构破坏,强制破坏的土体与化学浆液混合,胶结硬化后在土层中形成直径较匀称的圆柱桩体。旋喷的浆液以水泥浆液为主,如果土的渗水性较大或地下水流速较快,为防止浆液流失,浆液中应加速凝剂(如三乙醇胺和氯化钙等)。

(四)排水固结法

排水固结法是在湿软地基中设置排水井,用堆载预压的方法加速土中水的排出,加快土的固结,提高土的抗剪强度,达到加固的目的。这种方法常用于加固含水率较大,土层较厚的地基,如沼泽土、淤泥及淤泥质土、水力冲积土等。排水固结法按排水井不同有砂井法和排水板法;按堆载预压方式不同有路堤荷载压重法、降低水位压重法及真空预压法。排水固结的实际效果取决于地基土固结特性、厚度、预压荷载和预压时间。

砂井堆载预压时,砂井直径和间距取决于地基土的固结特性和预压时间,直径常为20~30cm,间距为井径的6~8倍。平面上可布置成三角(梅花)形或正方形,以三角形排列效果较好。砂井长度应穿越地基可能的滑动面,如能穿越主要受压层更有利。如果软土层较浅,有透水性下卧层,则井长深入透水层,对排水固结更有利。为了把砂井中的水分尽快排到路基范围外,缩短固结时间,应在路堤底部设砂垫层,也可在每排砂井顶设置砂沟一条,在纵横向连接贯通。砂沟宽可为砂井直径的2倍,高为0.4~0.5m。一般情况下,加载量大致与设计荷载接近,预压至80%固结度。为缩短排水距离,可采用袋装砂井,这样可保持砂井的密实性和连续性,具有施工简单、成本低的特点。

砂井成孔有沉管法和水冲法两类。沉管法是用捶击或振动方式将带靴的钢管沉入地基,管内灌砂,在振动作用下拔出钢管,最后在土中形成砂井。水冲法是利用高压水冲孔,孔内灌砂,此法施工速度快,但难以保证孔径匀称,质量较差。砂井用的砂,以中粗粒径为宜,含泥量不宜大于3%,灌砂量(按质量计)大于井管外径所形成体积的95%。

二、黄土地区路基

湿陷性黄土一般呈黄色或黄褐色,粉土含量常占60%以上,含有大量的碳酸盐、硫酸盐等可溶盐类,天然孔隙比在1左右,肉眼可见大孔隙。在自重压力或自重压力与附加压力共同作用下,受水浸湿后土的结构迅速破坏而发生显著附加下沉。

1. 黄土地区填方路基的要求

(1)黄土作为路堤填料时,其最小强度和路床顶面回弹模量应满足《公路路基设计规范》(JTG D30—2015)的规定。当不能满足要求时,应采取掺无机结合料等处治措施。

(2)当地基良好、路堤边坡高度不大于30m时,路堤的断面形式及边坡坡率可按表5-1选用。年平均降水量大于500mm的地区,边坡平台宜设截水沟,并作防渗加固处理。

路堤断面形式及边坡坡率　　　　表5-1

断面形式	路基以下边坡分段坡率		
	$0<H\leqslant10m$	$10<H\leqslant20m$	$20<H\leqslant30m$
折线形	1:1.5	1:1.75	1:2.0
阶梯形	1:1.5	1:1.75	1:1.75

(3)当路堤边坡高度大于30m时,应与桥梁方案进行技术经济比较。当采用路堤方案时,应按进行个别设计及稳定性验算。

(4)对高度大于20m的路堤,应按工后沉降量预留路基顶面加宽值;工后沉降量可按路堤高度的0.7%~1.5%估算。填方路基高度大于20m时,可每填筑一定高度进行一次补压,以减少工后沉降。饱和黄土、地基承载力低的新黄土地基,可按有关要求进行地基处理。

2. 黄土地区挖方路基的要求

(1)黄土路堑边坡形式应根据黄土类别及其均匀性、边坡高度确定。常用的路堑边坡形式有直线形(一坡到顶)、折线形(上缓下陡)、台阶形三种,高速公路、一级公路黄土路堑边坡宜采用台阶形。边坡小平台宽度宜为2.0~2.5m;边坡大平台宜设置在边坡中部,平台宽度应根据稳定计算确定,宜为4~6m。年平均降水量大于250mm的地区,平台上应设排水沟,并应予以防护。

(2)挖方边坡高度不超过30m时,边坡坡率应根据黄土的地貌单元、时代成因、构造节理、地下水分布、降雨量、边坡高度、施工方法,并结合自然或人工稳定边坡坡率根据表5-2确定。

黄土地区路堑边坡坡度　　　　表5-2

分区	分　　类		边坡高度(m)			
			≤6	6~12	12~20	20~30
Ⅰ东南区	新黄土 Q_3、Q_4	坡积	1:0.5	1:0.75~1:0.5	1:1.0~1:0.75	—
		洪积	1:0.3~1:0.2	1:0.5~1:0.3	1:0.75~1:0.5	1:1.0~1:0.75
	新黄土 Q_3		1:0.5~1:0.3	1:0.6~1:0.4	1:0.75~1:0.6	1:1.0~1:0.75
	老黄土 Q_2		1:0.3~1:0.1	1:0.4~1:0.2	1:0.5~1:0.3	1:0.75~1:0.5
Ⅱ中部区	新黄土 Q_3、Q_4	坡积	1:0.5	1:0.75~1:0.5	1:1.0~1:0.75	—
		洪积、冲积	1:0.3~1:0.2	1:0.5~1:0.3	1:0.75~1:0.5	1:1.0~1:0.75
	新黄土 Q_3		1:0.4~1:0.3	1:0.5~1:0.3	1:0.75~1:0.5	1:1.0~1:0.75
	老黄土 Q_2		1:0.3~1:0.1	1:0.4~1:0.2	1:0.5~1:0.3	1:0.75~1:0.5
	红色黄土 Q_1		1:0.2~1:0.1	1:0.3~1:0.2	1:0.4~1:0.3	1:0.6~1:0.4
Ⅲ西部区	新黄土 Q_3、Q_4	坡积	1:0.75~1:0.5	1:1.0~1:0.75	1:1.25~1:1.0	—
		洪积、冲积	1:0.4~1:0.3	1:0.6~1:0.4	1:0.75~1:0.6	1:1.0~1:0.75
	新黄土 Q_3		1:0.5~1:0.4	1:0.75~1:0.5	1:1.0~1:0.75	1:1.25~1:1.0
	老黄土 Q_2		1:0.3~1:0.1	1:0.4~1:0.2	1:0.5~1:0.3	1:0.75~1:0.5

续上表

分区	分类		边坡高度(m)			
			≤6	6~12	12~20	20~30
Ⅳ北部区	新黄土 Q_3、Q_4	坡积	1:0.75~1:0.5	1:1.0~1:0.75	1:1.25~1:1.0	—
		洪积、冲积	1:0.4~1:0.2	1:0.6~1:0.4	1:0.75~1:0.6	1:1.0~1:0.75
	新黄土 Q_3		1:0.5~1:0.3	1:0.6~1:0.4	1:0.75~1:0.6	1:1.0~1:0.75
	老黄土 Q_2		1:0.3~1:0.1	1:0.4~1:0.2	1:0.5~1:0.3	1:0.75~1:0.5
	红色黄土 Q_1		1:0.2~1:0.1	1:0.3~1:0.2	1:0.4~1:0.3	1:0.6~1:0.4

注:表内边坡值为设平台后的平均值,黄土分区见《公路路基设计规范》(JTG D30—2015)附录J。

(3)黄土路堑边坡高度超过30m时,应与隧道方案进行比较。当采用路堑方案时,路堑高边坡应进行个别设计。设有大平台的高路堑边坡,除应路堑高边坡进行整体稳定性检算外,还应对大平台毗邻的上下分段边坡做局部稳定验算。

3.黄土地区路基的防护和排水工程

路基边坡防护类型应根据土质、降雨量、边坡高度、坡率等确定,路堑边坡宜采用骨架植物防护,稳定性差的边坡应设置必要的支挡工程。地下水发育的挖方路段,应采取截、排地下水及防止地面水渗漏等措施,设置必要的防护工程,保证路基稳定。

黄土地区路基的防护和排水工程应特别注意防冲、防渗和保持水土。早接远送是措施,处理好进出水口是关键。采取拦截、排除地表水的措施,防止地表水下渗,减少地基地层湿陷下沉。其地下排水构造物与地面排水沟渠必须采取防渗措施。

4.湿陷性黄土地基处理

湿陷性黄土的地基处理措施,应根据公路等级、湿陷等级、处理深度要求、施工条件、材料来源及对周围环境的影响等,按表5-3经技术经济比较后确定。

湿陷性黄土地基常用的处理措施　　表5-3

处理措施	适用范围	有效加固深度(m)
换填垫层法	地下水位以上,局部或整片处理	1~3m
冲击碾压	饱和度 S_r≤60%的Ⅰ~Ⅱ级非自重、Ⅰ级自重湿陷性黄土	0.5~1m,最大2~3m
表面重夯		1~3m
强夯法	地下水位以上,饱和度 S_r≤60%的湿陷性黄土	3~6m,最大8m
挤密法(灰土、碎石挤密桩)	地下水位以上,饱和度 S_r≤65%的湿陷性黄土	5~12m,最大15m
桩基础	用于处理桥涵、挡土墙等构造物基础	≤30m

农田灌溉可能造成黄土地基湿陷时,可对路堤两侧坡脚外5~10m作表层加固防渗处理或设侧向防渗墙。

湿陷性黄土地基的处理宽度,对挡土墙地段在非自重湿陷性黄土场地,应至基础底面外侧不小于1m;在自重湿陷性黄土场地,应至基础底面外侧不小于2m。对路堤地段处理宽度应至坡脚排水沟外侧不小于1m,路堑地段为路基的整个开挖面。

5.黄土陷穴的处理

对危害路基稳定的黄土陷穴应进行处理。黄土陷穴的处理方法应根据陷穴埋深度及大小确定,可采取开挖回填夯实及灌砂、灌浆等处理措施,处理宽度视公路等级而定。黄土陷穴的处理方法和使用条件如下:回填夯实用于明穴;明挖回填夯实用于埋藏浅的暗穴;支撑回填夯实用于埋藏较深的暗穴;灌砂用于小而直的暗穴;灌泥浆用于大而深的暗穴。为防止产生新的黄土陷穴,对流向陷穴的地面水需采取拦截引排措施,防止雨水下渗;对堑顶的裂缝和积水洼地,应填平夯实。

另外,黄土高路堤、深路堑和湿陷性黄土地基处理等应采用动态设计方法,沉降与稳定监测设计应符合相关要求。

三、采空区路基

采空区是由人为挖掘或者天然地质运动在地表下面产生的"空洞"。近几十年来,随着我国交通事业的飞速发展,高等级公路的建设越来越多。对于不可避免地要经过煤矿采空区的高速公路,若采空区产生沉降和不均匀变形,则会对公路路基和桥涵工程造成巨大影响和破坏。所以,查明路线经过区域内的煤矿采空区的现状和发展趋势,对于保证高等级公路在设计年限内的安全运营有着重要意义。

《公路路基设计规范》(JTG D30—2015)规定:危及公路路基稳定的采空区,应根据采空区的分布位置、埋深、采空厚度、开采方法、形成时间、顶板岩性及其力学性质等,按照下列原则确定采空区处治加固方法。

(1)埋藏较浅的采空区和路基挖方边坡上的采空区宜采用开挖回填处理。

(2)煤层开采后顶板尚未垮落的采空区,当空间较大、通风良好、具备人工作业和材料运输条件时,可采用干砌片石、浆砌片石、井下回填、钻孔干湿料回填等非注浆充填处理。一般路路基可用干砌片石回填,抗压强度不应低于10MPa;对有构造物的路段,应采用浆砌片石,抗压强度不应低于15MPa。

(3)采空区埋深小于10m,上覆岩体完整性差、强度低的地段,可采用强夯法处理。

(4)埋藏较深、巷道通畅的采空区,可采用片石回填、支顶、注浆等处理。

(5)范围较小、不易处理的采空区,可采用桥梁跨越方案。

(6)矿层开采规模较大、开采深度(埋深)小于250m的采空区,宜采用全充填注浆处理方法。对于埋深大于250m采空区,宜根据其开采特征、水文地质、工程地质条件及其对公路工程的危害程度等因素,确定是否采用全充填注浆方案。

从以上原则来看,采空区的治理主要采用注浆法和非注浆法两种方法。

注浆施工法指用人工的方法向地基土颗粒的空隙、土层界面或岩层的空隙(溶洞、溶隙、裂隙、空隙)或采空区的垮落带和裂隙带里注入具有充填、胶结性能的浆液材料,以便硬化后增加其强度或降低其渗透性的注浆施工过程。

非注浆方法采用干砌方法和浆砌方法。干砌方法是在采矿后形成的空洞内,用灰岩或砂岩等片石人工回填砌筑,砌体与洞顶板紧密接触,使堆砌物起到支撑顶板作用,从而保证采空区上方覆岩的稳定性。浆砌方法是在采矿形成的空间内,用灰岩或砂岩等片石或料石人工回填,砂浆砌筑,直至堆砌到洞顶。堆砌物具有整体性和足够的强度,并与采空区顶板紧密、充分地接触,使堆砌体起到支撑顶板,防止上覆岩层塌落、减少下沉幅度的作用。

高速公路、一级公路采空区处理设计应采用施工监测、信息化动态设计方法。应根据采空区特征及其上覆岩体移动特点,结合公路工程的类型,进行采空区变形监测系统及监测点布置设计。监测内容包括水平位移监测、垂直位移监测、构造物倾斜监测和裂缝监测等。采空区监测应从勘察阶段开始至公路投入运营后不少于 1 年。

四、熟悉特殊路基工程施工图

全面熟悉"特殊路基工程施工图",见图 5-1 ~ 图 5-3,对图分析如下:
(1)从图表中确定特殊路基处理方法。
(2)核查工程数量表是否正确。
(3)核查工程数量表与图是否一致。

五、图纸复核表

××高速公路图纸复核审查表见表 5-4。

××高速公路图纸复核审查表 表 5-4

复查单位:××路桥建设集团有限公司　　　　　编号:

合同段	ZB1-8	复查时间	
单项工程名称		复查人	
图表名称		复查负责人	
存在问题			
复查意见			

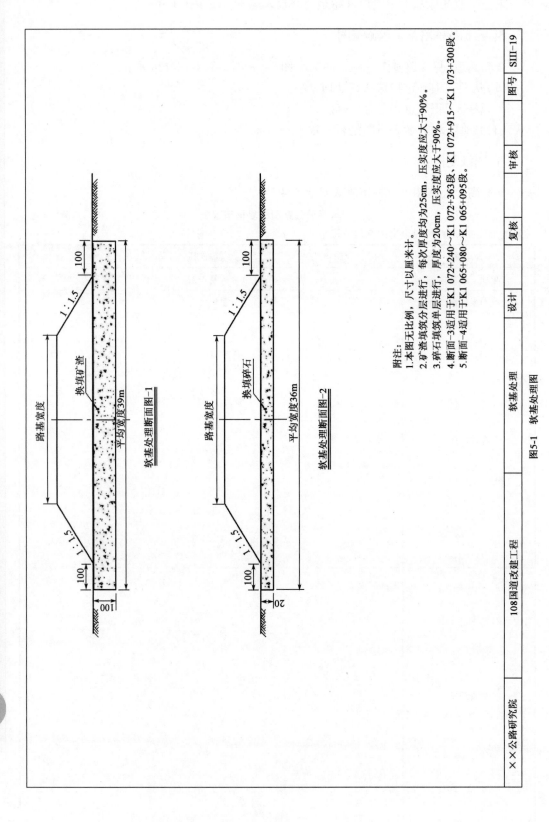

图5-1 软基处理图

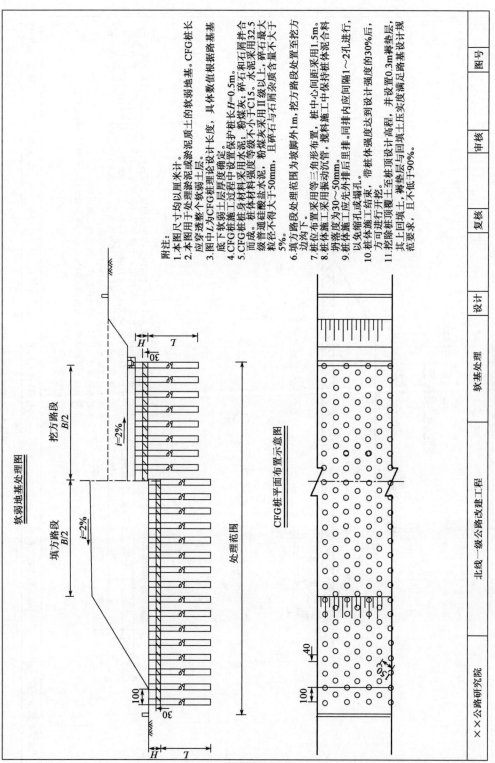

湿陷性黄土地基处理

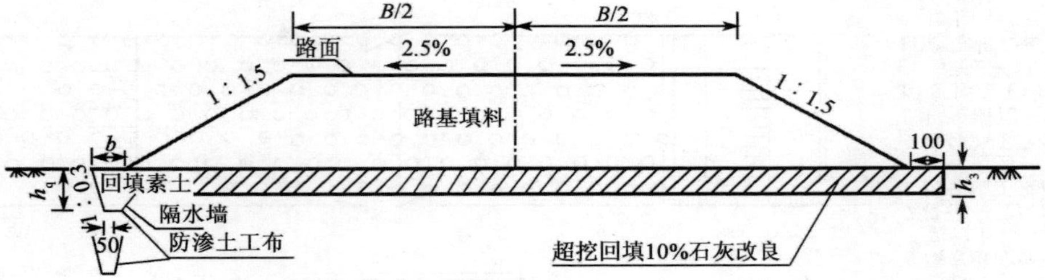

湿陷性黄土地基处理

路面
路基填料
超挖回填10%石灰改良
回填素土
隔水墙
防渗土工布

2.5% 2.5%
B/2   B/2
1:1.5 1:1.5
1:0.3
100
50

路基超挖回填深度表（单位：cm）

湿陷等级	I级	II级	III级	IV级
h_3	30	50	80	80
h_q	80	120	160	200

附注：
1. 本图尺寸均以厘米计。
2. 本图适用于地基具有湿陷性的路段。超挖后用重型压路机碾压，再回填石灰土或素土。
3. 土料应使用纯净黄土或一般性土，土料中腐有机质不超过5%；生石灰颗粒直径不得大于5mm，石灰质量符合Ⅱ级以上标准，活性CaO+MgO含量不得低于60%（按干重计），石灰储存时间不超过1个月，可使用袋装生石灰粉，分层碾压厚度不应超过30cm，碾压时应保证适当含水量，以保证压实度。
4. 若路基底为斜坡，在基底较高一侧设灰土隔水墙。
5. 回填灰土及隔水墙压实度满足95%，其上路基填筑满足一般路基压实度要求。

图5-3 湿陷性黄土处理图

| ××公路研究院 | 108国道改建工程 | 湿陷性黄土处理 | 设计 | 复核 | 审核 | 图号 SⅢ-19 |

任务二　特殊路基施工

任务描述

特殊路基施工必须采取措施改善施工环境从而保证路基施工质量,特殊路基处理的原理包括换填、挤密、加固等。本任务以砂垫层、挤密桩、湿陷性黄土施工为基础,完成本任务,使学生具备常见特殊路基施工、现场质量检测及记录的能力,能完成特殊路基施工方案编写工作。

学习目标

◆知识目标
1. 掌握特殊路基施工的方法;
2. 掌握特殊路基施工的施工工序;
3. 掌握特殊路基施工测量的内容与步骤;
4. 掌握特殊路基施工质量控制的要点和方法。

◆技能目标
1. 会进行特殊路基施工放样;
2. 会填写施工记录表和中间质量检查表。

◆能力目标
能进行特殊路基施工,能编写特殊路基施工方案。

一、软土地区路基施工

(一)砂垫层施工

1. 施工工艺流程

砂垫层施工工艺流程见图5-4。

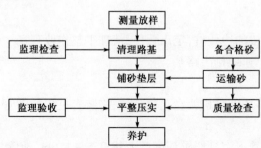

图5-4　砂垫层施工工艺流程

2. 施工要点

(1)测量放样。根据设计图纸确认的清除深度和范围进行施工放样,撒出开挖石灰线,绘制开挖断面图经批准后开挖平整路基,使之具有合格的平整度和路拱度。

(2)清理路基。清除范围开挖连续施工,防止下雨积水。如果出现积水,设置集水井,用水泵抽水,严禁换填路基长时间在水中浸泡。

(3)铺设压实。用自卸汽车将质量合格的中粗砂运至路段选用适宜的机具按设计厚度分层整平、洒水、压实。砂垫层施工过程中,严防尘土、泥土和杂物污染,对受到污染的部分必须返工或更换。砂垫层的高程、厚度、干密度、平整度渗透系数也应符合要求必须符合设计要求。

(4)砂垫层完成后,应及时洒水养护,限制人员、机动车通行,并尽快安排下一道工序的施工。

(二)砂桩施工(振冲法)

1. 施工工艺流程

砂桩的施工工艺流程见图5-5。

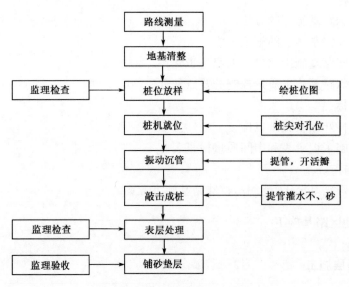

图5-5 振冲法砂桩施工工艺流程

2. 施工要点

1)路线测量

恢复中线,放出路段的边线桩,定出孔位,清理平整作业现场。做好排水系统,保证路基内的水被挤出后能迅速地排出路基。

2)桩机就位

将装有振动器的多功能打桩架在孔位就位,将装有桩尖的钢管对准孔位定位。

3)振动沉管

起动振动器,使钢管下沉到要求深度后上拔0.5~1.0m,清除桩尖真空吸力,并张开活瓣。

4）成桩

提起振动器和桩帽,从钢管上口交替入水、砂,同时徐徐提管敲击,使砂加速下落,并不断投料使之形成桩柱。

灌砂数量和提管速度要紧密配合,通过计算确定每分钟灌砂数量和提管高度,保证砂桩连续、密实。

5）清理

移动桩机,平整砂桩顶地面,铺筑砂垫层。

（三）搅拌桩施工

1. 施工工艺流程

搅拌桩施工工艺流程如图5-6所示。

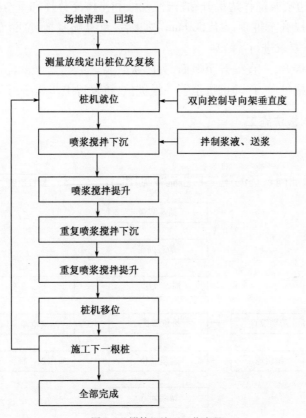

图5-6 搅拌组施工工艺流程

2. 施工要点

1）清理场地、回填

施工前,按照技术规范的要求进行场地清理。清理后的场地应整平,填写报验单,经监理工程师验收合格后,方可进行下道工序的施工。如果由于施工现场土质差,则可回填土方或砂石,以满足搅拌桩机施工要求,回填采用挖掘机和推土机相结合的施工方法,分层回填,分层平整压实,确保密实度。

2）施工测量

开工前测量准备工作包括检查和复核测量基准点,增设控制点和水准点、建立控制网、施工放样。测量放线定出搅拌桩桩位,插上标签,经复核无误后方可施工。

3) 搅拌桩施工

(1) 桩机定位、对中。测放好搅拌桩桩位后,移动搅拌桩机到达指定桩位,然后对中。调整导向架垂直度。采用吊线锤双向控制导向架垂直度。按设计及规范要求,垂直度偏差小于1.0%。

(2) 深层搅拌机调试正常后,后台拌制水泥浆液,选用32.5R普通硅酸水泥拌制浆液,在压浆前将浆液放入集料斗中。水灰比和每米水泥用量根据设计要求确定。

(3) 启动搅拌桩机装置,开启灰浆泵,通过管路送浆至搅拌头出浆口,出浆后,待搅拌头转速正常,方可使钻杆沿导向架边下沉边搅拌,下沉速度可通过挡位调控,以满足施工规范要求,工作电流不应大于额定值。

(4) 下沉到达设计深度后,启动搅拌桩机提升装置,喷浆搅拌提升,按施工规范确定的提升速度提升,边喷浆搅拌边提升钻杆,使浆液和土体充分拌和直至桩顶以上500mm。

(5) 搅拌钻头提升至桩顶以上500mm高度后,重复喷浆搅拌下沉至设计深度,下沉速度按设计及规范要求进行。

(6) 重复搅拌提升,一直提升至地面,关闭灰浆泵。

(7) 施工完一根桩后,移动桩机至下一根桩位,重复以上步骤进行下一根桩的施工。

(四) 塑料排水板法施工

1. 施工工艺流程

塑料排水板法加固软基的施工工艺流程见图5-7。

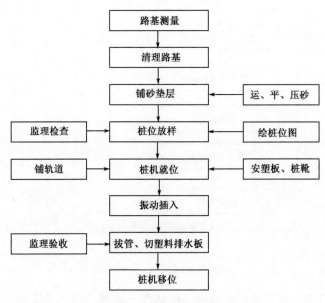

图5-7 塑料排水板法加固软基的工艺流程

2. 施工方法

(1) 恢复中线,放出作业路段边桩,清理平整原地基。做好排水系统应保证排水通道畅通,以利软土排水固结。

(2) 将质量合格的砂运至施工现场,按计算用量卸料,用人工配合推土机按设计厚度铺设砂垫层并压实。

（3）绘制方格网图并现场放样，用方格网控制，标示插板位置，使板距误差控制在允许范围内。

（4）选择插板机（有轮胎式，链条式，轨道式），机上应刻用明显的井尺标志。如选用轨道式插板机时，要事先铺设与路基中线垂直的轨道。

（5）就位插板机，调好机架的平整度和套管的垂直度，使排水板的垂直度偏差控制在允许范围内。

（6）将排水板插入套管，起动振动锤，将套管和排水板压入土中。

（7）排水板进尺长度要足够，不允许使用搭接延续的排水板。排水板的入土深度不得小于设计深度。

（8）输送滚轴反转，松开排水板，套管上提，排水板留在土中满足设计深度，套管上提时，跟带排水板的长度不大于50cm。

（9）在地面以上20cm处切断排水板，移向下一孔位施工。

（10）一个作业段插板完成后移走插板机，整平砂垫，埋设板头，尽快转入下一工序的施工。

二、黄土地区路基施工工艺

（一）施工工艺流程

黄土地区路基施工工艺流程见图5-8。

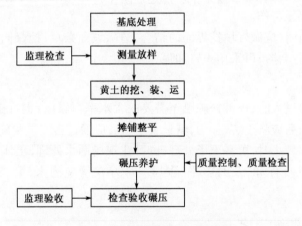

图5-8 黄土地区路基施工工艺流程

（二）施工要点

1. 基底处理

若基底为非湿陷性黄土，且无地下水活动时，可按一般黏性土地基进行处理，同时做好两侧的施工排水、防水措施。

若基底为湿陷性黄土，采取拦截、排除地表水的措施，防止地表水的下渗，减少地基地层湿陷性下沉。

若地基土具有强的湿陷性或较高压缩性，且容许承载力低于路堤自重压力时，应考虑地基在路堤自重和活载作用下所产生的压缩下沉,除采取防止地下水下渗的措施外,对于路堤基底、坡脚外3~10m范围内基底,应采取必要的措施,如重锤夯实、挤密加固、换填来提高土层承载力。

对于高填土路基采用普通碾压和强夯相结合的处理措施加固地基。

路堑施工中,当挖到接近设计高程时,应对相当于上路床部分的土基整体强度和压实度进行检测。如路堑上路床土质不符合设计要求,则应挖除,另行取土分层摊铺、碾压至规定的压实度。挖除深度根据道路的等级确定。

2. 测量放样

由于黄土路基压实较难,所以控制每层的填筑质量对保证整个路基工程具有重要影响,在施工中应加强层厚的控制。在一定施工段落内的路基边缘,设置高程控制杆检查控制填筑层数和施工高程,这是一种很好的质量控制办法。

3. 黄土的挖、装、运

采用大型机械进行土方开挖,机械设备主要采用装载机、挖掘机进行土方开挖装运,作业时相互配合紧凑细致,并按照施工部署首先修筑施工交通便道。

新开挖的黄土不得进行回填利用,外运使用自卸车进行,做好篷布搭盖防止扬尘溢洒现象发生。

4. 摊铺整平

摊铺时先用摊铺机或者装载机初平,再用平地机精平,精平初平穿插进行,以节约时间,减少水分损失。在精平后检测其松铺厚度是否与试验段确定的松铺厚度吻合,在确认一致后准备开始碾压工作。

黄土路基填筑时,应做好填挖界面的结合,清除坡面杂草,挖好向内倾斜的台阶。如结合面陡立,无法挖台阶,可采用土钉加强。

5. 碾压

路基土含水率过大时,可翻松晾晒至需要的含水率再碾压,也可掺入适量石灰处理,降低含水率。掺灰后应将土、灰拌匀,其最大干密度应通过击实试验确定。

路基土含水率较小时,可在土场处理,也可在现场洒水处理,土体吸收水分后可用人工或双轮双锋犁反复拌和,及时整平、碾压。最好在傍晚洒水,第二天再补压,避免弹簧土。

三、采空区路基施工工艺

本节主要介绍注浆法。

注浆法利用深孔钻机成孔,下注浆管,然后浇筑孔口管。先进行周边帷幕孔注浆再进行注浆孔注浆,浆液在压力作用下,进入土体,充填土体中的空隙,如果土体中有空穴(如采空区、巷道等),那么浆液就会充填固结起到加固作用。由于浆液的充填在压力作用下扩散前进,对周围的土体同时产生挤密效应和扩散效应,使土体的孔隙比减小。

(一)施工工艺流程

注浆法采空区处治施工工艺流程如图5-9所示。

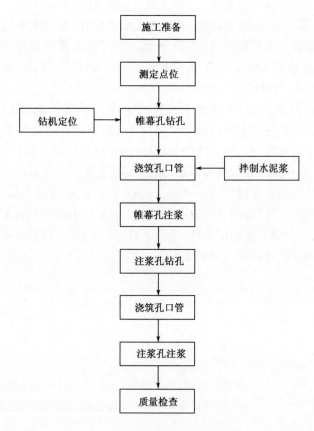

图 5-9 采空区钻孔注浆施工工艺流程

(二)施工要点

(1)施工准备:搞好"三通一平",建立注浆站,清理施工现场。钻孔注浆设备及施工人员,注浆材料进场。

(2)钻孔:首先按设计图纸上的孔位坐标,用 GTS711 全站仪逐孔测量放线,木桩红布标记,要求误差小于 1m。采用 1000 型钎孔锤钻机和 300 型钻机钻进。开孔采用 130 钻头,当穿过松散土层,进入围岩 2~3m 后下 ϕ127 套管,换 110 钻头钻进。

(3)孔深达到设计深度后提钻杆,下注浆管,注浆管外露长度为 0.5~1m。

(4)浇筑孔口管:浇筑孔口管的水泥应掺速凝剂,以缩短钻孔和注浆工序时间。孔口管的注浆高度要达到 4~6m。

(5)帷幕孔注浆:首先,依据帷幕孔成孔过程中的岩芯破碎程度、孔内循环液的漏失量及钻进过程的掉钻、卡钻等现象,判断孔内采空区空洞、孔隙的大小,以选择确定灌注浆液(即水泥粉煤灰砂浆)的类型,并对帷幕孔进行单孔灌浆设计(包括材料、配合比、灌浆工艺、灌浆量等)。当地下采空区空隙较小时,可用水灰比为 1:1.8 的水泥粉煤灰浆。制浆材料中增添水泥重量为 1%~2% 的速凝剂。当地下采空区空隙较大时,可用水泥粉煤灰砂浆实施灌注,其砂浆流动度应在 130~200mm 之间,砂浆强度等级设定为 M15。对于灌浆量较大的帷幕孔,采用低压稠浆小泵量多间歇的方法灌注,以工艺控制灌浆量,达到最佳的灌浆效果,防止浆液过量流失到非注浆部位或地段。

(6)注浆孔注浆:注浆孔灌浆前,依据注浆孔成孔过程中提供的工程地质信息(岩芯破碎程度、循环液漏失量、掉钻等现象)进行单孔灌浆设计(包括浆液配合比、灌浆量等),采用水泥粉煤灰浆液一次灌浆结束的施工方案。对于单孔灌浆量较大的注浆孔,可采用稠浆多间歇的注浆方案,并适时在孔内投入骨料(如砂子等)。水泥粉煤灰浆可用BW-250/50型泥浆泵,通过注浆管路注入采空区。

(7)质量检查:在灌浆施工结束6个月后,进行灌浆质量的检测工作。检测位置由监理工程师现场根据灌浆施工实际具体确定。检查孔按灌浆孔总数的3%~5%来控制,并经监理工程师批准后选择一孔用波速测井法进行钻探检测,要求波速大于160m/s。

目前,在地下采空区的处治技术方面,国内外尚没有相对完善的技术规程与规范,但在处治构筑物下伏空洞的方面,已有一些成功的工程。高速公路下伏采空区加固方案的选择,不但要考虑采空区的埋深、规模、成因、水文地质工程地质条件、矿的开采方式、开采时间等诸多因素,而且要考虑经济条件、地基条件、道路条件、施工技术等具体条件,所以各采空区处理方案应结合具体工程特点而定。

任务三　特殊路基工程质量检验评定

任务描述

本任务是对特殊路基工程质量的全面检查,通过本任务的学习,学生能够进行特殊路基工程的外观检测、实测项目的检测,能够对特殊路基工程进行检验评定,并能够完成相关内业资料的整理与归档,组织特殊路基工程的交工验收。

学习目标

◆ **知识目标**
1. 掌握特殊路基工程检测的内容和程序;
2. 掌握特殊路基工程检测资料整理的原则和要求;
3. 掌握特殊路基工程外观检查内容和要求;
4. 掌握特殊路基工程实测项目和检测方法;
5. 掌握特殊路基工程质量评定的要求和程序。

◆ **技能目标**
1. 会进行特殊路基工程外观检查;
2. 会进行特殊路基工程路基几何尺寸检查;
3. 会填写特殊路基工程施工自检资料。

◆ **能力目标**
1. 能进行特殊路基工程施工检测;
2. 能编写特殊路基工程质量评定;
3. 能进行特殊路基工程内业资料整理和归档;
4. 能够组织特殊路基工程中间交工验收。

本书仅以软土地区路基工程质量检验评定为例阐述。

一、软土地区路基工程质量检验

1. **基本要求**

(1)换填地基的填筑压实要求同土方路基压实要求。

(2)砂垫层:砂的规格和质量必须符合设计要求和规范规定;适当洒水,分层压实;砂垫层宽度应宽出路基边脚 0.5~1.0m,两侧端以片石护砌;砂垫层厚度及其上铺设的反滤层应符合设计要求。

(3)反压护道:填筑材料、护道高度、宽度应符合设计要求,压实度不低于 90%。

(4)袋装砂井、塑料排水板:砂的规格、质量、砂袋织物质量和塑料排水板质量必须符合设计要求;砂袋和塑料排水板下沉时不得出现扭结、断裂等现象;井(板)底标必须符合设计要求,其顶端必须按规范要求伸入砂垫层。

(5)碎石桩:碎石材料应符合设计要求;应严格按试桩结果控制电流和振冲器的留振时间;分批加入碎石,注意振密挤实效果,防止发生"断桩"或"颈缩桩"。

(6)砂桩:砂料应符合规定要求;砂的含水率应根据成桩方法合理确定;应确保桩体连续、密实。

(7)粉喷桩:水泥应符合设计要求;根据成桩试验确定的技术参数进行施工;严格控制喷粉时间、停粉时间和水泥喷入量,不得中断喷粉,确保粉喷桩长度;桩身上部范围内必须进行二次搅拌,确保桩身质量;发现喷粉量不足时,应整桩复打;喷粉中断时,复打重叠孔段应大于1m。

(8)软土地基上的路堤,应在施工过程中进行沉降观测和稳定性观测,并根据观测结果对路堤填筑速率和预压期等做出必要调整。

2.外观鉴定

砂垫层表面应平整。

3.实测项目、检验方法及频率

实测项目见表5-5~表5-8。

砂垫层实测项目　　　　　　　　　　表5-5

项 次	检查项目	规定值或允许偏差	检查方法和频率	权 值
1	砂垫层厚度	不小于设计	每200m检查4处	3
2	砂垫层宽度	不小于设计	每200m检查4处	1
3	反滤层设置	符合设计要求	每200m检查4处	1
4	压实度(%)	90	每200m检查4处	2

碎石桩(砂桩)实测项目　　　　　　　　　表5-6

项 次	检查项目	规定值或允许偏差	检查方法和频率	权 值
1	桩距(mm)	±150	抽查2%	1
2	桩径(mm)	不小于设计	抽查2%	2
3	桩长(m)	不小于设计	查施工记录	3
4	竖直度(%)	1.5	查施工记录	2

粉喷桩实测项目　　　　　　　　　　表5-7

项 次	检查项目	规定值或允许偏差	检查方法和频率	权 值
1	桩距(mm)	±100	抽查2%	1
2	桩径(mm)	不小于设计	抽查2%	2
3	桩长(m)	不小于设计	查施工记录	3
4	竖直度(%)	1.5	查记工记录	1
5	单桩喷粉量	符合设计要求	查施工记录	3
6	强度(kPa)	不小于设计	抽查5%	3

袋装砂井、塑料排水板实测项目 表 5-8

项 次	检 查 项 目	规定值或允许偏差	检查方法和频率	权 值
1	井(板)间距(mm)	±150	抽查2%	2
2	井(板)长度	不小于设计	抽查2%	3
3	竖直度(%)	1.5	查施工记录	2
4	砂井直径(mm)	+10,0	挖验2%	1

二、软土地区路基工程质量评定

软土地区路基工程质量评定方法、工程等级评定可参考项目一中路堤填筑工程质量评定相关内容。

三、软土地区路基工程内业资料整理归档

软土地区路基工程内业资料整理顺序见表5-9。

软土地区路基工程内业资料整理顺序 表 5-9

序 号	名 称	所用表格	备 注
1	开工报告	监表 工程分项开工申请批复单	
		施工技术方案报审表	
		施工技术方案	
		工程技术交底卡片	
		自检表 施工放样自检表	
		监表 施工放样报验单	
		记录表 施工放线测量记录表	
		监表 材料合格签认单(生石灰、土等试验报告)	
2	软土地基	中间交工证书	
		软土地基分项工程质量检验评定表	
		工程分项开工申请批复	
		施工放样报验单	
		施工放样自检记录表	
		工程技术交底卡片	
		施工技术方案报审表	
		原材料报验单、标准试验报验单	
		检验申请批复单	
		软土地基处治(砂垫层)自检表	
		××高程现场检查记录表	
		软土地基处治(砂垫层)施工记录表	
		压实度自检表	
		(砂垫层)施工记录表	

续上表

序　号	名　称	所 用 表 格	备　注
3	中间交工证书	监表　中间交工证书	
		分项工程质量检验评定表	

四、组织软土地区路基工程中间交工验收

软土地区路基工程中间交工验收必须具备的条件、中间交工验收现场检测项目、中间交工验收现场组织可参考项目一中路堤填筑工程质量评定相关内容。

任务四 特殊路基施工工程计量

任务描述

完成本任务,使学生具备计算特殊路基施工计量工程量的能力,能进行特殊路基施工计量并填写计量表。

学习目标

◆知识目标
1. 掌握特殊路基施工工程计量工程量的计算方法;
2. 掌握特殊路基施工工程计量的依据、内容、原则和方法。

◆技能目标
会计算计量工程量。

◆能力目标
能进行工程计量并填写计量表。

一、特殊路基施工的计量与支付

1. 计量

特殊路基所有完成的工程,经验收后,由承包人计算,监理工程师校核的数量作为计量的工程数量。

(1)挖除换填。挖除原路基一定深度及范围内淤泥以立方米计量,列入《公路工程工程量清单计量规则》第203节相应的支付细目中。

换填的填方,包括由于施工过程中地面下沉而增加的填方量以立方米计量,列入《公路工程工程量清单计量规则》第204节相应的支付细目中。

(2)抛石挤淤。按图纸或验收的尺寸计算抛石体积的数量,以立方米计量,包括有关的一切作业。

(3)砂垫层、砂砾垫层及灰土垫层。按垫层类型分别以立方米计量,包括材料、机械及有关的一切作业。

(4)预压、超载预压。按图纸或监理工程师要求的预压宽度和高度发立方米计量,包括材料、机械及有关的一切作业。

(5)真空预压、真空超载联合预压。按图纸或监理要求的预压宽度和高度以立方米计量;预(超)压土方包含材料、开挖、运输、碾压、观测、卸载、弃方的堆放等有关的一切作业的费用。

(6)袋装砂井。按不同直径及深(长)度分别以米计量。砂及砂袋不单独计量。

(7)塑料排水板。按规格及深(长)度分别以米计量,不计伸入垫层内长度,包括材料、机械及有关的一切作业。

(8)砂桩、碎石桩、加固土桩、CFG桩。按不同桩径及桩深(长)度以图纸为依据,经验收合格按米为单位计量,包括材料、机械及有关的一切作业。

(9)土工织物。铺设土工织物以图纸为依据,经监理工程师验收合格以设计图为依据计算单层净面积数量(不计搭接及反包边增加量),包括材料、机械及与此有关的一切作业。

(10)黄土陷穴按实际开挖和回填体积,经监理工程师验收合格后以立方米计量。

(11)湿陷性黄土采用强夯处理,经监理工程师验收合格后以平方米计量。

(12)工地沉降观测作为承包人应做的工作,不予计量与支付。工地沉降观测不予计量与支付,费用包含在路基填筑和预压与超载预压单价中。

(13)临时排水与防护设施认为已包括在相关工程中,不另行计量。

2.支付

按上述规定计量,经监理工程师验收的项目,第一次支付按完成工程数量的85%支付,其余部分经监理工程师核准承包人递交的沉降监测报告后再支付15%。此项支付包括材料、劳力、设备、运输等及其他为完成安装工程所必需的全部费用。

3.计量清单及内容

特殊路基工程计量清单及内容见表5-10。

特殊路基工程计量清单及内容　　　表5-10

子目号	子目名称	单位	工作内容
205-1	软土地基处理		
-a	抛石挤淤	m^3	按图纸或验收的尺寸计算抛石体积的片石数量,包括有关的一切作业
-b	砂垫层、砂砾垫层	m^3	按垫层类型分别计量,包括材料、机械及有关的一切作业
-c	灰土垫层	m^3	
-d	预压与超载预压	m^3	按图纸或监理工程师要求的预压宽度和高度,包括材料、机械及有关的一切作业
-e	真空预压与真空堆载预压	m^3	以图纸或所要求预压范围(宽度、高度、长度),包括预压所有垫层材料、密封膜、滤管及密封沟与围堰等一切相关的材料、机械、人工费用
-f	袋装砂井	m	按不同直径及深(长)度。砂及砂袋不单独计量
-g	塑料排水板	m	按规格及深(长)度,不计伸入垫层长度,包括材料、机械及有关的一切作业
-h	加固土桩	m	按不同桩深(长)度以图纸为依据经验收合格,包括材料、机械及有关的一切作业
-i	碎石桩	m	
-j	砂桩	m	
-k	CFG桩	m	

续上表

子目号	子目名称	单位	工作内容
-l	土工织物	m²	经验收合格以设计图为依据计算单层净面积数量(不计搭接及反包边增加量),包括材料、机械及与此有关的一切作业
-m	强夯	m²	经验收合格后,包括地表处理、拦截地表和地下水、强夯及强夯后的标准贯入、静力触探测试等相关作业
-n	强夯置换	m³	
205-2	滑坡处理	m³	按实际发生挖除及回填体积,经验收合格。计价中包括安全措施、截断流向滑体的地表水、地下水及临时用水、封闭滑体上的裂隙等全部作业。抗滑支挡工程施工时所发生工程量按不同工程项目,分别在相关支付子目下计量
205-3	岩溶洞回填	m³	按实际填筑体积,经验收合格。经批准采取其他处理措施时,经验收合格后参照类似项目的规定进行计量
205-4	膨胀土处理		按验收合格,按不同厚度,其内容仅指石灰土改良费用,包括石灰的购置、运输、消解、拌和有关辅助作业等一切有关费用;土方的挖运、填筑及压实作业含入相关子目中
-a	厚…mm 石灰土改良	m²	
205-5	黄土处理		按实际开挖和回填体积,进验收合格
-a	陷穴	m³	
205-6	盐渍土处理		经验收合格按不同厚度,其内容包括铲除过盐渍土、材料运输、分层填筑、分层压实等相关作业
-a	厚…mm	m²	
205-7	风积砂填筑	m³	经验收合格,包括材料、运输、摊平、碾压等相关作业
205-8	季节性冻土改性处理	m³	经验收合格按不同填料规格,其内容包括清除软层、材料运输、分层填筑、分层压实等相关作业

二、公路计量支付实施

(一)工程支付一般原则与要求

第一条 所有进行计量的工程必须是工程量清单中的工程项目、合同文件中规定的项目和经批准的工程变更项目;是质量达到合同规范标准要求和验收手续齐全的项目。

第二条 工程计量的范围和方法应符合招标文件和合同条款的规定。

第三条 所有计量工程项目在计量前必须签发中间交工证书。

第四条 变更工程无批准的设计变更令不得计量。

第五条 计量支付每月进行一次,每次支付金额在扣除专项暂定金额后应不小于中标合同金额的×%万元(人民币)。

第六条 每期计量支付的工程为上月×日至本月×日期间完成的质量合格的工程项目。承包人应于当月×日前完成本期计量支付报表的编制和相关证明材料的收集、整理和装订,并于×日开始上报。不按时报审计量支付资料的承包人,本期不予受理。

第七条 承包人从事计量工作人员必须同时具备路桥专业知识和计算机知识,且计量人员不得少于2人,并保持工作相对稳定。

第八条 用于计量支付的计算机必须专机专用,确保计量支付软件正常使用。

第九条 所有签字必须真实,日期正确,盖章清晰。

(二)工程支付表格

工程支付表格见表 5-11 ~ 表 5-24。

计量支付用表一览表　　　　　　　　表 5-11

序 号	代 号	表格名称
1	ZF01	工程进度表
2	ZF02	中期支付证书
3	ZF03	清单支付报表
4	ZF04	计日工支付报表
5	ZF05	工程变更一览表
6	ZF06	价格调整汇总表
7	ZF07	价格调整表
8	ZF08	单价变更一览表
9	ZF09	扣回材料设备预付款一览表
10	ZF10	扣回动员预付款一览表
11	ZF11	中间计量表
12	ZF12	计日工计量表
13	ZF13	中间计量支付汇总表

表 5-12
ZF01

_____ 高速公路 工 程 进 度 表

项目名称：
截止日期：

业主：
由至：_____ km

承包单位：　　　　　　　　　合同号：
监理单位：　　　　　　　　　编号：

开工令日期：　　　　　　　　合同总价：
合同工期期限：　　　　　　　暂定金额：
合同完成日期：　　　　　　　工程量清单金额：
时间延长：　　　　　　　　　工程变更：
修改合同完成日期：　　　　　估计最终金额：

清单号	名称	合同金额(元)	单项占合同价 %	单项完成 %	完成占合同价 %	按月计划与实际完成(%) ____年												____年												
						1	2	3	4	5	6	7	8	9	10	11	12	1	2	3	4	5	6	7	8	9	10	11	12
100章	总则																													87.5%
200章	路基																													75.0%
300章	路面																													62.5%
400章	桥梁、涵洞																													50.0%
500章	隧道																													37.5%
600章	安全设施与预埋管线																													25.0%
700章	绿化与环境保护																													12.5%
暂定金																														0.0%
总计																														100.0%

	实际进度	累计%	
		月计%	
	计划进度	累计%	
		月计%	

监理工程师收到日期：　　　　　　　　　驻地监理工程师：　　　　　　　　　总监：　　　　　　　　　业主：
　　　　　　　　　　　　　　　　　　　日期：　　　　　　　　　　　　　　日期：　　　　　　　　　日期：

承包人：
日期：

表 5-13　ZF02

_____高速公路
中期支付证书

承包单位：　　　　　　　　　　　　　　　　　　　　　　　　　　　　　合同号：
监理单位：　　　　　　　　　　　　　　　　　　　　　　　　　　　　　编　号：
　　　　　　　　　　　　　　　　　　　　　　　　　　　　　　　　　　支付月份：　年　月
　　　　　　　　　　　　　　　　　　　　　　　　　　　　　　　　　　填报日期：　年　月　日

类别	清单号	项目内容	合同价及其变更金额			到本期末完成	到上期末完成	本期完成
			原有总金额	变更总金额	变更后总金额	金额（人民币元）	金额（人民币）	金额（人民币）
工程支付	100章	总则						
	200章	路基						
	300章	路面						
	400章	桥梁、涵洞						
	500章	隧道						
	600章	安全设施及预埋管线						
	700章	绿化与环境保护						
		小计(a)						
其他支付		暂定金						
		价格调整						
		索赔金额						
		违约罚金						
		迟付款利息						
		动员预付款						
		材料设备预付款						
		小计(b)						
		支付合计($c=a+b$)						
扣款		扣回动员预付款						
		扣回材料设备预付款						
		保留金						
		扣款小计(d)						

承包人：　　　　　　　　监理处计量工程师：　　　　　　驻地监理工程师：　　　　　　工作站：　　　　　　合约部：　　　　　　总监：　　　　　　业主：
日期：　　　　　　　　　日期：　　　　　　　　　　　　日期：　　　　　　　　　　　日期：　　　　　　　日期：　　　　　　日期：　　　　　日期：

表 5-14

_____高速公路
清 单 支 付 报 表

ZF03

合同号：
编　号：

填报日期：
截止日期：

承包单位：
监理单位：

项目编号	项目内容	单位	合同数量			到本期末完成		到上期末完成		本期完成	
			原合同数量	变更后数量	单价	数量	金额（元）	数量	金额（元）	数量	金额（元）
	小计										

监理处计量工程师：
日期：

驻地监理工程师：
日期：

工作站：
日期：

合约部：
日期：

承包人：
日期：

表 5-15　ZF04

_____高速公路

计 日 工 支 付 报 表

合同号：　　　　　　　　　　　　　　　　填报日期：
编　号：　　　　　　　　　　　　　　　　截止日期：

项目编号	计日工类别和名称	单位	单价(元)	计日工数量及金额					
				到本期完成		到上期完成		本期完成	
				数量	金额(元)	数量	金额(元)	数量	金额(元)
小计									

承包单位：　　　　　　监理处计量工程师：　　　　　驻地监理工程师：　　　　　工作站：　　　　　合约部：
监理单位：　　　　　　日期：　　　　　　　　　　日期：　　　　　　　　日期：　　　　　日期：

承包人：
日期：

表 5-16　　　ZF05

_____高速公路
工 程 变 更 一 览 表

承包单位：　　　　　　　　　　　　　　　合同号：　　　　　　　　　　　　　　填报日期：
监理单位：　　　　　　　　　　　　　　　编　号：　　　　　　　　　　　　　　截止日期：

项目编号	工程项目	单位	数　量		单　价		金额（元）		完成变更工程量		完成变更金额（元）		变更令编号
			合同	变更数量	合同	变更后	合同	变更金额	上期末	本期计量	上期末	本期计量	

监理处计量工程师：　　　　　　　驻地监理工程师：　　　　　　　工作站：　　　　　　　合约部：
日期：　　　　　　　　　　　　　日期：　　　　　　　　　　　　日期：　　　　　　　　日期：

承包人：
日期：

表 5-17　ZF06

_____高速公路
价格调整汇总表

承包单位：　　　　　　　　　　　　　填报日期：
监理单位：　　　　　　　　　　　　　截止日期：
合同号：
编　号：

时间	应调价基数（元）	到本期末调价金额 增减金额(人民币:元)	到上期末调价金额 增减金额(人民币:元)	本期调价金额 增减金额(人民币:元)
		A	D	G

承包人：　　　监理处计量工程师：　　　驻地监理工程师：　　　工作站：　　　合约部：

表 5-18

_____高速公路

价 格 调 整 表

ZF07

承包单位：
监理单位：

合同号：
编　号：

填报日期：
截止日期：

价格调整公式：

$$ADJL = LCP \times (X + a \times LL_1/LL_0 + b \times PL_1/PL_0 + c \times ST_1/ST_0 + d \times TI_1/TI_0 + e \times CE_1/CE_0 + f \times LM_1/LM_0 + g \times OM_1/OM_0 - 1)$$

式中："0"基本价格指数；
"1"现行价格指数。

外汇比例：

式中符号	符号说明	编号	加权系数 A	现行价格指数 B	基本价格指数 C	计算值 $A \times B/C$
X	非调整因子	X			100	
LL	劳务	a				
PL	施工机具的提供	b				
ST	钢材	c				
TI	木材	d				
CE	水泥	e				
LM	地方材料	f				
OM	其他材料	g				
	固定价					1
	总计		1			$D_i =$

计算式：

承包人：　　　　　监理处计量工程师：　　　　　驻地监理工程师：　　　　　工作站：　　　　　合约部：

注：价格调整基数LCP 等于中期支付证书（支表2）中的合计栏减去变更金额、暂定金额、索赔金额、违约金额、迟付利息。

表 5-19　ZF08

_____高速公路
单 价 变 更 一 览 表

承包单位：　　　　　　　　　　　　　合同号：　　　　　　　　　　　　填报日期：
监理单位：　　　　　　　　　　　　　编　号：　　　　　　　　　　　　截止日期：

项目编号	名称	单位	调整前单价（人民币元）	调整后单价（人民币元）	单价增减（人民币元）	单价变更增减金额				变更令编号
						到期末完成		本期完成		
						数量	金额(人民币元)	数量	金额(人民币元)	
		A	B	C	$D=C-B$	E	$F=E\times D$	I	$J=I\times D$	M
合计										
说明										

承包人：　　　　监理处计量工程师：　　　　驻地监理工程师：　　　　工作站：　　　　合约部：

表 5-20　ZF09

_____高速公路扣回材料设备预付款一览表

合同号：　　　　　　　　　　　　　　　　填报日期：
编　号：　　　　　　　　　　　　　　　　截止日期：

承包单位：
监理单位：

月份	累计预付金额 A	本期预付金额 B	本期末回扣金额(元) C	上期末回扣金额(元) E	本期回扣金额(元) F
合计					

备注

承包人：　　　　　监理处计量工程师：　　　　　驻地监理工程师：　　　　　工作站：　　　　　合约部：

_____高速公路
扣回动员预付款一览表

表5-21

ZF10

承包单位：　　　　　　　　　　　合同号：　　　　　　　　　填报日期：
监理单位：　　　　　　　　　　　编　号：　　　　　　　　　截止日期：

A:合同总价（人民币元）：	
B:起扣额：（合同总价）×20%（人民币元）：	
C:已付动员预付款（人民币元）：	
D:到本月末表2"合计"栏累计完成金额减去:1.付动员预付款;2.付材料预付款	
E:C>B 时的时间：	_____年第_____月
F:月扣除动员预付款：$F = D - A \times 20\%) \times \dfrac{C}{A \times 60\%} - G$	（人民币:元）
扣除动员预付款	
G:到止期末完成	
H:本月完成	
I:到本月末完成	

承包人：　　　　　　　　　监理处计量工程师：　　　　　　　　　工作站：

　　　　　　　　　　　　　驻地监理工程师：　　　　　　　　　　合约部：

_____高速公路
中 间 计 量 表

表 5-22
ZF11

承包单位：　　　　　　　　　　　合同号：
监理单位：　　　　　　　　　　　编　号：

第 页 共 页

起始桩号		部位	
图号		(中间)交工证书编号	
变更令号			

计量草图及几何尺寸：

计算式：

支付号	项目名称	单位	工程数量	
			申报数量	监理核定数量

承包人：　　　　　　　　监理处计量工程师：
驻地监理工程师：　　　　工作站：

项目五 特殊路基施工

_____高速公路 表 5-23
计 日 工 计 量 表 ZF12

承包单位：　　　　　　　　　　　　　　合同号：
监理单位：　　　　　　　　　　　　　　编　号：

项目名称					
起讫桩号			部位		
起讫日期			计日工报表号		
计日工项目编号	计日工名称	单位	单价	数量	金额
合计金额					
附件	1.计日工报表共_____页　　2.同意使用计日工通知单				

承包人：　　　　　　　　　　　　　　监理处计量工程师：
驻地监理工程师：　　　　　　　　　　工作站：

表 5-24　ZF13

_____高速公路
中间计量支付汇总表

合同号：_____
编　号：_____

第　页　共　页

项目编号	台账编码	计量表编号	项目名称	单　位	单　价	本期计量数量			变更编号	金　额
						合计	其中合同	其中变更		
章小计										
合计										

承包单位：　　　　　　　　　　　监理处计量工程师：　　　　　　　　驻地监理工程师：　　　　　　工作站：　　　　　　合约部：

监理单位：

承包人：

任务五　编制特殊路基工程施工方案

任务描述

通过特殊路基工程施工方案的编制,使学生熟悉特殊路基工程施工方案编制的步骤和方法,巩固和掌握特殊路基工程施工专业知识,并进一步学会综合运用已学到的理论知识。通过查阅有关的资料,提高学生独立分析和解决本专业复杂问题的能力,为今后参加工作打下坚实的基础。

学习目标

◆知识目标

掌握特殊路基工程施工方案的内容和编制要点。

◆能力目标

能编制特殊路基工程施工方案。

特殊路基形式多样,下面以×××灰土挤密桩施工为例,说明特殊路基工程施工方案的编制内容和编制要点。

一、编制依据

(1)×××灰土挤密桩工程相关施工图设计文件。

(2)项目部制定的总体施工组织设计。

(3)×××灰土挤密桩工程所在合同段的招投标文件、施工合同文件和有关补充协议书等技术文件资料。

(4)《公路路基施工技术规范》(JTG F10—2006)、《公路工程质量检验评定标准　第一册　土建工程》(JTG F80/1—2004)。

二、编制原则

见项目一相关内容。

三、编制内容及方法

1. 工程概况

×××灰土挤密桩工程概况。

2. 施工工艺及施工方法

见本项目任务二相关施工工艺及施工方法。

3. 工程质量保证计划

(1)灰土挤密桩质量控制要点。见本项目任务二相关内容。

(2)灰土挤密桩质量检验。见本项目任务三相关内容。

(3)灰土挤密桩质量保证措施。

①施工中除了保证桩长、桩径、桩位、按设计要求去做外,还必须保证桩身质量。保证桩身质量必须做到以下要求:施工前进行击实试验,求出含水率及最大干密度,确保桩身压实系数达到设计要求,控制灰土施工含水率在 $\omega_0 \pm 2\%$ 范围内。

②成孔时,地基土宜接近最优(或塑限)含水率,当土的含水率低于12%时,宜对拟建处理范围内的土层进行增湿。

③施工时发现地基土质与勘察资料不符时应立即停止施工,待查明情况后方可继续施工。

④当桩孔出现缩孔时(底端),可用石灰块砂(3:7)混合料砸填夯实。

⑤施工中要认真做好记录,及时抽查检验,把握好质量关。

4. 安全环保技术措施

(1)用电设备必须做到一机一闸一保护。

(2)所有进入现场人员必须正确佩戴合格安全帽。

(3)施工现场一切电源、电路安装拆除必须由持证电工操作,所有设备必须使用四芯橡胶电缆。

(4)铲机、夯机作业时严禁一前一后施工,可采取面对面、背对背方法作业。

(5)所有进入现场作业人员必须做到三不伤害:不伤害别人;不伤害自己;不被别人伤害。不熟练的机手(包括新机手)严禁在本地施工操作设备。

(6)严禁穿拖鞋、带儿童进入现场,设备传动皮带必须有防护罩,杜绝一切事故发生。

5. 人员、材料、机械设备使用计划

1)材料准备

土:采用就地挖出的黏性土,土内有机质含量不超过5%,土粒必须过筛,要求其颗粒不大于15mm。

石灰:采用新鲜的块灰,在使用前 1~2d 进行消解并过筛,其颗粒不得大于5mm,且不得含有未熟化的生石灰颗粒及其他杂质,也不得含有过多的水分。

2)机械准备

成孔机:简易机械洛阳铲,40型(成孔孔径400mm),15台。

夯实机:采用卷扬机提升式夯实机,架体高度不小于5m,夯锤重不小于15kN,数量为15台。

3)劳动力准备

(1)主要作业人员:打桩工(60人)、焊工(1人)、电工(1人)。

(2)施工机具应由专人负责使用和维护,大、中型机械特殊机具需执证上岗,操作者须经培训后,执有效的合格证书方可操作。主要作业人员需经过安全培训,接受施工技术交底。

6. 施工进度计划

包括开工及完工日期。

参 考 文 献

[1] 中华人民共和国行业标准.JTG B01—2014 公路工程技术标准[S].北京:人民交通出版社,2014.
[2] 中华人民共和国行业标准.JTG D30—2015 公路路基设计规范[S].北京:人民交通出版社,2015.
[3] 中华人民共和国行业标准.JTGE60—2008 公路路基路面现场测试规程[S].北京:人民交通出版社,2008.
[4] 中华人民共和国行业标准.JTJF10—2006 公路路基施工技术规范[S].北京:人民交通出版社,2006.
[5] 中华人民共和国行业标准.JTG F90—2015 公路工程施工安全技术规范[S].北京:人民交通出版社,2015.
[6] 中华人民共和国行业标准.JTG TD33—2012 公路排水设计规范[S].北京:人民交通出版社,2012.
[7] 中华人民共和国行业标准.JTG TD31—2008 沙漠地区公路设计与施工指南[S].北京:人民交通出版社,2008.
[8] 中华人民共和国行业标准.JTG TD31-03—2013 公路软土地基路堤设计与施工技术细则[S].北京:人民交通出版社,2013.
[9] 中华人民共和国行业标准.JTG D20—2006 公路路线设计规范[S].北京:人民交通出版社,2006.
[10] 中华人民共和国行业标准.JTG C10—2007 公路勘察规范[S].北京:人民交通出版社,2007.
[11] 中华人民共和国行业标准.JTG E40—2007 公路土木试验规程[S].北京:人民交通出版社,2007.
[12] 金仲秋,俞高明.公路工程[M].北京:人民交通出版社,2010.
[13] 俞高明,杨仲元.公路施工技术[M].北京:人民交通出版社,2009.
[14] 栗振峰,李素梅.路基路面工程[M].北京:人民交通出版社,2010.
[15] 彭以丹,陈晓麟.路基工程技术[M].北京:人民交通出版社,2014.
[16] 刘志.路基施工技术[M].北京:人民交通出版社,2011.